Edmund Pfleiderer

Erlebnisse eines Feldgeistlichen

im Kriege 1870/71

Edmund Pfleiderer

Erlebnisse eines Feldgeistlichen
im Kriege 1870/71

ISBN/EAN: 9783743321175

Hergestellt in Europa, USA, Kanada, Australien, Japan

Cover: Foto ©ninafisch / pixelio.de

Manufactured and distributed by brebook publishing software
(www.brebook.com)

Edmund Pfleiderer

Erlebnisse eines Feldgeistlichen

Erlebnisse

eines

Feldgeistlichen

im Kriege 1870/71

von

Dr. Edmund Pfleiderer,
Professor der Philosophie in Tübingen.

München.
C. H. Beck'sche Verlagsbuchhandlung (Oskar Beck).
1890.

Vorwort.

Im Kreise derer, welche heute dem neuerwachten Interesse für das große Jahr des deutsch-französischen Kriegs je vom eigenartigen damaligen Platz und Beruf aus ihre Erlebnisse erzählen, soll und darf auch der Feldgeistliche von 1870 nicht fehlen. Weilte er doch einst als ein gerne gesehener Genosse draußen bei dem Heer; und diejenigen zu Haus dachten nicht minder mit dankbarer Beruhigung an seine Anwesenheit und Mühewaltung unter ihren Söhnen und Brüdern. Durch seine un-parteiische Stellung zu den verschiedenen Rangstufen und Dienstzweigen der Armee hatte er mit allen Berührung und daher Gelegenheit zu reichen Erfahrungen. Zwar das eigentlich Fachmilitärische stand seinem halb-friedlichen Amte ferner. Und so werde ich mich im folgenden auf den mehr oder weniger starken Wiederschein zu beschränken haben, welchen jenes selbstverständlich doch auch in mein miterlebendes Bewußtsein und meinen Dienst hereinwarf. Ebenso widerstrebt es meinem Gefühl, das feinst und innerlichst Religiöse aus meiner damaligen Thätigkeit vor die größere Oeffentlichkeit zu ziehen. Dagegen glaube ich, daß außer dem allgemeinen Einblick in unsere gar mannigfache Arbeit gelegentlich ein paar von meinen zu jener Zeit gehaltenen Predigten oder richtiger gesagt Feldreden in kürzerem oder längerem Auszug sich unbeanstandet geben lassen. Als charakteristischer und daher absichtlich unverändert wieder-gegebener Ausdruck der Feldstimmung mögen sie ähnlich dem Chor in der Tragödie die Darstellung an hervorragenden Punkten begleiten. Ich will ja weder nach Form, noch nach Inhalt heute mehr für alles einstehen, was oder namentlich wie ich es gesagt. Aber nur in ihrer urwüchsigen Gestalt sind solche Reden die echten Zeugen dessen, wie es uns damals zu Mute war.

Denn um ein treues Stimmungsbild der merkwürdigen Zeit ist es mir überhaupt neben dem voranstehenden festen Kern des Thatsächlichen wesentlich zu thun. Und ich hoffe zu diesem Behuf nicht nur in sittlich= religiöser, sondern auch in allgemeinmenschlicher und kulturgeschichtlicher Hinsicht manches eigentümlich Interessante mitteilen zu können, das ich mit offenem Auge und empfänglichem Gemüt handelnd oder leidend und zuschauend erlebte, während es sich andern Berufsarten vielleicht weniger nahe legte. An meine schon vor 18 Jahren geschriebenen „Erinnerungen und Erfahrungen eines Feldpredigers" (Stuttgart bei Karl Kirn 1874) lehnt sich die jetzige Darstellung nur leicht an. Denn jene waren mit sehr summarischer Behandlung des Thatsächlichen mehr Gedanken über den Krieg, wogegen ich diesmal mit Hilfe meines Tagebuchs und eines sehr getreuen Gedächtnisses für die unvergeßlich eingegrabenen Tage am Leitfaden der vier durchlebten Jahreszeiten vor allem wirkliche Erlebnisse aus dem Feldzug, sei es in ganz bestimmten Einzelzügen oder bei öfters sich Wiederholendem natürlich in zusammenfassender Malung schil= dern will.

Hiebei gedenke ich fast ausnahmslos ohne ergänzende Anleihen bei fremden Berichten nur Selbsterlebtes zu bringen. Ebendamit ist ein über= wiegendes Reden in erster und eigener Person einfach unvermeidbar und vor jedem Unbefangenen gerechtfertigt. Wenn demzufolge zuweilen sogar ganz persönliche Erlebnisse und Stimmungen nicht ausgeschlossen werden, so soll derartiges ohne eine in großer Zeit doppelt unpassende Wichtig= thuerei mit Eigenem lediglich als Beispiel so recht aus dem Leben zeigen, wie das Schicksal und der Gang des Ganzen auch ins Einzelne, sei es günstig oder ungünstig, eingriff und was der Betroffene dabei empfand. Mancher wird vielleicht im Spiegel meiner Darstellung eigene ähnliche Erfahrungen wiedererkennen und nochmals durchleben.

Alles in Allem mache ich mir streng nüchterne Wahrheit zur obersten Richtschnur und werde mich vor der Verführerin Kriegsfantasie sorgfältig hüten, welche so leicht und gerne sich und andern ein Gewebe von Dichtung und Wahrheit zurechtmacht. Einen „heiligen" Krieg haben wir gewiß nicht geführt — das gibt es in der Welt nun einmal nicht; aber ebensogewiß war es von Anfang bis zu Ende ein gerechter Kampf. In diesem Sinn und Geist hat ihn der Hauptsache nach das deutsche Heer als feststehende und treue Wacht der bedrohten Heimat mannhaft durchgesochten, und nicht anders habe auch ich denselben von meinem da= maligen Standorte aus zu schildern.

Wohl sind gleich einem Reif in der Frühlingsnacht bedenkliche Tage über das junge Deutsche Reich hereingebrochen, gerade wie ich zur Erinnerung an sein großes Geburtsjahr diesen anspruchslosen Beitrag schreibe. Möge derselbe dennoch unter den Fest- und Treugebliebenen freundlichen Beifall finden, bei andern aber durch seine unbefangene und in mehrfacher Hinsicht parteifreie Harmlosigkeit zur baldigen Wiederverständigung unter den parteigetrennten Söhnen eines und desselben Volks mithelfen!

Tübingen, in den Wochen der Reichstagswahl Februar 1890.

Der Verfasser.

Inhalt.

I.

Ausmarsch und erste Feldpastoration noch im Badischen, Juli 1870.

Jm Sommer 1870 stand ich bereits seit einiger Zeit als Senior an der Spitze des wenigstens in Schwaben wohlbekannten Repetentenkollegiums am Tübinger evangelisch-theologischen Seminar und konnte also in Bälde meine feste Anstellung als Diakonus hoffen. Denn durch Privatarbeiten ziemlich verspätet gegenüber von dem sonstigen Brauch, hatte ich anfangs Juni jenes Jahres meine zweite theologische Dienstprüfung bestanden, welche ich nur eines merkwürdigen Zufalls wegen erwähne. Es hatte nämlich bei derselben zu einer Zeit, wo bekanntlich noch kein Mensch entfernt an einen Krieg dachte, eine schriftliche Hauptfrage die sittliche Beurteilung des Kriegs zum Gegenstand gehabt. Und so war mir Gelegenheit geworden, meine Anschauungen und Grundsätze in diesem schwierigen Punkt vor der kirchlichen Behörde zu entwickeln, Schreiber wie Leser gleichermaßen ohne Ahnung, wie bald dies Thema aus einer harmlosen Examensfrage zur brennendsten Tages- und Lebensfrage werden sollte!

Ein halbes Jahr zuvor, im Dezember 1869, hatte ich mein Erstlingswerk über den Philosophen Leibniz als Patrioten und Staatsmann, ein Bild aus trübster Zeit, veröffentlicht. Ich brauche kaum ausdrücklich zu bemerken, daß es allerdings veranlaßt war durch die gewitterschwangere Luft, wie sie seit 1866 zwischen Frankreich und Deutschland schwebte, und daß meine Blicke dabei gar oft vergleichend und fragend zwischen der deutschen Schmachzeit in den Tagen eines Ludwig XIV. und

unserer noch im dunkeln Schoß des Schicksals ruhenden nächsten
Zukunft hin- und hergingen. Ein interessanter, an das Erscheinen meines Buches sich knüpfender patriotisch-politischer
Briefwechsel mit dem französischen Leibnizherausgeber Foucher
de Careil, dem späteren Gesandten Frankreichs in Wien hätte
mir, wenn ich prophetisch gewesen wäre, als kleines persönlich
bedeutsames Wetterleuchten sagen können, wie bald die stillen
Gedanken meiner Leibnizstudien in die Wirklichkeit umgesetzt
würden. Aber damals sah es ja noch gar nicht darnach aus.

Jetzt kommt um die Mitte des Julimonats jener Blitz
aus heiterem Himmel, der für ein volles Jahr die Brandfackel
des Kriegs entzündet hat. Mit Alldeutschland wird auch das
schwäbische Militär, damals noch als Division, mobilisiert. Und
niemand bei uns nahm es leicht, sondern man sagte sich, daß wir
schweren Zeiten und blutigen Kämpfen entgegengehen. So galt
es für die bevorstehenden tiefernsten Tage die ausrückende Mannschaft neben anderem auch mit Feldgeistlichen zu versehen. Denn
es bestand bei uns die Sitte, daß nicht die älteren ordnungsmäßigen Garnisonsgeistlichen des Friedens mitzuziehen hatten,
sondern daß man für den eintretenden Kriegsfall Freiwillige
aus der jüngeren Theologenschaft zur Bewerbung aufrief.
Als dies im amtlichen Blatt protestantischerseits geschah,
meldete ich mich sofort mit Freuden um eine der beiden zunächst
vorgesehenen Stellen, gleichviel ob die erste oder die zweite.
Denn wer mochte jetzt noch an sich selbst oder an die feste
Anstellung zu Hause denken, wo alles zu wanken und von der
Stelle gerückt zu werden schien!

Dazu durfte ich mir bei meiner Bewerbung um einen
der Feldgeistlichenposten mit gutem Gewissen sagen, daß ich
durch eine glückliche Fügung der Umstände in mehrfacher Hinsicht besonders darauf vorbereitet sei und hoffen dürfe, den ernsten
Platz erspießlich auszufüllen. Unter anderem hatte ich schon
seit einem Jahr als Repetent die Pastoration gerade an der
chirurgischen Abteilung des hiesigen akademischen Krankenhauses
besorgt und dadurch neben der geistlichen Vorübung die Nerven
und Sinne für eine ähnliche Thätigkeit im Feld gehärtet. Insbesondere aber war ich wohl mehr als die meisten der jüngeren
Theologen zufälligerweise des Französischen in recht ordentlicher

Weise mächtig, und wie hundertmal ist das mir und dem Amte in diesem Feldzug zu gute gekommen! Denn namentlich auch meine kurz vor dem Krieg abgeschlossenen Arbeiten über Leibnizens deutsch-patriotische, aber meist französisch geführte schriftliche Kämpfe mit dem übermütigen Frankreich Ludwigs XIV. hatten mich vollends in Sprache und Geschichte des abermaligen Feindes gehörig eingeführt.

Selbst ein mehr äußerliches Erfordernis der Bewerbung um den Feldpredigerdienst war glücklich vorhanden: die Fähigkeit des Reitenkönnens. War ich doch von der fröhlichen Studentenzeit her gar wohl im stand, allerdings mehr unverzagt als kunstgerecht ein Rößlein zu tummeln.

Freilich will ich gar nicht verschweigen, daß es mir beim Ausbruch des Kriegs und bei der lobernden Aufwallung der deutschen Jugend sehr lieb gewesen wäre, noch um etwas jünger als bald 28 Jahre alt zu sein. Dann hätte ich das Gewehr als Streitbarer auf die Schulter genommen und wäre so mitmarschiert. Denn wie mich mein hochverehrter älterer Freund, der jüngst verstorbene Kanzler Rümelin damals vollkommen richtig beurteilte, als er hier von meiner Bewerbung erfuhr: Die Milch der frommen Denkungsart rollte gerade nicht in meinen Adern, sondern es war weltlich und geistlich ziemlich Feuer und Eisen darin. Im Jahre 1863 war ich pflichtig gewesen und als durchaus militärtüchtig erfunden worden. Da hoffte ich schon mit meinen Altersgenossen bei dem Beginn der schleswig-holsteinischen Verwickelung, daß wir vielleicht dran dürfen, und exerzierte in freiwilliger hiesiger Vorbereitung mit den anderen lustig drauf los, solange noch einige Aussicht zur Verwendung war. Beim Ausbruch des französischen Kriegs aber erlaubte es meine ganze nunmehrige Lage nicht mehr, ohne unnatürliche und gar zu rücksichtslose Erzwungenheit des Schritts dem Vaterland mit der kriegerischen Waffe zu dienen. Aber sehnlichst hoffte ich es wenigstens in der halbfriedlichen Form des Feldgeistlichen thun zu dürfen.

Und in der That hatte ich mehr Glück, als seinerzeit der alte Philosoph und Theolog Fichte, an den ich, natürlich in aller Bescheidenheit, doch oft denken mußte. Es ist ja von ihm bekannt, daß er im Jahre 1813 dringend um die Ver-

wendung des „Redners an die deutsche Nation" als Feldpre-
diger im Befreiungskrieg bat, aber keine Gewährung fand.
Mir ging es besser; denn am 25. Juli traf ich abends 10 Uhr
beim Nachhausekommen das Telegramm des Feldprobsts, welches mir meine Ernennung zum zweiten Feldgeistlichen meldete
und die Weisung enthielt, mich sogleich am andern Morgen
früh in Stuttgart zu stellen. Alles Knall und Fall auch für
den einzelnen, gerade wie dieser Krieg über das große Ganze
hereingebrochen war!

Eiligst war daher noch tief in die Nacht hinein wenigstens
das nötigste zu erledigen, z. B. meinem bisherigen Vorgesetzten
zunächst schriftliche Anzeige von meiner Abberufung zu machen.
Ich war dabei der harmlosen Meinung, am andern Tag noch
einmal von Stuttgart zurückkehren und dann alles Amtliche
oder Private etwas geordneter nachholen zu können. Das war
jedoch eine Täuschung. Denn in Stuttgart hieß es alsbald,
daß wir unbedingt zur Stelle zu bleiben haben, weil man keine
Stunde wisse, wenn nicht der Abmarsch erfolge. Im Anschluß
daran war es für den ganz anders gewohnten bisherigen Civilisten ein eigentümliches Gefühl, nach Vorschrift in diesen ersten
Tagen bei jedem größeren Ausgang hinterlassen zu müssen,
wohin man gehe und wie lange man ausbleibe, um im Notfall jederzeit vom Aufbruch benachrichtigt werden zu können:
ein ungewohnter Bann und doch zugleich ein stolzes Gefühl,
sich so bereits in den Organismus einer großen Sache ein-
gereiht zu wissen.

Der Ausgänge und Besorgungen aber gab es für die
zwei Tage, welche noch auf Stuttgart fielen, in der That mehr
als genug! In bunter Reihe und fliegender Eile wechselten
dienstliche Vorstellungen bei den verschiedenen nunmehrigen Behörden mit den nötigen privaten Besuchen und Abschieden.
Das Unentbehrlichste von meiner allgemein-menschlichen Ausstattung mußte ich mir von Tübingen durch andere nachschicken
lassen; an Ort und Stelle aber eilte es, sich jetzt namentlich
auch fürs Feld zu equipieren, also besonders ein taugliches
Pferd samt allem, was drum und dran hing, im Sturm zu
erstehen. Zu sich selbst kam man eigentlich gar nicht. Die
vorher schon so reichlich vorhandene Aufregung dieser ganzen

Zeit floß mit dem Umtrieb der mannigfaltigsten und verschieden=
artigsten Geschäfte und Anliegen zu einer dumpfen Gesamt=
stimmung zusammen, aus der man herzlich froh war bald
herauszukommen. Nur ein Punkt ragt für meine Erinnerung aus diesen
Stuttgarter Stunden mit ihrer sinnverwirrenden Zerstreuung
hell und klar hervor, die Investitur von uns zwei Feldgeist=
lichen, welche in der Garnisonskirche unserer Hauptstadt durch
den Feldprobst vorgenommen wurde. Ober strenggenommen
ist es auch bei dieser Feier eigentlich bloß der Schluß, der
mir dauernd haften geblieben ist, nämlich der apostolische Se=
gen, den die ganze zahlreichst anwesende Gemeinde zu unserem
Abschied sang. So wenig ich auch von Natur irgend zu em=
pfindsamer Weichheit neige, so tief wurde ich hievon ergriffen.
Klang mir doch dieser Gesang wie die rührende Bitte der
anwesenden Eltern und Geschwister der ausmarschierenden Trup=
pen, und durch die Hauptstadt vertreten wie die bringende
Bitte des ganzen Landes, daß wir Feldgeistlichen als die be=
rufensten Vertreter eben der Heimat an ihren Söhnen draußen
alles thun ·mögen, was nur irgend in unsern Kräften stehe,
und ihnen treu zur Seite bleiben in gesunden oder kranken
Tagen. Wenn in den harten Wintermonaten vor Paris ab
und zu doch auch mir der freudige Mut und die frische Energie
zur Weiterverwaltung des schweren Amts sinken wollten, tönte
mir mahnend und von neuem stählend dieser elterliche Ge=
meinbegesang aus der Stuttgarter Garnisonskirche wie die
Stimme eines guten Engels durch die Seele nach.

Zur ruhigeren Besinnung und ernstlichen Einprägung
solcher Eindrücke, um sie nicht mehr zu verlieren, kam ich
damals freilich doch erst, als wir endlich oder vielmehr schon
am 28. Juli mittags 4 Uhr mit dem Hauptquartier im Mi=
litärzug Stuttgart hinter uns ließen und Bruchsal zudampften,
das zum ersten Sammelpunkt außerhalb der engeren Heimat
bestimmt war. Und hier gab es nun auch gleich das erste
Quartier in einem Privathaus. Wie ungewohnt war dies aber=
mals dem bisherigen ehrbaren Civilisten, „ungebeten" zu Gaste
zu kommen, einzutreten bei einer Familie in der drückenden
Ungewißheit, ob man nicht sehr störend sein werde. Dieses

mein Bruchsaler Eingangsquartier, das ich mit meinem Amtsgenossen teilte, war übrigens recht bezeichnend für die Quartiererfahrungen, wie ich sie später größtenteils auch in Frankreich machen durfte. Zuerst war die würdige alte Dame des
Hauses höchlichst erschrocken mit der naiven, noch wenig kriegs-
gewohnten Begründung, daß wir ja nicht angemeldet seien.
Sehr bald aber löste sich alles in eitel Freundlichkeit und
mütterlich besorgte Liebenswürdigkeit auf, für die ich dem damaligen Bruchsaler Stadtpfarrhause und seinen wohl längst
verstorbenen Bewohnern noch heute eine dankbare Erinnerung
bewahre.

Der bevorstehende Sonntag 31. Juli war zum württembergischen Landes-Buß- und Bettag für den Krieg bestimmt,
und es war dafür der äußerst passende Text 1 Petri 5, 5—7
gewählt: „Gott widerstehet den Hoffährtigen, aber den Demütigen gibt er Gnade. So demütiget Euch nun unter die gewaltige Hand Gottes, daß er Euch erhöhe zu seiner Zeit!“
Denn gewiß zog ja niemand in Deutschland vom obersten
königlichen Kriegsherrn bis herunter zum gemeinen Soldaten
in freventlichem Uebermut zu Feld, als ob es uns nicht fehlen
könne, wenn wir auch ebenso gewiß das ruhige und gehaltene
Vertrauen auf die sonnenklare Gerechtigkeit unserer Sache hatten.
Und so entsprach jener Text ganz unserer Grundstimmung, um
dieselbe nur noch weiter zu vertiefen und von allen Schlacken
zu reinigen. Natürlich wünschten wir Feldgeistlichen dringend,
ob auch bereits über der engeren Landesgrenze stehend, so doch
in geistiger Gemeinschaft mit unseren Lieben zu Haus verbunden eben diese Feier ernstkirchlich begehen und dabei zum
erstenmal amtlich vor unserer neuen Militärgemeinde auftreten
zu dürfen. Mein Genosse sollte das Hauptquartier und die
Truppen in Bruchsal übernehmen, ich dagegen ritt hinaus nach
Graben, 2 Stunden von Bruchsal, weil ich hörte, daß dort
gleichfalls größere Abteilungen liegen. Es gelang mir auch, mit
den hier Kommandierenden die Vereinbarung für den Sonntag
zu treffen, wonach die dortigen mit den in der Nähe kam-
pierenden Truppen womöglich zu einem großen Feldgottesdienst
im Wald oder Feld bei Graben sich vereinigen sollten — wenn
kein Abmarsch erfolge. Ja, dieses mißliche und doch alles

bedingende „wenn!" Wie oft ist es uns später noch im Feldzug in den Weg getreten und hat durch die schönsten mühsamen Abmachungen einen einfachen dicken Strich gemacht! Es
war vielleicht ganz gut zur heilsamen Vorbereitung aufs kommende und zur Uebung in der Geduld, daß es uns gleich beim
ersten so eifrig betriebenen Versuch einer größeren amtlichen
Thätigkeit nicht besser ging: Als der Sonntag Morgen kam,
da hieß es, wenigstens für uns Laien völlig unerwartet:
Abmarsch! und alle unsere wohlgemeinten Pläne fielen ins
Wasser.

Nun hatte ich mir zwar von Anfang an strengstens vorgenommen, bei allem Eifer für mein Amt mich niemals vor-
zudrängen. Denn selbstverständlich ist im Krieg der Krieg die
schlechthinige Hauptsache und alles andere kommt erst in zweiter
und dritter Linie mit in Betracht, sofern und soweit es in
keiner Weise jene Hauptsache stört. Trotzdem that mir der
schöne Sonntag und namentlich seine kirchliche Bedeutung für
unser württembergisches Land bitterlich leid, sollten sie bei uns
im Feld ganz ungefeiert vorübergehen. Als ich daher nach
langer Rendezvousstellung bei Graben mit dem Hauptquartier
daselbst einquartiert werden sollte, machte ich der Sache rasch
ein Ende. „Zwei Pfarrer im Hauptquartier ist des Guten
denn doch zu viel," meinte ich zu meinem älteren Amtsgenossen,
erbat mir bei dem zuständigen Offizier des Stabs die nötige
Erlaubnis und ritt hinaus den bereits wieder auseinander-
gezogenen Truppen nach, um „Soldaten und Arbeit zu suchen",
wie es in meinem Tagebuch kurz und deutlich heißt.

Und wirklich wurde mein Bemühen belohnt. Denn ohne
jegliche Störung des Dienstes, wie ohne ungebührliche Inan-
spruchnahme der Zeit und Kraft des Soldaten erlaubte es mir
das sofortige sehr freundliche Entgegenkommen der dortigen
Kommandierenden, zu Linkenheim noch spät am Abend um
½ 8 Uhr in der beleuchteten Kirche vor dem 1ten Jägerbataillon
einen schönen und feierlichen Abendgottesdienst zu halten. Dadurch ermutigt und von den Offizieren mit Auskunft versehen
predigte ich am andern Vormittag vor der zweiten Hälfte des
Bataillons in der Kirche des benachbarten Hochstetten, überall,
wie ich rühmend hervorheben muß, von der badischen prote-

ſtantiſchen Geiſtlichkeit der Gegend amtlich und für meine eigene
Perſon aufs beſte gefördert.

In der Frühe des folgenden Morgens war mir alsbann
ein erhebender Feldgottesdienſt vor dem 8. Infanterieregiment
in Liebolsheim und ein paar Stunden nachher vor den Reitern
in Rußheim geſtattet; der erſten Bekanntſchaft mit den betreffenden Offizieren und der nötigen Vereinbarung war der
freie Nachmittag zuvor gewidmet geweſen.

Kaum war ich endlich ziemlich müde und von der Hiße
erſchöpft nach Liebolsheim zurückgekehrt und hatte mich mit
dem Regimentsſtab der Achter, der mir ſchnell vertraut und lieb
geworden war, zum Eſſen geſeßt, ſo kam eine Ordonnanz von
dem weiter vorne liegenden Eggenſtein (Leopoldshafen) und
holte mich in einem requirierten Gefährtchen eilig dorthin, wo
ſich zwei Soldaten eines anderen Regiments durch ſehr unzeitigen Selbſtmord dem bevorſtehenden Kampf entzogen hatten.
Aber freilich war für mich zunächſt lediglich nichts dabei zu
thun. Denn die mir gewordene Meldung und Aufforderung
war wie es ſchien gar nicht von dem Oberſt des Regiments
ſelbſt, ſondern nur von einem untergeordneten Offiziere, übrigens
in ehrenwerter Geſinnung ausgegangen; und ſodann ſchlug
es namentlich, wie ich eben eingetroffen war, alsbald wieder
Generalmarſch zum Aufbruch gegen Knielingen zu. Ich hatte
daher nur zu eilen, daß ich zurückkam, packte, mein Pferd holte
und mich noch rechtzeitig den vorrückenden Abteilungen anſchloß.

Dagegen beſchäftigte ich mich nachträglich, aber ſobald
als möglich doch noch auch meinerſeits und dienſtlich mit dieſem
Vorkommnis, das an ſich ſo traurig und zu dieſer Zeit und
Stunde zweimal peinlich war. Als mir am übernächſten Tag
geſtattet wurde, auf dem freien Biwakfeld von Knielingen ſpät
nachmittags einen Feldgottesdienſt für das betreffende Regiment
zu halten, wählte ich den Text Römer 14, 7—8: „Unſer Keiner
lebt und Keiner ſtirbt ſich ſelber. Leben wir, ſo leben wir dem
Herrn; ſterben wir, ſo ſterben wir dem Herrn!“ Gewiß ein
ſehr gewichtiges und ernſtes Wort für den Kriegsbeginn überhaupt mit allem Schweren, was unmittelbar bevorſtand, namentlich aber wie gemacht für die traurige Art von verkehrtem
Sterben, welche das Regiment ſoeben in ſeiner Mitte erlebt.

„Sterben wir, so sterben wir dem Herrn", durfte ich den Truppen in bewegtem Ernste zurufen und unter anderem dahin aus-legen, daß es gerade jetzt gelte, sein Leben und seine junge frische Kraft allerdings für Nichts zu achten und dahinzugeben, aber freudig im tiefen Ernste treuer Pflichterfüllung und in opfermutigem Einstehen für die bedrohte Heimat hinter uns, die vertrauend und hoffend auf ihre Söhne blicke. Wie schmählich dagegen, wenn einer etwa in kindischer Angst dem drohenden Tod durch den Tod entfliehen wollte, oder in vorschnellem Mißmut über die unvermeidlichen Beschwerden des eben erst begonnenen Feldzugs selbstisch und als ein schlechter Soldat seinen Posten eigenmächtig verlasse — ein Deserteur vor Gott und Menschen! Ich darf hinzufügen, daß die milderen Töne des menschlichen Mitleids mit den Verirrten in meiner Aus-führung auch nicht fehlten. Aber allerdings standen sie nicht im Vordergrund; das hätte gleich zum Eingang des Kriegs weder meiner eigenen Stimmung und Ueberzeugung, noch auch der ganzen Zeit und Lage entsprochen. Leider jedoch hatte ich sogar bei demselben Regiment später wiederholt Gelegenheit, dies nachzuholen und mit ebenso gutem Recht das umgekehrte Verfahren zu beobachten.

Bei den anderen Gottesdiensten, von denen ich eben be-richtete, hatte teils der obenerwähnte treffliche Text unseres Landesbettages zur Grundlage gedient, teils hatte ich schon um meiner selbst willen und der erforderlichen Frische wegen frei gewechselt. Neben der bemütigen Ergebung in Gottes Führung, welche jener ausdrückte, lebte ja in unseren Herzen mit vollem Recht zugleich die unbedingte Ueberzeugung von unserer guten und gerechten Sache und damit auch die tiefe Entrüstung über des Feindes schnöden, ruhm- und eroberungssüchtigen Friedens-bruch. Dies mochte sich zumal auf freiem, sonnenhellen Feld und mit kräftigem Hinweis auf das nahe Speyer, dessen ehr-würdige deutsche Kaisergräber die Franzosen vor noch nicht zweihundert Jahren so gottlos geschändet hatten, ganz passend und wohl kaum zu scharf in die markigen Worte aus dem 37. Psalm kleiden: „Befiehl dem Herrn deine Wege und hoffe auf ihn, er wird es wohl machen und wird deine Gerechtig-keit hervorbringen wie das Licht und dein Recht wie den

Mittag. . . . . Ich habe gesehen einen Gottlosen, der war trotzig
und breitete sich aus und grünete wie ein Lorbeerbaum. Da
man vorüberging, siehe, da war er dahin; ich fragte nach ihm,
da ward er nirgend gefunden."

Bei den Reitern endlich, wo alles in noch rascherem und
kürzerem Tempo zu gehen hatte, als ohnehin beim Militär, bot
sich als brauchbarer Text das kurze Wort 1 Petri 2, 17:. „Fürchtet
Gott, ehret den König!" Letzteres sollte anknüpfen an die herzlichen Abschiedsworte, welche unser König ein paar Tage zuvor
bei Graben (oder in Bruchsal?) an seine ausmarschierten Schwaben
gerichtet und dabei die Hoffnung ausgedrückt hatte, daß sie
unter der erprobten Führung ihres tapferen preußischen Generals
sich der Vorfahren würdig zeigen werden. Leider mußte ich
mir das und die ganze gemütlich-bewegende Szene von anderen
erzählen lassen, sonst wäre ich an ihr gewiß nicht vorbeigegangen. Allein ich war eben nicht selbst dabei, da uns Geistlichen in dem großen Umtrieb dieser Tage keine oder wenigstens
keine rechtzeitige Meldung von der stattfindenden Parade zugekommen war. Und so wollte ich es schon hier unterlassen,
ein Nichtselbsterlebtes bennoch zu schildern, so verlockend auch
der Anlaß gewesen wäre.

Die ganze Division war am Spätabend des 2. August
gegen Knielingen vorgerückt und bezog nun größtenteils zwischen
diesem Dorf und dem Rhein das Biwak. So gab es also Gelegenheit, in dieser Zeit der reichlichen Erstlingserfahrungen auch
mit jenem berühmten Stück des richtigen Feldlebens das erste
Mal nähere Bekanntschaft zu machen. Und ich muß sagen:
der Anfang war sehr gut! Zwar wo ich eigentlich hingehörte
mitsamt meinem Pferd, wußte ich nicht so recht; denn durch
das unerläßliche Umherziehen der letzten Tage bei den einzelnen
zerstreuten Abteilungen war ich gewissermaßen heimatlos geworden. Nachdem indessen Mensch und Pferd mit Speise und
Trank versorgt waren, soweit es eben ging, nahm mich ein
freundlicher Arzt der 8er unter seine Fittiche. Oft war ich
später mit ihm zusammen, so namentlich genau vier Wochen
nachher bei Sedan—Mézières, wo er mit blutüberströmtem
Gesicht als erster Verwundeter des Regiments mir entgegentrat!
Am heutigen schöneren Augustabend verdankte ich seiner Ver-

mittelung die gaſtliche Aufnahme auf dem Stroh ſeines Re-
gimentsſtabs. Da lagen die ſtattlichen Offiziere in Reih und
Glied nach ihrem Rang. Die Luft war ſommerlich warm;
aus kurzer Entfernung rauſchte der angefochtene Vater Rhein
zu uns, ſeiner Wacht, herüber und ringsumher durch die Nacht
loderten die Lagerfeuer. Allmählich verſtummen die Menſchen
vom Marſche ermüdet, und der Oberſt bietet uns ein freundliches „Gute Nacht, Kameraden!" Man hört nur noch das
Scharren der Pferde, oder es geht auch ab und zu zum ſchweren
Verdruß der Feldſtallwachen in der Ferne eins ein wenig durch,
wie z. B. mein mutwilliger Apfelſchimmel. Ueber bem prächtigen
Lagerbilde aber wölbt ſich der reine Sternenhimmel, und ſeine
ewig geregelten Bahnen haben nichts gemein mit dem eiſernen
Würfelſpiel, das hier unten um ein Streifchen unſeres Planeten,.
dieſes Sandkorns im Weltenall demnächſt beginnen ſoll. Ein
ergreifender und doch zugleich tröſtender Gegenſatz!

So erſchien mir dies erſte Biwak wirklich hochpoetiſch
und ich hätte gerne auf meinem Strohlager ſogar Verſe darüber
gemacht, wenn ich nicht nach dem anſtrengenden Tag zu raſch
eingeſchlafen wäre — was jedenfalls das geſcheidtere war.
Aber freilich, dies einzig ſchöne Biwak blieb leider in meiner
ganzen Feldzugserinnerung auch das einzige ſchöne. Und
andere, welche das Biwakieren noch öfter traf, werden ſicherlich
in der Hauptſache damit übereinſtimmen, daß es überwiegend
ein ſehr fragliches Vergnügen iſt. Wenn der Wind heult und
der Regen in Strömen gießt, wie gleich in der folgenden Nacht
oder am zweiten Abend nach Wörth oder gar in Hambach
werten Angedenkens, wenn die feuchtkalten Herbſtnebel kommen
und einen ſchon frühmorgens um 2 oder 3 Uhr wecken, wie
auf den Eilmärſchen Sedan zu, oder wenn der Acker hart
gefroren iſt und Schnee das Linnenzeug vorſtellt — dann
iſt es mit aller Poeſie rundweg vorbei für den, der auf ſolche
Lagerſtätte angewieſen iſt, und er zieht jede Bergung unter
Dach und Fach weit vor, mag ſie auch ſonſt noch ſo zweifelhaft und zu einem reinlichen Nachtlager von Haus aus nicht
entfernt beſtimmt oder in anderer Hinſicht für eine friedliche
Nachtruhe z. B. Granaten halber nicht gerade wie geſchaffen ſein.

Der folgende Tag, welcher noch ruhig im Feldlager bei

Knielingen verlief, brachte endlich auch für uns Feldgeistliche
die sehr nötige endgültige Regelung unserer amtlichen Stellung
und Platzanweisung. Denn den rühmlichen Bemühungen unseres
würdigen Feldprobsts zu Haus war es gelungen, außer uns
zweien zunächst Angestellten (denen in gleicher Stellung zwei
katholische Geistliche entsprachen) noch zwei weitere protestan-
tischgeistliche Stellen auszuwirken. Und das war insofern
wirklich nötig, als bei der damaligen Einteilung der württembergischen Division in drei, gegen einander verhältnismäßig
geschlossene Brigaden die ursprünglichen zwei Feldgeistlichen
kaum gewußt hätten, wie sie sich sachgemäß auf das württembergische Korps verteilen sollten.

Bei Knielingen nun trafen die beiden Nachernannten mit
uns Erstausgerückten zusammen. Der eine war ein lieber
Alters- und Kursgenosse von mir, beide aber hatten gleich mir
früher als Zöglinge dem sattsam feldmäßigen und auch ein
wenig hungergewohnten niederen evangel. Seminar Schönthal
angehört. Als es sich jetzt um die Verteilung der Stellung
handelte, fiel unserem ersten und älteren Kollegen selbstverständlich der Posten im Hauptquartier zu; ich meinerseits hätte
alsdann unter den drei Brigaden die Vorwahl gehabt. Der Zufall hatte mich jedoch in den letzten Tagen mit lauter Abteilungen so ziemlich der ganzen dritten oder Ludwigsburger Brigade dienstlich zusammengeführt und die erste schwierige Bekanntschaft mit ihren Offizieren und Mannschaften eingeleitet.
Sie war damals gebildet aus folgenden Bestandteilen: 1tes württembergisches Jägerbataillon, 3tes und 8tes Infanterieregiment,
3tes Reiterregiment, 7te bis 9te Batterie, 3ter Sanitätszug.
So entschloß ich mich denn kurzweg, bei dieser Brigade auch
fortan zu bleiben. Denn was kümmerten mich in solcher Zeit
Lappalien, wie nichtsbesagende Zahlen, oder was wußte ich
von der allerdings nicht ebenso unbedeutsamen persönlichen
Gestaltung der betreffenden Brigadestäbe, sowie von der Zu-
sammensetzung der einzelnen Brigaden je nach ihren Rekru-
tierungsbezirken und Garnisonshauptorten? Meine geistliche
Wirksamkeit während des Feldzugs hätte wohl in der That
eine etwas andere Färbung und Richtung angenommen, würde
ich nach formellem Recht die erste Stuttgarter Brigade mit

ihren vielen Einjährigen und Studenten für mich gewählt
haben, während die dritte ganz überwiegend aus länd-
licher Bevölkerung zusammengesetzt war. Ich möchte aber beinahe annehmen, daß letzteres für mein Naturell und meine
Lebensanschauung jedenfalls ebensogut paßte, da ich allezeit
sehr volksfreundlich gestimmt war und den Bauernstand durch
eigenes Aufwachsen auf dem Lande gemütlich verstand. Denn
Fabrikbevölkerung, bei welcher ja leider im Feld so wenig als
im Frieden mehr auf größere sittlichreligiöse Empfänglichkeit
oder nationalen Sinn zu rechnen ist, hatte ich zum Ersatz
für den Mangel an höher Gebildeten gleichfalls nur wenig
in meiner Abteilung.

Sei dem jedoch wie ihm wolle. Jedenfalls hatte mit
dieser Austeilung der Plätze auch unser Dienst glücklich noch
vor dem Rheinübergang seine bestimmte Eingliederung ins Ganze
erhalten. Denn bei dem blitzartigen Ausbruch des ganzen
Kriegs war die Umgestaltung des württembergischen Heeres
seit 1866, beziehungsweise 1867 unmöglich schon nach allen
Seiten so zum Abschluß gediehen, daß man vor Kriegsbeginn
billigerweise sogar für das zur Seite stehende Amt der Feldpastoration mit Herrn Le Boeuf zu reden ein archiprêt oder
fix und fertig sein verlangen konnte.

Selbstverständlich wird, wenn früher oder später wieder
ein Krieg ausbricht, auch bei uns der Dienst der Feldgeistlichen
längst zuvor geregelt und bestimmt vorbereitet sein, damit sie
sich bei Zeiten von ihrem Standpunkt aus im Militärwesen
umsehen und für den schweren Beruf aus der Schule fremder
Erfahrungen einiges lernen können. Freilich, wenn es gilt,
thut es doch statt aller Normen aus den ganz andersartigen
Friedensverhältnissen heraus schließlich wieder nur der eigene
gesunde Blick und richtige Takt, der sich in dieser völligen
Ausnahmslage rasch selbst zu helfen und mit elastischer Gewandtheit in die verschiedensten weltlichen und geistlichen Verhältnisse zu finden weiß. Für letztere möchte ich geradezu das
schöne Wort des Apostels Paulus 1 Kor. 9, 19—23 von der
Notwendigkeit und Fähigkeit, um des einen Ziels willen unter
Umständen allen alles sein zu können, als besten Denkspruch
für die richtige Feldpastoration bezeichnet haben.

Wir freilich standen in den ersten Feldwochen des Jahres 1870 größtenteils als starke Laien im Punkt des Militarismus auf unserem jetzigen Posten, herausgerissen aus den Friedensverhältnissen und bürgerlichen Dienststellungen, und plötzlich hineingeworfen in die so eigenartigen Kreise eines ausmarschierten Heeres. Bestand doch damals bei uns im Süden noch keine allgemeine Wehrpflicht, welche heutzutage z. B. schon durch die überall eingeführten Garnisonen der Universitätsstädte in weitem Umfang ganz spielend und von selbst eine ziemliche Bekanntschaft mit dem Militärwesen vermittelt. Was wußten oder verstanden dagegen die meisten unter uns im Anfang von allem derartigen? Notbürftig waren die Haupttitel und Rangstufen, sehr mangelhaft deren äußere Markierung bekannt; wenig vertraut fühlten wir uns daher auch mit den Formen und Etikettenfragen, welche im Militär als einem Stand der Form und Uniform natürlich eine große Rolle spielen. So hat wohl der eine und andere von uns zuweilen, ohne es zu wissen und zu wollen, auch angestoßen oder ist als ungewohnter und minder gewandter Gast aufgefallen, dies zumal, wenn er von Natur oder namentlich in der Begeisterung der großen Zeit Mühe hatte, neben Wichtigerem und Größerem sich für das Gewicht bloßer Aeußerlichkeiten und Kleinigkeiten zu erwärmen. Die Uniformfrage z. B. war für uns Geistliche wie so manches andere gleichfalls noch nicht fest und bestimmt geregelt. Wohl möglich daher, daß in der stürmischen Adjustierung vor dem Ausmarsch der eine oder andere harmlose Verstoß mitunterlief.

Alles in allem jedoch waren die oben geschilderten badischen Tage noch diesseits des Rheins für uns die willkommene Eingangs- und Vorbereitungszeit, um auch mit den äußeren Förmlichkeiten und Bräuchen des Militärs bekannt zu werden. Weit wichtiger aber war die erste Einschulung in unseren Dienst als Feldgeistliche, bei dem wir unerfahrenen Neulinge uns hier noch im wohlgesinnten und höchst willfährigen deutschen Freundesland und noch frei von den Schwierigkeiten und Nöten des richtigen Kriegs bewegen durften.

Und so genügte die verhältnismäßig kurze Zeit, um uns in verschiedenen Beziehungen fast vorbildliche Gelegenheit zur mannigfachsten Arbeit und zum ersten Ansammeln wert-voller Erfahrungen zu geben. Aus diesem Grunde habe ich mir auch erlaubt, die betreffenden Erlebnisse im obigen aus-führlicher zu schildern, als ich es später bei der vielfachen Wiederkehr von ähnlichem selbstverständlich thun werde. Wie sie mir und uns den ersten Einblick in das ganz und gar eigenartige des Feldgeistlichenberufs gewährten, so möge ihre nicht zu magere Schilderung dasselbe auch anderen leisten.

Da hatten wir also eigentliche Gottesdienste gehabt mit den Schwierigkeiten ihrer Bestellung zumal bei starker Zer-streuung der Truppen und mit der ganzen Mißlichkeit des schließlichen Vereiteltwerdens aller Pläne und Vorbereitungen. Wir hatten erfahren, daß der Feldgeistliche gar manches in seiner einen Person mitübernehmen muß, was in geordneten Friedens-lagen andere, wie Meßner oder auch Organisten ihm abnehmen. Es war in der richtigen Kirche geprebigt, aber auch auf freiem Feld geredet worden. Selbst kleine Anfänge von Spital-und Krankendienst fehlten nicht; besonders aber gab das frische Heimweh und die sorgenvolle Niedergeschlagenheit namentlich mancher Verheirateten unter den Ausmarschierten schon vom ersten Anfang an und in ihm eigentlich besonders dringend Anlaß zur Privatseelsorge.

Kurzum, wir durften uns noch auf deutschem Boden mit gutem Gewissen sagen, daß wir tüchtig an die Arbeit gegangen waren und mit redlichem Bemühen unseren Dienst voll ange-treten hatten. Von meinen Kollegen z. B. hörte ich, daß sie sogar eine schöne Feier des hl. Abendmahls mit gegenseitiger Unterstützung zu stande gebracht hatten, während dies mir allein bei meinen sehr zerstreuten Abteilungen noch nicht hatte gelingen wollen.

Bei unserem alsbaldigen Arbeitsuchen spornte uns wesent-lich auch die peinliche Erinnerung an das süddeutsche 1866, das zeitlich noch so nahe und sachlich doch so weitab lag. Ob es wahr ist, was man sich unter anderem auch in feldgeist-licher Beziehung von diesem unglückseligen Krieg erzählte, muß ich billigerweise völlig dahingestellt sein lassen. Aber jeden-falls galt es, wie wir uns fortwährend gegenseitig sagten, durch verdoppelten Eifer gleich von Beginn an zu zeigen, daß auch unſererſeits der große Krieg von 1870 in anderer Tonart behandelt werden würde. Deshalb alſo ſetzten wir alles daran, in einem noch nicht ſo recht daran gewöhnten Heerkörper die amtlich angewieſene Stellung nicht minder innerlich und gemütlich durch ſofortiges perſönliches Nahetreten zu erringen und unſeren Beruf als ein ordnungsmäßiges Glied für aller Bewußtſein in den militäriſchen Organismus einzufügen. Denn in den erſten Tagen oder Wochen bemerkte ich z. B. bei den Ritten in der Umgebung von Bruchſal noch recht wohl, wie die Soldaten Unſereinen als eine ſehr ungewohnte und fremdartige Erſcheinung in ihren Reihen mit gelindem Staunen und mehr neugierigem, als freundlich zugeneigtem Intereſſe betrachteten.

Eine kräftige Stütze hatten wir bei dieſen unſeren Bemühungen an dem preußiſchen Kommandanten der württembergiſchen Diviſion, General Obernitz, bei welchem die ſchon länger eingelebten Gepflogenheiten ſeines eigenen Heeres auch uns zu gute kamen. Man merkte es dem Manne ſogleich an, daß er ſchneidig ſcharf ſein konnte und von ſeinen Leuten viel verlangte. Aber dafür beſaß er eine Gabe, die ich bei meinen engeren Landsleuten häufig vermißte, nämlich den raſchen Blick dafür, mit wem er es zu thun habe, ob der betreffende redlich ſeine Schuldigkeit thue und ſeinen Poſten ausfülle. Ein ſolcher konnte dann umgekehrt auch darauf rechnen, an ſeinem General einen feſten Rückhalt zu finden und denſelben die berechtigten Intereſſen ſeiner Untergebenen ebenſo ſchneidig verteidigen zu ſehen.

Mag vielleicht der eine oder andere in unſerer Diviſion nicht ganz damit übereinſtimmen; ich kann unſerem hochverdienten preußiſchen Führer von der erſten ruhigeren Begrüßung im Schloſſe zu Bruchſal bis zum Abſchied in ſeinem Stuttgarter Quartier nur eine freundlich dankbare Erinnerung bewahren. Und vielleicht iſt mein völlig unabhängiges Urteil um ſo unparteiiſcher, als ich zwar mit dem Verſtand und Willen ſchon längſt ein „Preuße", mit dem Gemüt aber oder in der individuellen Gefühlsweiſe doch weitmehr ein richtiger „Schwabe" war und bin, ſoweit ſolche Unterſchiede als von der Natur eingegebene auch noch vom Jahre 1870 an zu Recht beſtehen.

Zu meiner großen Genugthuung erlaubt es mir daher dieselbe strengnüchterne Wahrheit, nicht minder auch von den eigenen engeren Landsleuten und vorab von ihrem Offizierskorps sagen zu dürfen, daß unser Dienst denn doch unerwartet rasch bei ihnen ein herzliches Entgegenkommen fand. Was soll ich es leugnen? Ehe ich sie näher kennen lernte, hegte ich besonders hinsichtlich der Offiziere das Vorurteil, welches bei uns im Süden vor 1870 wohl ziemlich allgemein herrschte. Ich betrachtete sie vornehmlich in sittlich-religiöser Beziehung mit einem gewissen kühlen Mißtrauen und fürchtete, wenig oder doch nur sehr langsam bei ihnen Boden zu finden. Allein die Männer des Schwerts mögen ja immerhin für bürgerliche Begriffe etwas leichtlebig sein und in diesem oder jenem Punkt vielfach auffallend frei denken. Aber das, was ich eigentlich gefürchtet, fand ich mit sehr wenigen Ausnahmen gerade nicht. Ich meine die heruntergebrannte Leichtfertigkeit oder mit den hier sehr passenden Fremdwörtern ausgedrückt die blasierte Frivolität in religiösen Dingen, das zucht- und meisterlose, schnellabmachende und gar zu kluge Erhabensein über jene Fragen, welche nicht mit Händen zu greifen und mit dem Maßstab zu berechnen oder auch mit Lupe und Messer zu bearbeiten sind.

Mit dieser Sorte von Weisheit und Bildung sah man sich in Militär- und Offizierskreisen glücklicherweise verschont; dafür konnte man immerhin das eine und andre in den Kauf nehmen, auf was die „bürgerliche Gerechtigkeit" hie und da etwas zu pharisäisch herunterzublicken liebt.

Und so waren mir für den kirchlich dienstlichen Verkehr die eigentlichen Offiziere durchschnittlich sogar lieber, als die Militärbeamten, obwohl mir dieselben doch von Haus aus hätten näher stehen sollen. Aus dem Kreise der letzteren ist mir in der That auch die einzige gegen das geistliche Amt gerichtete gröbere Frivolität entgegengetreten, welche ich im Feldzug erlebte, aber allerdings sogleich derartig abfertigte, daß anderen die Lust zur Wiederholung verging.

Um nicht ungerecht zu sein, muß ich zu diesem meinem Urteil über die Militärbeamten einen Zusatz machen, welcher namentlich die Ärzte betrifft. Daß es mit deren Religiosität

schon von Berufs wegen und infolge einseitiger Fachbildung meist
sehr zweifelhaft bestellt ist, weiß ja jedermann im Frieden und
Krieg. An die leere Stelle trat jedoch zum Ersatz in den miß-
lichsten und schwierigsten Lagen des Feldzugs ein ungewöhnlich
stark entwickeltes, hochachtbares Pflichtgefühl der Truppenärzte,
das mich mit jenem Mangel so ziemlich aussöhnte. Und deshalb war mir unter, der allezeit streng eingehaltenen Bedingung
des Nichtvordrängens von meiner Seite ein durchweg friedliches
und freundliches Zusammenarbeiten mit dem an sich so verwandten Stande ermöglicht, wie viele späteren Erlebnisse zeigen
werden.

Bei den eigentlichen Kombattanten, also vornehmlich den
höheren und niederen Offizieren von Beruf konnte ich dagegen
sehr bald deutlich bemerken, wie bei ihnen gerade umgekehrt
der weltliche Dienst eine eigentümlich günstige religiöse Rück-
wirkung durch Uebertragung der militärischen Disziplin auf die
Welt- und Lebensauffassung überhaupt ausübte. Ihnen liegt
es ja nahe, die ganze Welteinrichtung gleichwie der Hauptmann von Kapernaum und andere Militärgestalten des Neuen
Testaments in dem Lichte und nach Aehnlichkeit eines wohlge-
gliederten Heeres, abhängig von Einem allweisen und allmächtigen Feldherrn zu betrachten, der alle Fäden in seiner leitenden
Hand hat.

Wenn die stramme soldatische Zucht den Boden für die
religiöse Arbeit ebnete, so wirkte diese auch wieder selbstverständlich zurück, um in schweren prüfungsreichen Zeiten die Geduld und ausharrende Treue bei den Soldaten zu erhalten
und neu zu beleben. Doch möchte ich unsere Einwirkung nicht
überschätzen, wie zuweilen in allzugroßer Anerkennung geschah.
Vielmehr gebührt der Hauptanteil an diesem Verdienst zweifellos den weltlichen Militärbehörden, ihrer musterhaften Tüchtigkeit und arbeitsvoll durchdachten Oberleitung, wie sie sich später
besonders gegen Sedan zu und vor Paris auch für das Verständnis des Laien so glänzend kund that. Der Feldgeistliche
dagegen mußte sich entschieden hüten, im Punkte der Disziplin
bei den Truppen mehr als nötig ist zu thun und namentlich
einseitig nur nach unten zu wirken, weil ja nach oben der militärische Organismus in sehr begreiflicher Weise große Vor-

ficht und Zurückhaltung auferlegt. Es war in dieser Beziehung
vielleicht ganz gut, daß wir württembergischen Feldgeistlichen
aus rein bürgerlichen Stellungen und Anschauungen heraus
unsern Dienst angetreten hatten und schon hieburch die erforderliche Mitgabe von gesund-demokratischer, nach allen
Seiten unparteiischer Gesinnung besaßen. Denn gewiß wäre
es unserem Amte herzlich schlecht angestanden, im einseitigen
Interesse einer straffen Zucht sozusagen als geistliche Feldwebel vor den gemeinen Soldaten zu figurieren, was man einem
immerhin zuweilen nahe legen wollte. Weit angemessener
schien es mir, in einer für das gebildete Ohr noch wohl-
verständlichen taktvollen Weise nach allen Seiten Pflichten
und Rechte vorzuhalten und den Befehlenden gegenüber das
schöne Wort eines unserer Kirchengebete nicht zu kurz kommen
zu lassen, nämlich die Mahnung, daß auch sie noch über sich
einen Herrn im Himmel haben.

Ueberdies erschienen mir ganz offengestanden manche
Sachen und Vorkommnisse bei dem gemeinen Soldaten in Anbetracht der ganzen Feldzugslage so schrecklich denn doch nicht,
wie ich sie vielleicht vom strengstpastoralen Standpunkt aus
hätte nehmen sollen. So schämte ich mich einmal aufrichtig
gesagt des (nichtwürttembergischen) Kollegen, als ich am zweiten
Tag nach Sedan zufällig dazu kam, wie derselbe auf offener
Straße einen seiner Soldaten mit dem Stock herschlug; denn
der Mann hatte seiner Siegesfreude allerdings ein oder ein paar
Gläschen zu viel des Guten geweiht, wird aber wohl mit dieser
Missethat in jenen Tagen nicht der einzige im Feld wie zu
Haus gewesen sein! Im allgemeinen jedoch fiel es mir während
des Feldzugs angenehm auf, daß diesmal, allerdings zugleich
wegen minderer Gelegenheit, die deutsche Nationaluntugend des
unmäßigen Trinkens überwiegend den Franzosen überlassen
blieb, welche sich darin für ihre Schläge Trost und Vergessenheit suchten.

Schlimmer als das eben berührte war ja gewiß das
arge Fluchen, welches bekanntlich im Militär mehr als irgendwo sonst eingebürgert ist und dem Neueintretenden daher gleich
in den ersten Zeiten oft recht mißtönig in die Ohren schallte.
Daß man es im vorkommenden und thunlichen Fall ernst ver-

2*

wies, versteht sich. Aber gar zu hart und übertrieben möchte
ich es trotzdem nicht anschlagen. Denn eine eigentliche böse
Absicht, eine bewußte und gewollte religiöse Frivolität ist wohl
selten dabei. Vielmehr ist es als eine schlimme Angewöhnung zu
beklagen, die aber sichtlich mit dem derberen und rascheren
Temperament des Militär- und Feldzugslebens, also mit seiner
Vorliebe für saftige und drastisch kräftige Ausrufungen zu-
sammenhängt.

In solcher Weise suchte ich von Anfang an den ernsten
und redlichen Eifer in meinem Amt doch zugleich mit der erforderlichen, den Umständen angemessenen Weitherzigkeit zu ver-
knüpfen. Durch all dies gelang es mir gleich meinen Kollegen
wie gesagt weit rascher, als wir gehofft, die Feldpastoration
in erfreulichen Fluß zu bringen. Die Gottesdienste waren schon
vor der eigentlichen Notzeit des Krieges fleißig und gerne besucht, und zwar ohne Kommando, welches bei der freiwilligen
Geneigtheit der Truppen zweimal entbehrt werden konnte. Letztere
erregte einmal in den ersten Wochen des Feldzugs sogar den
gelinden Neid des französischen Curé, sowenig ja Kriegs-
und Friedensverhältnisse sich eigentlich zum Vergleiche eignen.
Er meinte nämlich in einem heiter mitunterlaufenden, sprachlich
wenig galanten Gallizismus gegenüber von meinem katholischen
Kollegen: Apud Francos tantum mulieres ad ecclesiam affluunt,
homines (les hommes) non; bei den Franzosen strömen nur
die Frauen in die Kirche, die Männer nicht.

Und einen etwas männerartigen, weil militärischen Charakter hatten allerdings unsere Gottesdienste durchaus, ob wir
sie in den Kirchen oder namentlich auf freiem Felde hielten.
Für letzteres zeigten Offiziere und Mannschaft eine große
Vorliebe und entschieden sich dafür, wo es irgend thunlich war,
selbst wenn Kirchenräume zur Verfügung standen. Es ist, als
ob ihnen darin noch etwas von den alten germanischen Vor-
vätern der heidnischen Zeit im Blute steckte, welche ja auch
Wald und Feld als die würdigsten Stätten der Gottesver-
ehrung für wehrhafte Männer ansahen. Außerdem konnten
militärische Paraden und ästhetisch wirkungsvolle Aufstellungen
hiebei eher angebracht werden. Und wirklich war es an dem
oben erwähnten sonnigen Frühmorgen zu Liebolsheim schön

gewesen. Der Oberst hatte mir durch seine Zimmerleute freundlich auf dem geneigten Ackerfeld ein Känzelchen herrichten und
mit Tannenreis zieren lassen; davor standen meine Achter im
Viereck, und dahinter als neugieriger und doch herzlich teilnehmender weiterer Ring die badische Zivilbevölkerung des Dorfs.
Und ein paar Stunden nachher blitzte bei Rußheim in der
Thalmulde die Sonne gar stattlich auf Helme und Säbel des
strammen Reiterkreises, vor dem die kräftigen Offiziere je an
ihrem Platz auf ihre Säbel gelehnt zuhörten. Ebenso hat es
sich später noch einigemale getroffen, daß Gottes freier Himmel
in der That weitaus der passendste Platz für einen Gottesdienst
war und dem Prediger durch seine stumm sinnbildliche Natur-
sprache die Worte wie in den Mund legte.

Indessen ließen sich bereits auch die eigentümlichen Vor-
züge des ordnungsmäßigen und abgegrenzten Kirchengebäudes
nicht verkennen. Fielen doch bei ihm die im Freien kaum vermeidlichen Störungen weg, wie wenn z. B. auf dem Biwakfeld
von Knielingen beständig Wagen und Mannschaften von andern
unbeteiligten Regimentern nicht vermeiden konnten, an uns vor-
beizuziehen. Oder ein anderes Mal war es sonst etwas, was
bei der Zurüstung fürs Freie im Augenblick nicht beachtet
worden war und nun vielleicht durch unpassenden Abstich zum
Gottesdienst eine störende Zerstreuung herbeiführen konnte. Insbesondere in der späteren Zeit vor Paris lernten wir alle nicht
etwa bloß des Wetters halber, sondern um der ganzen gemütlichen Lage und Stimmung willen die Kirchenräume gar sehr
schätzen.

Ob es jedoch mit der äußeren Oertlichkeit so oder anders
gehalten wurde, so zeigte sich alsbald auch mehr innerlich die
Notwendigkeit, auf die gewißermaßen naturartige Färbung der
Militärfrömmigkeit das richtige Maß von Rücksicht zu nehmen.
Die eigenartigeren und mehr mittelpunktlichen Lehren des Christen-
tums fanden ihren Ort und geneigtes Ohr weit eher bei den
Kranken, Verwundeten und Sterbenden, während die Gesunden
und Marschierenden oder Kämpfenden eine ziemlich deutliche
Vorliebe für die mehr schon im Umkreis liegenden und allgemeineren sittlichreligiösen Töne zeigten. Für den Redner aber
war gedrungene frische Kürze, rasches Tempo und namentlich

vollste Freiheit von aller etwaigen Blattnachhilfe durchaus ge=
boten; denn was wollten diese militärischen Zuhörer mit dem
schnellen Pulsschlag ihrer Lage irgend von langathmigen Aus=
führungen, denen man das Studierzimmer und die gewöhnliche
Friedenszeit zu stark angemerkt hätte! Ebenso ließ ich auch
sogar in den Kirchen das sogenannte stille Vaterunser schon der
Kürzung halber ausfallen. Und in ähnlicher Art erwies sich
beim Kirchengesang die gravitätisch langsame Orgel, wenn eine
solche zur Verfügung stand, als weit weniger geeignet und
stimmungsgemäß, denn die raschere und drastischere Militärmusik.

Das sind nun freilich Erfahrungen, wie ich sie natürlich
erst im weiteren Verlauf des Feldzugs reichlicher und genauer
zu machen Gelegenheit fand. Ich erwähne sie indessen schon
hier, weil bereits die badischen Erlebnisse fast für das Meiste
die Grundzüge enthielten.. Sie aber wurden mit der ersten be=
sonders empfänglichen Frische des Anfängers noch in verhältnis=
mäßig ruhigen Tagen aufgefaßt, ehe es hinüberging über den
lieben heimischen Strom und hinein in die bewegten Tage der
Schlachten. .

II.

Über den Rhein und nach Wörth.

Der früheste wirklich blutige Schein der entzündeten
Kriegsfackel hatte allerdings bereits bis zu uns nach
Bruchsal geleuchtet. Wie ich mir dort beim Sattler
eine Reitpeitsche erstand; erzählte der Mann in leb=
haftester Bewegung eben die schnell hieher gedrungene Nachricht
von dem bekannten Ueberfall der deutschen Rekognoszierungs=
abteilung beim Schirlenhof und Niederbronn. Die Bruchsaler
nahmen daran um so persönlicheren Anteil, als die dabeige=
wesenen badischen Dragoner und wenn ich nicht irre eben auch
der dort gefallene Leutnant ihrer eigenen Garnison angehört
hatten. Ich aber mußte später immer an diese Stunde denken,
wenn ich das Vergnügen hatte, mit dem württembergischen Lands=
mann, dem berühmten „schwarzen Reiter" der Fröschweiler Kriegs=

chronik zusammen zu sein, der sich mit schneidiger Kühnheit und
Geschicklichkeit allein durchgeschlagen. Es wäre auch wahrlich
um ihn, den ich als einen unserer tüchtigsten und feinstgebil-
deten Offiziere kennen lernte, jammerschade gewesen, würde er
so gleich an der Schwelle gefallen oder in Gefangenschaft geraten sein!

Aber nun mit dem 4. August sollte es ja nach diesem
Vorspiel wirklich losgehen. Es hatte die ganze Nacht geregnet,
so daß ich schon um 4 Uhr das zweifelhafte Biwakstroh verließ und lieber noch ein paar Stunden wachend im Regen stand,
bis es endlich fortging.

Weil ich keine rechtzeitige Meldung und Anweisung erhalten, waren die meisten Truppen schon voraus und ich ritt
mit einem Arzte nach. Vorne zog Abteilung um Abteilung
mit begeistertem Hurra und Singen der Wacht am Rhein über
die Maxauer Schiffbrücke aufs linke Ufer, unseren fortanigen
Kriegsschauplatz.

Wir zwei ritten im Gemüte gleichfalls bewegt, aber stiller
darüber; und es war das leider ein wenig prophetisch. Wohl
sprach ich meinem Genossen und mir den Wunsch aus, daß wir
ebenso glücklich früher oder später auch wieder herüberkommen
möchten. Er aber kehrte nicht zurück, sondern starb noch in
Frankreich, während ich beim ersten Wiederpassieren des Vater
Rhein im Frühjahr 1871 auch gerade nicht genau in derjenigen Verfassung war, die ich mir bei dem Hinweg gewünscht
hatte. Glücklicherweise war aber bei uns zu allerlei Ahnungen
weder die nötige Zeit, noch auch namentlich die geringste Lust
vorhanden. Schob sich doch in der Ferne Schar um Schar
der Unsrigen froh und kampfesmutig dem nahen Feinde entgegen.

Weil mein Begleiter diensteshalber nicht schneller vorwärts konnte, trennte ich mich bald von ihm und ritt in ra-
scherer Gangart meiner eigenen inzwischen entschwundenen Brigade nach. Denn kaum war eine halbe Stunde verflossen, so
tönte bereits sehr vernehmlich der dumpfe Kanonendonner
von Weißenburg zu uns herüber und zeigte, wie rasch die
Stunde des vollen Ernstes geschlagen hatte. Jeder, der sie erfahren, wird sie ja wohl kennen, jene eigentümliche Stimmung,
in welche einen die erstmals gehörte Baßmusik der Kanonen

des Ernſtfalls verſetzt: eine merkwürdige Miſchung von ſtolzer Erhebung oder freudiger Spannung aller Nerven mit einem doch zugleich etwas unbehaglich bänglichen Gefühl, das der Vernünftige bei dem Neuling nur natürlich finden kann; denn wer anders redet, ſchwindelt eben und fantaſiert ſich und andern etwas vor.

Jenes ganz richtige gemiſchte Gefühl merkte ich auch der mannhaften badiſchen Artillerie deutlich an, die in gleicher ſichtlicher Erregung vorbeiraſſelte, um rechtzeitig auf dem Platz zu ſein. Auch ich hatte die Sorge, wie ſpäter wiederholt an ähnlichen Morgen, daß die meinigen vorne ins Feuer kommen und ich zu ſpät bei ihnen eintreffen könnte. Daher war ich herzlich froh, als ich auf abkürzenden Wegen und vorbei an einem pfälzer Dörfchen, das merkwürdiger Weiſe bereits Wörth hieß, endlich die eigenen Truppen wieder glücklich traf. Die Eile war nicht nötig geweſen; denn bekanntlich hatten wir Württemberger ſchon an dieſem Tag, wie zu unſerem Leidweſen ſpäter noch öfters die Reſerve nahe hinter dem Kampfe zu bilden gehabt. Aber an einem Waldeck gelagert folgten wir wenigſtens mit fieberhaftem Intereſſe dem hin- und herwogenden Kanonendonner, wie er bald ſich entfernte, bald wieder näher zu kommen ſchien.

Auch das Quartier, in welches wir abends endlich einrückten, war bereits ſehr charakteriſtiſch und in gewiſſer Weiſe dem Sieg unſerer deutſchen Kameraden vorne zu verdanken. Kam doch bereits der größte Teil meiner Brigade nach Neulauterburg, einer kleinen verlaſſenen Feſtung der Franzoſen, teils ins Quartier, teils ins Waldbiwak zu liegen, während mein Brigadeſtab ſich ein bayeriſches Wirtshäuschen in Alt-Lauterburg unmittelbar über dem Beides trennenden Flüßchen erkor.

Ehe wir am andern Morgen aufbrachen, packte ich auf Grund bereits hinreichender Felderfahrung alles Entbehrliche zuſammen, das mir eine allzugroße, aber minder praktiſche Fürſorge zu Haus mitgegeben hatte, wie z. B. Hausſchuhe und ähnliche wertvolle Güter des Friedens. Sie erſchienen im Krieg nur als ſtörender Ballaſt und verſperrten in meinem ordonnanzmäßigen Leutnantskoffer bloß den Platz für Nötigeres, beiſpielshalber für ein alsbald erſtandenes Steinkrügchen mit Wein. Zur

Poſt freilich konnte ich das Packet nicht geben, wie ich hierin meinerſeits zu harmlos friedensmäßig gemeint, und zwar einfach deswegen nicht, weil keine mehr lief. Ich überantwortete es daher vertrauensvoll der biederen deutſchen Wirtin zur ſpäteren Beſorgung, welche richtig auch nach etwa drei oder vier Wochen erfolgte.

Auf ſolche Weiſe erleichtert ſchloß ich mich eine Stunde ſpäter beim Abmarſch meinen Jägern an, in deren nächtlichem Biwak ich den Abend zuvor längere Zeit verweilt hatte, um doch auch meinerſeits bereits eine Weile auf franzöſiſcher Erde zu ſtehen. Der eigentliche Weg der vorrückenden Diviſion führte nun aber doch erſt bei dem Dörfchen Scheibenhard in aller Form am franzöſiſchen Grenzpfahl vorüber ins Feindesland. Nach der Marſchordnung des Tags, welche meines Wiſſens der Unparteilichkeit halber täglich wechſelte, hatten am heutigen 5. Auguſt meine Brigade und innerhalb derſelben das 1te Jägerbataillon den Vortritt. Am Grenzpfoſten des Empire angekommen ließ der Hauptmann der 1ten Kompanie, deſſen fortan ſtets bewährte Liebenswürdigkeit mir den Anſchluß an ihn erlaubt hatte, ſeine Mannſchaft einen Augenblick halten und that eine prächtige Anſprache an dieſelbe. Sie habe die hohe Ehre, an der Spitze unſerer Diviſion des Feindes Grenze zu überſchreiten, und er hoffe ſicher, ſie werde ſich deſſen durch tapferes Verhalten allezeit würdig erweiſen. Aber wie der Zufall ſeltſam ſpielt, ſo kam gerade dieſes ſehr tüchtige und fixe Bataillon während des Feldzugs zu ſeinem großen Bedauern verhältnismäßig am wenigſten von der Diviſion ernſtlicher an den Feind.

Auch mir verſtattete es der Hauptmann, natürlich nur vom Pferd herab der Mannſchaft den kurzen Wunſch auszuſprechen, daß der gerechte Gott ſein möge mit ihrem Eingang in das Land des feindlichen Störenfrieds, und ſo auch wieder mit ihrem Ausgang, um ſie früher oder ſpäter glücklich in die tapfer beſchirmte Heimat hinter uns zurückkehren zu laſſen.

Nun waren wir alſo wirklich drüben bei den Franzoſen, und einen peinlichen, bitterböſen Eindruck machten alsbald mit ihren meiſt furchtſam, oder trotzig geſchloſſenen Fenſterläden die halbverlaſſenen Dörfer, durch die wir kamen. Bereits wurde auch erzählt, daß am Tag zuvor ein Ziviliſt herausgeſchoſſen habe

und gehenkt worden sei; ob wahr oder nicht, kann ich nicht
verbürgen, denn ich führe es nur als jenen Punkt an, der gerade im Elsaß von Anfang an bald mit Grund, bald auch mit
Ungrund eine so böse Rolle spielte.

Abends war ich so glücklich, in Oberröbern unter Dach
und Fach, wenn auch nur auf Stroh die schlimme Regennacht
vom 5. auf den 6. August verbringen zu dürfen und nach
des Tages drückender Hitze in tiefem Schlaf das Gemüt für
die grausigen Szenen des folgenden Tags zu stärken.

Es regnete noch, gleichwie am Morgen von Weißenburg,
als wir andern Tags in der Frühe aufbrachen. Wem das
Los des Biwakierens beschieden gewesen, der verließ gerne die
zum richtigen Sumpf gewordene Lagerstatt. Doch wer wollte
sich überhaupt noch um derartiges kümmern, mochte es Nässe
von oben oder von unten sein? Vorwärts! hieß die Losung,
und daß heute wohl auch für uns die Stunde des Kampfes
gekommen sei, glaubte ein Jeder bis herunter zum letzten
Soldaten zu fühlen, auch wenn die Jäger bei der Finkenmühle
die Vorbeimarschierenden nicht aufs Bestimmteste versichert hätten,
daß sie beim nächtlichen Vorpostendienst wiederholt in größter
Nähe französische Truppen gesehen haben.

So ging es denn voran durch jene Dörfer, welche von
diesem Tage an so viel genannt werden sollten und eine ihnen
zunächst so wenig erwünschte Berühmtheit erlangt haben. Bald
kam ein kleines Vorspiel, wie rücksichtslos die harte Hand des
Kriegs mit den Arbeiten und Gütern des Friedens umspringt,
wenn die Not drängt, und war es auch vorerst nur minder-
wertiges Material und noch nicht Leib und Leben jugendfrischer
Männer, an die es ging. Ein tiefer Hohlweg sperrte quer die
Marschrichtung; aber er mußte eilends überschritten werden
und besonders auch für das schwere Fuhrwesen der Artillerie
passierbar sein. Da stand ein stattliches Hopfenfeld daneben,
die Stangen in Reih und Glied fast wie ein Bataillon Soldaten. Aber in ein paar Minuten waren sie unter den Beilen
und Äxten der Pioniere erbarmungslos gefallen und dienten
mitsamt ihren rankenden Pflanzen dazu, die Hohle auszufüllen und als einfachste Notbrücke für Mannschaft, Pferde und
Wagen zu dienen.

Nicht weit davon macht die ganze Division noch einmal
längeren Halt auf sanftgeneigtem Ackerfeld, und werden die
Gewehre vorläufig wieder zusammengestellt, bis man auch uns
rechts davorne brauche, wo es bereits lebhaft zu krachen begonnen hatte.

Deshalb konnte ich ohne Störung des militärischen Diensts
die vergönnte Pause benützen, um durch die aufgelösten Reihen
meiner Mannschaften zu gehen und da und dort mit einem
zu reden, bei welchem in dieser ernsten Lage der Zuspruch angelegt schien: Auf mit Kopf und Herz! Und als sich rasch
ein kleiner Kreis um mich versammelte, durfte ich ein paar
Worte gemeinsam an ihn richten und den gerne Zuhörenden
den 91. Psalm vorlesen, zu dem der immer lebhafter werdende
Kanonendonner Gegensatz und Auslegung zugleich bildete.

Die Offiziere waren vielfach zu der Straße hinaufgegangen,
welche sich auf dem Kamm unserer Thalmulde hinzog und
einen weiteren Ausblick gewährte. Auch ich hatte mich ihnen
nach einiger Zeit angeschlossen. Wie horchte man da gespannt
und im Vollgefühl eines richtigen Hauptschlachttages noch weit
lebhafter interessiert als am Tag von Weißenburg, wie das
Hin- und Herwogen des nicht zu fernen Kampfgetöses den
Gang und Verlauf der wildentbrannten Schlacht zunächst wenigstens dem Ohre verkündete. Ob es nicht auch uns im nächsten
Augenblick zur Anteilnahme ruft? Rücken die Deutschen vor,
werden sie zurückgedrängt? so fragen und streiten sich die
Männer vom Fach in erregter Erwartung, und begierig wird
jeder auf der Straße vorbeijagende Reiter angerufen, wie es
stehe und wie es vorne aussehe.

Bei mir, dem Nichtfachmann dagegen schweifen inzwischen
Augen und Gedanken für einen Moment seitwärts und zurück
in die Vergangenheit. Schaute doch trüb, wie diese Zeit vor
zweihundert Jahren gewesen, das Straßburger Münster durch
den nebelfeuchten Morgen von der Seite zu uns herüber, das
hochragende Wahrzeichen jener Stadt, mit deren schmählichem
Raub ich mich noch vor kurzem bei meinen Leibnizstudien so
lebhaft beschäftigt und dabei dem großen Patrioten den heißen
Schmerz über jene Jammerzeit im innersten Herzen nachgefühlt
hatte. Gerade von Straßburg und dem Elsaß hatte ich kaum

vor breiviertel Jahren absichtlich unter dem bedeutsamen Vor-
wortbatum des 18. Oktober halb schmerzlich ergeben, halb
doch auch in Vorahnung kommender Tage die Worte nieder-
geschrieben: „Mittelst der ungewöhnlich lebenswahren Schilderungen Leibnizens zu hetzen, ist nicht die Absicht, wenn wir
im folgenden nicht still an Straßburgs ehrwürdigem Dom und
den sonnigen Gauen des Elsaß vorübergehen können. Das
deutsche Volk zum minbesten steht geistig und sittlich zu hoch,
um nicht heutzutage mit seinem Leibniz zu sprechen: Was
plagen wir uns hier um eine handvoll Erde? — vorausgesetzt
freilich, daß man uns fortan schlechterbings unbehelligt läßt;
denn gottlob, die Zeiten haben sich geändert und wir mit ihnen!
Erfaßte das Elsaß seine hohe nunmehrige Aufgabe, eine geistige
Brücke über unsern Oberrhein und ein Bindeglied zwischen den
zwei europäischen Hauptvölkern zu bilden, welche in der neueren
Geschichte auf dem Gebiet der Religion und des Staatslebens
einander ergänzend das Größte geleistet haben und überhaupt
im frieblichen Wettstreit noch so Großes zu thun vermöchten,
alsbann könnten wir beim Rückblick auf jene Trauerzeit Deutschlands uns zufrieden geben. Unterdessen freilich, ehe die Welt-
lage besser geworden, kann es wohl eben nichts schaden, wenn
jeweils auch die alten Narben wieder brennen; man hütet sich
alsbann umsomehr, dem deutschen Reichskörper neue Wunden
schlagen zu lassen, und lernt aus dem Buch der Geschichte die
Pflichten der Gegenwart lesen." —

Ja, der Gegenwart! Wie unvermutet rasch war sie
solchen stillen Gedanken und Ahnungen, Befürchtungen und
Hoffnungen auf dem Fuße gefolgt. Sollte wirklich heute am
Morgen des 6. August 1870 die Stunde gekommen sein, wo
des großen Kurfürsten schmerzergrimmter Ausruf aus den Tagen
des Straßburger Raubs, 30. September 1681, seine endliche
Erfüllung findet: „Exoriare aliquis nostris ex ossibus ultor;
möge einst kommen der Rächer, wenn längst wir Alte ver-
mobert!" Sagten sie ja dazu oder nein, die Kanonen von
Wörth, welche laut und immer lauter bonnerten?

Doch da sprengt eine Ordonnanz heran und reißt die
wartenden Offiziere aus ihren strategischen Erörterungen, mich
aus meinem tiefbewegten geschichtlichen Sinnen und Träumen.

Denn sie bringt der 2. Brigade, als der Spitze unserer heutigen
Marschordnung, den Befehl, Tornister abzulegen und sofort
im Eilschritt vorzugehen. Nun wußten wir, wie viel Uhr es
sei. Denn wenn der Soldat sich trennen muß von dem hoch-
wichtigen Begleiter, der all sein bißchen Hab und Gut und
Ausrüstung enthält, so war ja jedem klar, wie sehr Gefahr
im Verzug und daß ein derartiges erstes Anbrechen der letzten
Reserve, als was sich unsere Division wußte, auf eine bedenkliche Lage der Schlacht schließen lasse.

Kaum war die Ulmer Brigade fort, um bei Gunstett,
Elsaßhausen und Fröschweiler todesmutig und tapfer noch mit-
einzugreifen, so kommt der Befehl auch an die letzten Zwei-
drittel der Division, vorab an meine 3te Brigade, den Voran-
geeilten nachzurücken. Und eben war ein kleiner Ausläufer
des Hagenauer Walds durchschritten, so ertönte das Signal:
Rechts und links ausweichen! Unsere ganze Artillerie saust
in rasendem Galopp durch unsere Reihen, um auch ihre Stimme
bei dem Konzert vorne einzusetzen.

Den kleinen dadurch entstandenen Halt benützte mein
Oberst der Achter, welche die Spitze bildeten, um eine kernige
Ansprache an seine Leute zu halten und sie zu mahnen, daß
sie die ernst bevorstehende Aufgabe der Brigade ihrer Stellung
würdig eröffnen mögen. Auch mich drängte es, ein paar
Worte als Geistlicher zu sprechen. Zwar beim vorderen Bataillon erhielt meine Bitte den freundlichen, aber bestimmten
und gewiß vollberechtigten Bescheid: Es ist leider keine Zeit
mehr, Herr Pfarrer, wir müssen sogleich fort! Dagegen war
es möglich, der übrigen Mannschaft vom Pferd herab noch
Mahnung und Mut zuzurufen mit den kurzen Worten des
alten kernhaften Kirchenliedes: Das walte Gott, der helfen kann!
Schien es doch jetzt ganz zweifellos, daß die nächste Viertel-
oder Halbestunde auch meine Brigade mitten hineinwerfen
werde in die seit vielen Stunden heiß und mörderisch tobende
Schlacht — für junge und ungewohnte Truppen eine viel
schwerere Sache, als dem Kampf von Anbeginn anzuwohnen
und sich so mehr allmählich an seine Schrecken und Greuel zu
gewöhnen.

Weiter ging es in eiligem Marsche, ernst und still, was

sich ja mit dem lautesten und tapfersten Hurra im Augenblick
des wirklichen Drankommens ganz natürlich und widerspruchslos reimt. Denn nun zeigten sich die ersten Toten des Schlachtfelds, hier ein Pferd, das die erstarrten Glieder so ungewohnt
in die Luft hinausstreckt, dort namentlich Menschen, Franzosen
und Deutsche (vom XI. Korps) durcheinander. Aber wie
sah es vollends aus, als wir den Hohlweg zur berühmten
Bruchmühle hinabstiegen! Da stand förmlich und rieselte das
Blut auf der Straße, was ich früher beim Lesen immer für
Uebertreibung gehalten hatte und nun in Wirklichkeit wahrhaftig vor mir sah. Ein bildschöner Blondbart von preußi-
schem Leutnant wird sterbend vorbeigetragen; und in grellem
Gegensatz, ein verzweifelt ungleichwertiger Einsatz zu dem Indo-
germanen, liegt der Stolz, die schnöde Hoffnung der „großen
Nation“, liegen die schwarzen Afrikaner tot mitten auf dem
Weg oder im Feld, schauerlich anzusehen in ihren Blutlachen
und den zerfetzten blutgetränkten weißen Hosen, teilweise im
Tod noch zähnefletschend und grimmig die Fäuste ballend. Doch,
da drüben stehen sie ja an der Bruchmühle gar auch noch
lebend, etwa dreihundert gefangene Zuaven und Turkos bunt
gemischt. Es war gewiß nicht Hohn gegen den Feind; denn
wir standen ja noch vor dem Sieg und es konnte immer noch
gehen, wie es wollte; sondern es sollte berechtigter Gegendruck
gegen das gemütlich Greuliche sein, das uns umgab, wenn mein
Oberst den Seinen zurief: „Ja, sehet euch die Kerle nur ein
bischen aus der Nähe an, daß ihr euch für den Kampf an
ihren Anblick gewöhnet!“

Möge nur immerhin jene verkehrte Humanität daran
Anstoß nehmen, welche sich bekanntermaßen gar bald bei denen
zu Haus als männliche oder besonders weibliche Turko-Manie
bloßstellte! Sie wird es wohl roh und namentlich bedenklich
ungeistlich finden, wenn ich ihr auch meinerseits ganz offen
gestehe: Beim Anblick der lebendigen wie der toten Turkos
konnte ich es mit dem besten Willen nicht zu mehr bringen,
als zu einem stark abgeblaßten und kühl theoretischen Mitleid.
Es sind das ja ohne Zweifel auch Menschen, und sie mögen
sich mit dem ihnen vorerst beschiedenen Maß von Menschsein
in ihrer afrikanischen Wüste ganz erträglich ausnehmen und

benehmen. Aber losgelassen in Europa und bei einem Krieg
von Kulturvölkern, gehetzt, wie jeder sich noch erinnert, gegen
die „blonden deutschen Jungfrauen", waren sie im eigenen
Sinn ihrer schnöden Auftraggeber und französischen Bewunderer
eben einfach wilde Tiere. Und sie kamen denn auch gerade
an die richtigen: die schwarzen an die „blauen Teufel", wie
der entsetzte Franzose fortan die biederen, kampfesfrohen Bayern
mit ihrer unschuldsvoll himmelblauen Uniform benannte. Als
einst der römische Kaiser Marcus Aurelius gegen unsere germanischen Altvordern, die Markomannen, richtige Löwen los-
ließ, den nordischen Barbaren Angst zu machen, da hielten
die Guten das für eine etwas größere Hunderasse und schlugen
sie in aller Gemütsruhe tot. Nicht anders thaten die Bayern
mit den Turkos und ähnlichem Volk, dem sie ja an wahrer
Tapferkeit und Kraft weit über waren. Sie haben in den zwei
kurzen Tagen von Weißenburg und Wörth so gründlich reinen
Tisch mit ihnen gemacht, daß dieselben für den weiteren Feldzug gänzlich von der Bildfläche verschwunden waren, und von
den „blonden deutschen Jungfrauen" eben diejenigen, welche nach
dem biblischen Gleichnis zu den „thörichten" gehören mußten,
nur noch mit den gefangenen Ueberbleibseln Bekanntschaft zu
machen Gelegenheit fanden.

Ich denke, solche minder zartnervige oder sentimental-
humane Gefühle hatten mitten auf dem Wörther Schlachtfeld
ihr unanfechtbar gutes Recht. Denn wer nicht eine gewisse
Beimischung von Stahl in der Seele hat und namentlich seine
gemütliche Erregung nicht für wirklich berechtigte Anlässe auf-
spart, der sollte überhaupt von einem Schlachtfeld in That und
Wort davon bleiben.

Ging doch unser Vormarsch noch etliche Zeit durch lauter
furchtbare Szenen von Blut und Trümmern und ließ uns
schließlich geradeaus hineinblicken in den Hexenkessel von Fröschweiler droben auf der Höhe, Mac Mahons burgartig beherr-
schendes Zentrum, aus dem heraus es ohne Aufhören blitzte,
donnerte, rasselte, zischte und qualmte, als wäre die Hölle los.
Und da hinein ging vollends auf kurze Entfernung unsere
Marschrichtung.

Aber wie wir die Thalsenkung beim Engelhof erreicht,

heißt es: Halt! Eine Ordonnanz ist gekommen und hat vermeldet, daß die Schlacht gewonnen sei und wir hier bleiben
können. Da bemächtigte sich wohl unser Aller eine seltsam
gemischte Stimmung: Begeisterte Freude über den heiß er-
strittenen deutschen Sieg, dessen langes Ringen wir den ganzen
Tag über aus der nahen Hinterhut wenigstens seelisch mitgemacht,
wie selten wieder bei einer Schlacht. Und begreiflich war ja
auch das Frohsein des natürlichen Menschen, der so nahen und
furchtbar drohenden Gefahr für diesmal noch entgangen zu sein.
Daneben aber regte sich mindestens ebenso stark ein nieder-
schlagendes Gefühl der Enttäuschung und des Bedauerns, daß
wir nicht auch hatten mitthun dürfen, und wäre es nur in
den letzten heißen Stunden gewesen, wie wenigstens unserer be-
neideten 2ten Brigade beschieden war.

Einen Trost namentlich für den Offizier bot es immerhin,
sich zu sagen, daß wir auch als hochwichtige Reserve einen
unentbehrlichen Stein auf dem eisernen Schachbrett gebildet
hatten. Dies bestätigte sich besonders, als man später erfuhr,
Mac Mahon habe die lang schwankende Schlacht erst am Spätnachmittag endgültig verloren gegeben, wie er von seinem hohen
Standort aus die dunklen Linien der württembergischen Division
sich heranwälzen sah: allerdings kein verächtlicher letzter Drücker,
25,000 Mann frische, durch keinen langen Marsch oder Entbehrungen erschöpfte Truppen, während Mac Mahons eigener
herbeigerufener General unbegreiflicherweise ausblieb. Denn
allgemein wird ja zugestanden, daß die ungewöhnlich günstige,
auch dem Laien einleuchtende Stellung der Franzosen nur durch
eine vom deutschen Feldherrn weislich vorgesehene und richtig
geleitete Ueberzahl bezwungen werden konnte.

„Lo ciel s'éclaircit au couchant, der Himmel klärt sich
gegen Abend", dies französische Sprüchwort hatte sich in jeder
Hinsicht für uns erfüllt. Denn auch das Wetter war allmählich schön geworden und eine warme Abendsonne schien
über unserem Haltplatz, der bald zum Biwak hergerichtet wurde,
soweit nicht einzelne Abteilungen auch von uns auf die nächtliche Vorwache hinauszuziehen hatten.

Da gab es denn zur Abwechselung von den sattsam gesehenen grausigen noch manche komische Szenen, oder warum soll

ich nicht geradezu sagen heitere Anblicke? Elastisch, wie der
Mensch und insbesondere der Soldat im Felde ist, löste sich
bei jenen ohne allen schnöden Uebermut die tiefe seelische Spannung
aus, welche uns den ganzen Tag über beherrscht hatte. Kommt
doch da z. B. ein flotter preußischer Husar daher geritten und
hat sich auf dem Pferd eine erbeutete Krinoline umgelegt, dem
jubelnden Publikum damit zu verkünden, daß im starken Unterschied von dem disziplinstrengen deutschen Heere selbst die
schönere Hälfte des „schönen Frankreich" in verschiedenen Exemplaren wider uns mit ausgerückt sei. Auch schon auf dem
Schlachtfeld hatte ein umgestürzter und aufgebrochener Zuaven-
offizierskarren ganz in der Weise von Roßbach überlaut nach
Pomade gerochen. Desgleichen trippelten unter den anderen Gefangenen kokette Marketenberinnen in Uniform vorbei, uns
gleichfalls eine neue Erscheinung, ebenso wie die zahlreichen
militärischen Maulesel der Turkos. Da gab es natürlich zu
dieser Stunde manches tolle Hallo; aber von Roheit oder Uebermut gegen die Gefangenen habe ich nichts bemerkt.

Einen hübschen Fang hatte mein Stab an einem er-
beuteten Karren eines höheren französischen Offiziers gemacht,
um jenen fortan als Stabskarren durch den ganzen Feldzug
mitzuführen und wenn ich nicht irre nach Herrn Ducrot zu
benennen. Bei der Besichtigung seines Inhalts am heutigen
Abend fand man einerseits die bekannte Flugschrift Trochu's
drin, welche die Franzosen in der That besser hätten studieren
sollen, und andererseits war noch willkommener ein schon zur
Bereitung ganz hergerichtetes Huhn. Wir ließen es uns in
kurzem trefflich schmecken und freuten uns, daß die Franzosen
zwar vorläufig nicht unmittelbar mit uns, wohl aber für
uns ein Hühnchen gerupft hatten. C'est la guerre, so drehen
sich im Krieg die Sachen manchmal sehr unerwartet um!

Der folgende Morgen, es war ein prachtvoller Sonntag,
gehörte sogleich wieder voll und ganz dem Ernst, wie er sich
ja jedenfalls als Grundton für die ganze Lage allein recht
ziemte. Zwar fing er für mich mit einer wenig sonntäglich
schönen dienstlichen Erfahrung an. Ich war zum nahen Engelhof hinaufgegangen, weil ich hörte, daß dort Verwundete liegen.
Da kam ich nun mit meinem Kollegen von der 1ten Brigade

gerade dazu, wie unsere Leute zwei elsässische Individuen herbei-
schleppten und bereits mit ihren Beilen oder Faschinenmessern
zu bearbeiten begannen, weil dieselben als Schlachtfeldhyänen
ergriffen worden seien. Selbstverständlich retteten wir sie vor
solcher denn doch gar zu raschen und summarischen Lynchjustiz
und ermahnten die Unsrigen, schon um des Sonntags und Sieges
willen einer ordnungsmäßigen Behandlung derartiger Anklagen
Raum zu geben.

Im Hause drinnen aber lag u. a. ein tödlich verwundeter
reicher jüdischer Kaufmann von Breslau, der die elsässische Wirtin
um alles anflehte, ihm für seinen quälenden Hunger ein paar
Eier zu bringen, die er allein essen könne und wofür er ihr
blanke 20 Fr. bot. Sie aber war die richtige Megäre mit
frechem, finster verbissenem Trotz, dem unter Umständen alles
zuzutrauen war und der dem armen Sterbenden denn auch
rundweg das Erbetene verweigerte. Wird man mich tadeln,
daß ich bei der alemannischen Halblandsmännin alemannisch
deutlich ins Mittel trat und so dem verwundeten Schlesier alsbald das Gewünschte verschaffte? Darnach war ich wieder Pfarrer
und las dem Manne zu seiner großen Freude als Morgen-
andacht einen Psalm vor, der ihn ja „so viel oder noch mehr
angehe, als uns".

Diese Szenen und überhaupt der ganze vorhergehende
Tag zitterten noch in mir nach, als wir ein paar Stunden darauf für den ganzen anwesenden Teil der Division Erlaubnis
erhielten, als Siegesfest den Sonntagsfeldgottesdienst zu halten.
Es war wirklich erhebend, wie sich nun die Mannschaften bri-
gadenweise an den verschiedenen Orten des Biwakfelds zur Denk-
feier des ersten glänzenden Sieges sammelten und wie die getragenen Klänge unserer heimischen Choräle, darunter namentlich das im Krieg ganz konfessionslos gewordene „Ein' feste
Burg ist unser Gott!", durch die Militärmusik trefflich ausgeführt von da und dorther über das sommerlich sonnige Feld
ertönten. Hinter uns aber lagen in richtiger Ferne die am
Tag zuvor beim eiligen Vormarsch gestreiften Greuel der Verwüstung und schrecklichen Szenen des weiten Schlachtgebiets von
Wörth. Da ich mich jedoch strengster Wahrhaftigkeit befleißige,
so will ich nicht leugnen, daß wenigstens meinem heißen Blut

die ganze, durch Wahrheit und Dichtung unheimliche elfässische
Situation und besonders die oben geschilderten Morgenszenen
in die Worte der Festrede hereinspielten. Ich konnte nämlich
schließlich nicht umhin, zwar einerseits die Mannschaft aufs
ernstlichste vor jeder übereilten und unbedachten Selbsthilfe gegenüber den meuchelmörderischen Unthaten der Zivilbevölkerung zu
warnen, auf der andern Seite aber ebenso entschieden dem Kommando die dringende Pflicht unerbittlich strenger Repressalien
und der heilsam abschreckenden Flammenschrift gegen jeden derartigen Fall ans Herz zu legen. Denn nur so sei es möglich,
den Krieg, der tierisch zu werden drohe, in einigermaßen menschlichen und geordneten Schranken zu erhalten. Sachlich unter-
schreibe ich noch heute jedes Wort; ob es aber gerade Aufgabe
des Geistlichen war, dasselbe im Dienst zu sprechen, mußte ich
schon damals mit einzelnen meiner Zuhörer in Bälde billig
selbst bezweifeln.

Den freien Mittag des 7. August wollte ich mit einigen
Amtsgenossen, die sich aber bald von mir trennen mußten, einem
Spitalbesuch bei den Verwundeten zu Fröschweiler und Wörth
widmen. Da führte mich nun der Ritt an gar vielen merkwürdigen und geschichtlich berühmt gewordenen Sachen und
Orten vorbei. Am Eberbacher Kreuzweg lag eine ganze Py-
ramide eingeschlagener Trommeln samt zerbrochenen Waffen und
Fetzen von abgerissenen Zuaven- oder Turkopumphosen — ein
Zeichen panischer Flucht von reinen Sanskulotten! Der Wald
gegen Elsaßhausen hin, den ich an diesem Nachmittag durch
Zufall viermal passieren mußte, wimmelte noch von Verwundeten
und Toten; vor dem Walde draußen wollte mein Pferd durchaus nicht über die Leichen der Kürassierpferde von Reichshofen,
welche die Straße förmlich sperrten und bereits die Luft durch-
dringend verpesteten. In Fröschweiler aber stand ich eine
Weile herzlich bedauernd vor der ausgebrannten Kirche, deren
Turmuhr mit einem runden Granatloch in der Tafel auf $\frac{1}{2}2$
stehen geblieben war, ob vom Tage vorher nach dem verderb-
lichen Schuß, oder erst 12 Stunden später infolge des Turm-
brands, weiß ich nicht. Dann ging es hinab den grausigen Hohlweg von Fröschweiler nach Wörth mit den Hopfengärten zur Seite,
wo tote Turkos und Bayern noch jetzt durcheinander lagen.

3*

Aber ich war ja wahrhaftig nicht als müßiger Schlachten=
bummler oder Kriegsberichterstatter ausgeritten, sondern im ehr=
lichen und redlichen Bemühen, als Feldgeistlicher etwas zu
leisten. Ja, wenn nur nicht die Aufgabe für einen solchen so
groß gewesen wäre, daß vor lauter Ueberfülle von Arbeitsge=
legenheit verhältnismäßig nur sehr wenig herauskam. Wo=
sollte man anfangen, wo aufhören? Lagen doch, wie ich später
las, allein in Fröschweiler und Wörth gegen 9000 Verwun=
dete alles durcheinander. Was wollten da ein paar verfüg=
bare Stunden sagen? Ueberdem drängte die Zeit; denn ich
hörte unterwegs, die Division im Biwak wolle abmarschieren.
Und von Westen her zog das Gewitter mit Sturm und Regen
herauf, welches den lechzenden Fröschweilern, den Gesunden und
Verwundeten, den erlösenden Regen bringen sollte. So schloß
ich mich endlich dienstlich tief unbefriedigt an einen jungen
Pionieroffizier an und kam mit demselben nicht ohne verschie=
dentliche Verirrung wieder durch den unheimlich stille gewordenen
Albrechtshäuser Wald spät abends bei der Brigade an, welche
übrigens doch noch nicht abgezogen war. Aber im Glauben,
daß nach einer Hauptschlacht längere Ruhe eintreten werde, war
es mein fester Vorsatz, das heute erst so bruchstückweise Be=
gonnene in den Spitälern an den folgenden Tagen nach=
zuholen.

III.

Vormarsch auf Châlons und Rechtsschwenkung nach Sedan.

Eine weise und schneidige Heeresleitung hatte es viel
richtiger beschlossen, als der naive Laie gemeint.
Um den Sieg von Wörth gründlich auszunützen
und das viele vergossene Blut auch wirklich zu ver=
werten, ließ sie es mit dem einen Ruhe= und Rasttag des
7. August bewenden und uns schon in der Frühe des 8. zum
sofortigen Vormarsch durch die Vogesenpässe wieder aufbrechen.

Und hier hatte nun wirklich Jeder, auch der militärisch
Unerfahrene auf Schritt und Tritt Gelegenheit, erst vollends
die außerordentliche Tragweite des Wörther Sieges und den
wahren Charakter des französischen Rückzugs fast mit Händen
zu greifen.

Man konnte es zuerst gar nicht glauben, daß die steilen
und schmalen Waldwege, zu denen wir bald gelangten, vom
Feinde unbesetzt gelassen worden seien, und sandte vorsichtig
eine Reiterabteilung zur Erkundigung voraus. Aber nichts regte
sich weit und breit, und von einem lebendigen, widerstandsbe-
reiten Feind war keine Spur. Nur eine Menge umgestürzter
Karren in den Straßengräben mit abgeschnittenen Strängen
oder toten Pferden am Weg gaben Zeugnis von einer tollen,
kopflosen Flucht. Wie leicht hätten sonst gerade die Vogesen
mit ihren Querthälern, ihrem jähen Auf und Ab der Wege
wenigstens noch eine Weile gehalten werden können, statt daß
man uns jetzt einfach durchspazieren ließ! Von dieser eigenen
Erfahrung aus konnten wir einigermaßen den noch viel größeren
strategischen Fehler der Franzosen begreifen, von dem wir in
Kürze erfuhren. Ich meine die Unterlassung der Sprengung
jener vielen Bahntunnel bei Zabern, wodurch der deutschen
Heeresleitung eine der wichtigsten Eisenbahnverbindungen mit
der Heimat zur ungestörten sofortigen Benützung in die Hände
fiel. Freilich mußte man während des ganzen Feldzugs ganze
Regimenter, wie unser 6tes oder die schwarzen Braunschweiger
als „Bahnwärterregimenter" verwenden, welche namentlich die
Ein- und Ausgänge der Tunnel scharf bewachten, wie ich bei
der Herausreise im Frühjahr 1871 mit Interesse sah.

Alles in allem mochte ja Mac Mahon den Mund nun
auch im Unglück französisch viel zu voll genommen haben; aber
merkwürdig und prophetisch bleibt seine Beurteilung der Sachlage dennoch. In Ingweiler nämlich, wo unsere Division am
Abend des 8. August teils einquartiert war, teils biwakierte,
hat der protestantische Pfarrer des Orts erzählt, wie ich aus
durchaus glaubwürdiger Quelle hörte, daß der geschlagene Marschall in der Nacht vom 6. auf den 7. gegen 2 Uhr mit be-
schmutzter und zerrissener Uniform geschwind vor seinem Hause
abgestiegen sei, um sich ein paar Eier geben zu lassen, und

schmerzlich bewegt ausgerufen habe: La France est perdue, Frankreich ist verloren!

Wir aber rückten zwar nicht ganz so vorschnell siegesgewiß, wie Mac Mahon sich niedergeschlagen geäußert hatte, aber doch mächtig gehobenen Sinnes und wie gesagt so gut wie ungehindert durch die Vogesen vor. Denn die kleine Bergfestung Lichtenberg wurde am 9. August von einer kleinen Abteilung meiner Brigade, der auch ich mich angeschlossen hatte, in kurzer Seitenunternehmung leicht bezwungen, wenn sie uns auch den Kommandanten des Jägerbataillons kostete.

Schon am Abend desselben Tags wurde die Vogesenhöhe bei Meisenhard erreicht. Selbst hier erinnerte das Biwak insofern noch einmal an Wörth, als im Wald, wo wir lagen, das eine und andre edle Berberpferd arg verwahrlost und halb verhungert aufgefangen werden konnte, welches sicher einem Zuaven- oder Spahioffizier gehört und wahrscheinlich ohne Reiter die Flucht eben auch mitgemacht hatte.

Von hier ging es den sanfter geneigten Westabhang der Vogesen hinab nach Hambach, welches einem großen Teil der Division durch sein unerhörtes Regen- und Sumpfbiwak, mir mit dem Brigadestab im Quartier durch eine charakteristische Abschiedserfahrung im eigentlichen Elsaß erinnerlich geblieben ist. Wir hatten in unserem Quartierwirtshaus eben zu Abend gegessen, da meldete irgend ein dienstbeflissener Geist, man habe im Haus eine Niederlage von Waffen entdeckt, während die sofortige Ablieferung von solchen an die einmarschierenden Deutschen sonst strenge befohlen war. Darob zuerst große und an sich nicht unberechtigte Aufregung bei uns allen, wenn man an die mancherlei bitterbösen Sachen dachte, die im Elsaß gerade von seiten der Bevölkerung schon vorgekommen waren oder wenigstens allgemein erzählt wurden. Aber zum Glück erhielt die erste Entrüstung bei jedem Unbefangenen alsbald eine heilsame Dämpfung, als man nun von dem angeblichen Waffenlager selber Augenschein nahm. Da lehnte in der Ecke eine vorsintflutliche Flinte, daneben ein Yatagan, ein rostiges Bajonnet auf einen zugeschnittenen Rebenpfahl gesteckt und ähnliche Mordinstrumente. Blickte man endlich auf die weinende Frau des beschuldigten Wirts, die wirklich eine ungewöhnlich

hübsche junge Elsäßerin war, so konnten sich jedenfalls die
helleren Köpfe unter uns der Erkenntnis kaum mehr verschließen,
zu was Zweck und Absicht sich ihr Ehegemahl in jener ur=
wüchsigen Weise vorgesehen habe. Und wer wollte ihm das im
Geringsten verdenken? Daß wir, zumal in diesem Punkt, durch=
aus keine zuchtlose Bande waren, konnte er schließlich nach
den bekannten Hetzereien der französischen Presse und den Ge=
wohnheiten seiner eigenen Truppen unmöglich wissen. So war
es wirklich recht gut, daß dem Manne nichts weiter geschah,
als was zum amtsgemäßen Abschluß der nun einmal in Szene
gesetzten Handlung erforderlich war: verschmerzbare Wegnahme
besagter Waffen, Bewachung des Wirts über Nacht und ernst=
liche Verwarnung zum Abschied.

Mir aber war diese tragikomische Erfahrung persönlich
lieb als Gegendruck gegen die Stimmung bei Wörth und das
allzugroße Mißtrauen, welches in den ersten Kriegswochen all=
gemein unter uns herrschte. Sah ich doch an diesem Vorkomm=
nis mehr als nur unbestimmt gedankenmäßig, wie gewissenhaft
vorsichtig jedesmal der einzelne Fall für sich genommen werden
mußte, statt nach der natürlichen Neigung der Kriegslage viel=
leicht sehr Verschiedenwertiges gar zu rasch in einen Topf zu
werfen und damit unter Umständen an Unschuldigen nicht mehr
gut zu machendes bitteres Unrecht zu begehen, ohne es zu
wissen und zu wollen.

Alles in allem bin ich freilich überzeugt, auch ohne ein
greifbareres persönliches Erlebnis dafür anführen zu können, daß
an den gehäuften und oft ganz bestimmten Angaben über bürger=
liche Missethaten namentlich im Elsaß immerhin vielleicht ein
Viertel auf Wahrheit beruhte, während die andern Dreiviertel
hochbedauerliche Mißverständnisse oder bloße Fantasie gewesen
sein mögen, wie die erste Kriegserregung sie so leicht mit sich
brachte. Jenen übrig bleibenden Rest aber, wie überhaupt das
jedem bemerkbare ungewöhnlich verbissene und feindselig trotzige
Wesen der Elsäßer verglichen mit demjenigen der richtigen Fran=
zosen konnte ich mir bereits im Feldzug und bei mannigfacher
Berührung mit der Bevölkerung immerhin wohl erklären. Der
Alemannenschädel ist ja schon von Haus aus tête carrée oder
einigermaßen quer= und starrköpfig; und mehr wie einmal habe

ich damals als Schwabe halb im Scherz, halb im Ernst die
Elsässer als nähere Stammesgenossen auf diesen unseren ge=
meinsamen Familienbesitz hingewiesen, den sie ja doch mit allem
ihrem nachgemachten Franzosentum nicht wegbringen können,
sowenig als die mannigfachen Einzelzüge, in welchen ich, ob auch
verzogen, die Grundlinien des eigenen Stammesnaturells er=
kennen zu dürfen oder zu müssen glaubte. Und zu einer der=
artigen Gemütsart war nun vollends seinerzeit ein doppeltes
Renegatentum gekommen: das politische und für einen großen
Teil des einst in vorderster Linie stehenden protestantischen El=
saß auch das religiös=bekenntnismäßige! Das mußte notwen=
dig und auf lange hinaus eine ungesunde Verdrehung des ganzen
Wesens zur Folge haben. Allein namentlich bei der staatlichen
Losreißung vom alten Vaterland haben sich die Elsässer, Straß=
burg voran, einst ritterlich gewehrt, soweit dies bei der schmäh=
lichen Unmacht des damaligen deutschen Reichs überhaupt mög=
lich war. Darum ist es an uns heutigen Deutschen, die
Schuld unserer Vorfahren durch Gebuld gegen die wiederer=
kämpften Volksgenossen gut zu machen, bis sie im Laufe der
Zeiten auch wirklich wiedergewonnen sind. Denn ich wiederhole
noch einmal: Ein Alemannenkopf ist zäh und läßt sich nicht
über Nacht aus einer Tonart in die andere umstimmen.

Hiemit sei also den neuen elsässischen Landsleuten ein
aufrichtiges und ehrliches „Nichts für ungut!" als Abschied
zugerufen, wenn vielleicht der eine oder andere auch von ihnen
meine Schilderungen zu Gesicht bekommen sollte. Im übrigen
kehre ich von dieser kleinen Abschweifung wieder zu unserem
Marsch zurück, der uns von Hambach aus in wenigen Tagen
vollends in das eigentlich französische Sprach= und Volksgebiet
bringen sollte.

Der erste bedeutendere Ort daselbst, in welchen wir am
15. August zu liegen kamen, war Deuxville — meiner Er=
fahrung nach der einzige Fall im ganzen Feldzug, daß der
höheren Quartierverteilung eine Irrung passiert zu sein scheint,
indem wir mit einem bayerischen Regiment örtlich zusammen=
stießen, aber natürlich im größten Frieden mit diesen unseren
Landesnachbarn und Freunden auseinanderkamen. So staunens=

wert war sonst immer die Ordnung und Pünktlichkeit unserer Oberleitung. Nun hatten wir in dieser Zeit, da man weiter vorne Mac Mahon suchen mußte, verhältnismäßig häufig Rast. So schon ein paar Tage vorher noch im elsässischen Rauweiler, wo es mir gelungen war, unterstützt vom Kollegen aus dem Hauptquartier einen Abendgottesdienst endlich auch mit Kommunion zu feiern. Und jetzt wieder hatten wir am 16. August Ruhe im französisch-lothringischen Deuxville. Auch hier erhielt ich die Erlaubnis, die andern ortsanwesenden Abteilungen der Brigade, welche zu Rauweiler gefehlt hatten, in der Kirche zu versammeln. Da gab es jedoch die erste kleine Schwierigkeit mit dem französischen Curé hinsichtlich der Benützung des Gotteshauses. Derselbe stellte sich bei meinem anstandshalber erforderlichen Besuch sehr kühl auf den Standpunkt des widerwilligen Gehenlassens. Die Thüre sei offen; Erlaubnis gebe er mir keine, weil dies der Bischof von Lüneville verboten habe. Ich erwiderte ihm hierauf, daß es sich bei mir auch nicht darum handle, ihn um Erlaubnis zu bitten, indem ich meinerseits den Befehl des Generals zu befolgen habe und daher nur die ordnungsmäßige Anzeige von dem Geschehenden mache.

Der Mann hätte übrigens gerade in diesem Fall beruhigt entgegenkommender sein dürfen. Denn es war gewiß weder eine Entweihung seiner Kirche, noch eine Verletzung des französischen Nationalstandpunkts, wenn ich absichtlich zur ersten Predigt im französischen Sprachgebiet den Text wählte: „Alles, was ihr wollt, daß euch die Leute thun sollen, das thut ihr ihnen auch". Außer dem persönlichen Bedürfnis, meine Hambacher Erfahrungen darin ausklingen zu lassen, hatte mir den Grundton hiezu noch im Badischen die treuherzige Erzählung eines meiner Achter gegeben, der mir sagte, wie namentlich seine alte Mutter ihn beim Abschied ermahnt habe, doch ja im Quartier auch bei dem Feind recht ordentlich und bescheiden zu sein, denn „wie wäre es uns, wenn die Franzosen zu uns kämen?" Unter Hinweisung auf diesen Fall, der wohl nicht der einzige gewesen sein mag im deutschen Volks- und Bürgerheer, führte ich aus, wie ein recht lebendiges Durchdrungensein von jener einfachen und doch ewig wahren Grundregel jetzt zweimal nötig fei, wo nach den erften fiegreichen Erfolgen, die fich aber auch wenden könnten, leicht Uebermut entftehe; und anbrerfeits werden namentlich durch den nunmehr beginnenden Mangel an gegenfeitigem fprachlichem Verftändnis die Hauptfchwierigkeiten für einen ruhig gerechten und geordneten Verkehr mit dem franzöfifchen Bürger fich geltend machen, der aber doch natürlich zu feiner Sprache ein fo gutes gottverliehenes Recht habe, als wir zu der unfrigen.

In der That war es ja von jetzt an und während des Durchmarfchs durch bewohnte franzöfifche Gegenden, im Unterfchied von der Parifer Zeit, gar oft tragikomifch, wie unfere Leute und die Franzofen mit einander zu biskurieren fuchten. Ein Gefchichtchen, welches einmal in diefer Hinficht bei meinem Jägerbataillon vorfiel, ift zwar etwas derb, aber wahr und fo charakteriftifch für jene Tage der babylonifchen Sprachverwirrung, daß ich es nicht unterdrücken will. Ein biederer Jäger hatte den völlig vergeblichen Verftändigungsverfuch mit dem Franzofen fchließlich im Unmut mit der klaffifchen Wendung des Götz von Berlichingen befchloffen, die ja in Oberdeutfchland auch vor und ohne Goethe etwas ftark gäng und gebe ift. Aber was thut der Franzofe? Hocherfreut, weil er meinte, den erregten Gegner nunmehr endlich glücklich verftanden zu haben, fpringt er fort und kommt zurück mit einem anfehnlichen Stück — fromage! Der Deutfche aß den Käs vergnüglich auf, nicht ahnend, wie ihm das geworden, bis fcharffinnigere Kameraden ihm den Schlüffel des Rätfels lieferten. Nicht immer fo heiter und mit fo befriedigendem Ausgang, aber doch in ähnlicher Tonart verliefen auch die vielen fonftigen Komödien oder Tragödien der fprachlichen Irrung. Man drehte fich in lächerlichen oder verdrießlichen Mißverftändniffen herum; und als ob die armen leiblichen Ohren Schuld wären, kam es allmählich zum gegenfeitigen Anfchreien, wodurch der Zorn nur ärger wurde. So that man den eigenen Leuten einen Dienft, die mit allem Schreien doch oft nicht zum gewünfchten und berechtigten Ziele kamen, und verfchaffte zugleich dem dadurch immer hocherfreuten Franzofen eine Erleichterung, wenn man fich auf das verdienftlich friedenftiftende Werk des Dolmetfchens verlegte. Damit war dem

Handel vielfach rasch ein Ende gemacht und beiden Teilen der thatsächliche Beweis geliefert, daß es gegenseitig oft weniger am Willen, als am Können und der menschenwürdigen Ver= ständigung gefehlt hatte.

Hierin waren namentlich die Einjährigen unter unseren Truppen selbst von größtem Wert. Da es aber deren gerade in meiner Brigade verhältnismäßig nur wenige gab, so bot auch ich mich zu diesem mittelbar geistlichen Dienst als thäti= ger Fortsetzung der kirchlichen Mahnungen gerne und oft den Soldaten an, zumal bis sie sich ihr eigenes Hausbrauchfran= zösisch einigermaßen angeeignet hatten. Wie mannigmal hieß es da auf der Straße: „O, Herr Pfarrer, schwätzen Sie auch mit dem Français" (letzteres häufig mit einem kurzen derben Zierwort an der Spitze versehen!) Denn an uns Geistliche wandte sich der gemeine Mann mit solchem Ersuchen lieber, als an seine ihm dienstlich gegenüberstehenden Offiziere.

Freilich konnte es bei diesen praktischen Anliegen nicht selten geschehen, daß auch ein ordentlicher französischer Wort= vorrat mit seiner Weisheit zu Ende kam. So war mir z. B. das öfters gewünschte Schweinefett zum Hufschmieren in meinem bisherigen französischen Lesen auf philosophischem und theolo= gischem Gebiet noch nicht vorgekommen. Aber heraus muß es, schon um der Achtung der Soldaten willen, denen man für künftige Fälle keine Blöße in seiner Sprachkunst zeigen durfte. Also frisch darauf los und in Gottes Namen Anlehen gemacht beim geliebten Latein aus der Schule, und wenn ich auch in diesem Falle stark fehltappte. Der Franzose, dessen Landsleute bekanntlich sonst gegen Sprachfehler der Fremden sehr duldsam sind, lachte mir hell und heiter ins Gesicht, wie mir gewiß ohne jede schnöde Ahnung und Absicht das priesterliche oindre (lateinisch ungere) für's Schmieren der Pferdehufe herausfuhr. Bekommen haben wir das Gewünschte aber doch, zugleich mit der belehrenden Zugabe für künftige Bedürfnisfälle, daß es der Franzose saindoux benenne. Aehnlich halfen auch sonst dem Latein entnommene Wendungen als Lückenbüßer in der Not durch, alles unterstützt mit kräftiger Deklamation, malender Fingersprache und häufigem „comme ça" nach der Art, die man dem lebhafteren Franzosen selbst abgelernt hatte.

In Ermangelung eines Taschenwörterbuchs, zu dessen Gebrauch ich schon keine Zeit gehabt hätte, war mir jedoch gerade für dieses Bedürfnis, oft sehr Alltägliches zu dolmetschen und Auskunft über die verschiedensten Bezeichnungen zu geben, das hoch entwickelte französische Aufschriftenwesen von nicht geringem Wert. Was waren doch im eigentlich Französischen, bezeichnend verschieden vom Elsaß, im kleinsten Dorf die großen weißen Wandflächen mit ihren wenigen Fenstern bemalt und beschrieben! Gewiß erinnert sich da jeder Feldzugsgenosse namentlich an das unvermeidliche grüne Männchen mit grellrotem Schirm; ich glaube, es war Sinnbild und Vertreter der Schneiderkunst als des französischen Nationalhandwerks. Im Ernste aber gab derartiges erwünschte Gelegenheit, durch das Nebeneinander von allgemeinverständlichem Bild und französischer Aufschrift wie in einem illustrierten Schullesebuch praktische Sprachstudien zu machen, und man konnte nur so vom Sattel herab in nützlicher Zeitverwendung altes auffrischen oder neues wie Handwerksnamen im Vorbeireiten mitnehmen, um es seinem Dolmetscherwortvorrat beizulegen. —

Bisher war ich der einzige Feldgeistliche in der Brigade gewesen. Als wir aber am Tage nach Deuxville an Nancy vorbei, das wir rechts in der Ferne liegen sahen, den 17. August bei Flavigny über die Moselschiffbrücke setzten und so auch diesen letzten deutschen Fluß hinter uns hatten, wurde mir in meiner schwierigen und manchmal etwas vereinsamten Stellung die Freude, aus der Heimat einen Bundes- und Amtsgenossen zu erhalten an dem hier zu uns stoßenden katholischen Feldgeistlichen für die 3te Brigade. Erst mit seinem und seines Kollegen Eintritt in der 2ten Brigade hatte jetzt die Ordnung des Feldgeistlichendienſts, welche für uns Protestanten noch diesseits des Rheins in Knielingen sich vollzogen, ihren vollständigen und paritätisch gleichen Abschluß für Hauptquartier und Einzelbrigaden gefunden.

Persönlich und amtlich durfte ich mir aufrichtig Glück wünschen zu dem gewonnenen Zuwachs. Erhielt ich doch an meinem Kaplan einen allerdings besonders liebenswürdigen, gebildeten und recht vorurteilsfreien Kollegen, der mit mir fortan durch den ganzen Feldzug getreulich Freud und Leid, gute und schlimme Tage, u. a. nicht gar selten in beschränkten und zweifelhaften Quartierverhältnissen auch eine Lagerstatt teilte — eine friedliche Reunion der Kirchen im Kriege und durch ihn, dessen heiße Tage gar manche sonstige Scheidewand niederrissen!

Freilich hatte sein Eintritt für mich (und ihn) hinsichtlich der bisherigen persönlichen Stellung des Feldgeistlichen innerhalb unseres Brigadeverbands eine minder angenehme Folge. Wir jüngeren waren nämlich von der ersten besseren Ordnung unserer Verhältnisse in Knielingen an für Quartier, Verpflegung u. dgl. den Brigadestäben zugeteilt; und das war als Mittelpunkt für unseren Dienst an der ganzen Brigade schon der nötigen Verabredungen wegen die einzig richtige Ort, dessen sonstige kleine Vorteile in eigener Sache wir jedenfalls nebenbei so gut verdienten, als z. B. die so wenig beschäftigten Auditoren.

Aber kaum war mein katholischer Kollege eingetreten, so überreicht uns der Brigadeadjutant, übrigens ein sehr tüchtiger junger Offizier, welcher schon nach seinem Alter und Rang sicher unschuldig daran war, völlig unerwartet ein Edikt seiner Kanzlei, wonach wir für die Zukunft dem Sanitätszug der Brigade zugewiesen und demselben in Kost und Wohnung überantwortet werden, „weil die Pfarrer zu den Kranken gehören". Lassen wir diese Begründung, deren arge Fadenscheinigkeit schon durch meine bisherigen Erlebnisse mit ihrer wahrheitsgetreuen Schilderung, sowie durch alles folgende erhellt, daher sie auch in keiner anderen Brigade bis zum Schluß Nachahmung fand. Sagen wir statt dessen lieber in ehrlichem Deutsch: Wir Pfarrer und besonders ich, den man ja allein schon länger kannte, paßten weder vermöge unseres höheren Bildungsgrades, noch mit unserer sonstigen sittlichreligiösen, wenn auch durchaus nicht pfäffischen Auffassung von Welt und Leben in jenen Stabskreis. Derselbe hat uns daher sonnenklar nur deshalb den Stuhl vor die Thüre gesetzt, um im Quartier, am Essen u. s. w. selbst es um so bequemer und unbeengter zu haben und für seine aus früherer Zeit stammenden Gepflogenheiten nicht richtige Leute von 1870 stets um sich sehen zu müssen.

Daran ist kein Wort zu scharf, wobei ich natürlich immer

nur die an unserer Verdrängung schuldigen Mitglieder der betreffenden Genossenschaft meine. Denn es kommt noch ein weiteres, die Sache erst eigentlich recht beschwerendes dazu. Abgesehen davon, daß die Abschiebung vom Stab zum Sanitätszug eine Wegbrückung vom Mittelpunkt zum äußersten Umkreis nach allgemeiner militärischer Schätzung der letzteren Abteilung war, wußten die Betreffenden wie die ganze Brigade außer uns harmlosen Laien und Neulingen sehr gut, daß der Kommandant dieses Sanitätszuges, dessen Haus- und Tischgenossen wir ebendamit werden mußten, eine gelind gesagt höchst eigentümliche, in ihrer Art vielleicht einzige Persönlichkeit innerhalb der ganzen Division war. Uns gerade ihm zuzuweisen, hieß uns ahnungslosen in jeder Hinsicht mehr aufbürden, als einst der alte Ovid bei seiner Verbannung nach Tomi unter die barbarischen Kimmerier erlebte und in seinen Tristien noch der späteren Nachwelt so beweglich klagte. Letzteres werde ich nun zwar weder in Versen noch in Prosa thun. Aber um in meinen persönlichen Erlebnissen und Erinnerungen nicht aus falschem Schönfärben und übertrieben empfindsamer Nächstenliebe eine gar zu große Lücke zu lassen, muß ich jedenfalls soviel summarisch sagen: Mir hat diese ganze Maßregel durch das ungünstigste dabei stattfindende Zusammentreffen von lauter Personalgründen den Feldzug namentlich in seiner zweiten winterlichen Hälfte ganz ungebührlich und vollkommen vermeidbar erschwert; mir hat sie, und nur sie, in jenen schweren und arbeitsvollen Tagen z. B. eine Verköstigung aufgenötigt, wie sie schlechter war, als diejenige eines jeden gemeinen Soldaten; mir hat sie auch gemütlich nicht selten das Leben verbittert in einer Lage, wo man, herausgerissen aus seinen bürgerlichen Kreisen und hineingeworfen ins Feldlager, den Krieg nicht auch noch innerhalb der vier Wände und in demjenigen Kreise haben mochte, auf den man hier nun einmal für gar manche Stunde angewiesen war.

Nun könnte man mich freilich fragen, zu was nachträglich diese vielen Worte und Klagen, statt zur rechten Zeit den Mund entschlossen aufzuthun und im Feldzug selbst bei der oberen Instanz mich zu beschweren, deren freundliches Entgegenkommen ich ja früher so rühmend hervorheben durfte. Und

wirklich hatte der Divisionsgeneral schon in Bruchsal uns Geistlichen ausdrücklich gesagt, daß wir uns nur unmittelbar an
ihn wenden sollen, wenn wir etwas zu klagen haben. Hier
nun lag ohne Zweifel ein triftiger Anlaß vor. Warum regte
ich mich nicht? Einmal deswegen, weil mir die ganze Tragweite der Maßregel im Augenblick ihres Erfolgens keineswegs schon ganz klar war und besonders die große persönliche
Mißlichkeit des Platzes nicht bekannt sein konnte, den ich fortan
mit dem Brigadestab vertauschen sollte; denn in letzteren hatte
ich bereits eher einigen Einblick und konnte mir daher zumal
von einer erzwungenen Rückkehr in denselben wenig Gutes versprechen. Und ich will ganz offen gestehen, daß bei mir auch
noch ein Stückchen Partikularismus mitunterlief, von dem ich
freilich durch diese Erfahrung zeitlebens hätte geheilt werden
können. Es widerstrebte meinem schwäbischen Gefühl, die engeren
Landsleute bei dem preußischen General zu verklagen, von dem
ich zudem wußte, daß er bei solchen Ordnungswidrigkeiten
schneidig kurzen Prozeß gemacht hätte.

So unterließ ich es, und die Sache schleppte sich weiter,
bis es auch bei den besser und sogar durchaus freundlich ge-
sinnten stellvertretenden Brigadekommandanten, die wir gerade
über die Wintermonate und Schlachttage hatten, nicht mehr
gut zu ändern war.

Eben dies aber erinnert mich an eine dringende Pflicht,
welche ich zum Schlusse dieser leidigen, aber buchstäblich wahren
Darlegung zu erfüllen habe. Es wäre nämlich durchaus ungerecht, um einiger absonderlicher Persönlichkeiten willen, mit
denen mich mein privater Unstern in nähere Beziehung bringen
mußte und wie sich welche schließlich überall unter der Masse
finden werden, auf das sonstige Offizierskorps meiner Brigade
und damit mittelbar auf die ganze württembergische Felddivision
ein falsches Licht fallen zu lassen. Das sei ferne! Im Gegenteil war mir unverkennbar, wie die übrigen Offiziere meiner
Brigade so gut wie ausnahmslos zuerst mehr unbewußt, später
in ausdrücklicher Bekanntschaft mit unserer schlechten Lage durch
verdoppelte Liebenswürdigkeit den allerdings recht plumpen Miß-
griff ihres Stabes gut zu machen suchten, von dem verschmäht
und mitten im Verlauf weggewiesen zu sein wenigstens un-

ferer Ehre vor den Truppen in der That keinen Eintrag ge=
than hat. Aus dankbarster Erinnerung an diese Haltung unserer
sonstigen Militärgemeinde hätte ich ja am Ende die ganze Sache
bei der Schilderung meiner Erlebnisse unterdrücken können. Und
mancher jetzige Leser wird vielleicht denken, ich hätte am besten
gethan, jene Erfahrung von Flavigny alsbald der vorbeifließenden
Mosel und dem Rhein und damit dem Meere der Vergessenheit
zu überantworten, um nur Besseres aufzubewahren oder doch
auch diese Reminiszenz nach dem bekannten Sprüchwort beim
nachträglichen Rückblick zu verschönern. Trotzdem verfuhr ich
in reiflicher Erwägung anders, wie ich ja auch schon vor 18
Jahren in kurzen, aber scharfen Grundstrichen das Nötige
darüber zu bemerken mir erlaubte; denn zu einer wirklich echten
und völlig ungeschminkten Schilderung gehört eben auch das
vorgefallene minder erfreuliche, wie dieses Bild vom „Krieg
im eigenen Lager". Und hoffentlich trägt meine offene Dar=
legung für künftige Zeiten dazu bei, ähnliche Vorkommnisse un=
möglich zu machen, was im Interesse der Personen und der Sache
gleich sehr zu wünschen ist. Denn derartige Fehler, wie sie
hier im Thun, aber nicht minder auch im unzeitigen Stillesein
und Leiden gemacht worden sind, sollten nie mehr wiederkehren.

Im übrigen war ich gottlob kräftig genug, mich weder
persönlich noch amtlich durch solche Widrigkeiten niederdrücken
zu lassen, welche sich überdies erst vom Spätherbst und Winter
an recht fühlbar machten, als wir nicht mehr den Genuß fran=
zösischer Bürgerquartiere hatten, sondern eben in besagtem
Sanitätskreis unsere ganze Unterkunft suchen mußten. Daher
kann ich hiemit diesen ärmlichen Staub von den Füßen schüt=
teln, um mich unentwegt wieder zur Schilderung angenehmerer
Erinnerungen zu wenden.

War es doch am selbigen Tag von Flavigny, als wollte
der Zufall einen schlechten Witz machen oder vielmehr uns
zwei harmlosen Geistlichen freundlich tröstende Genugthuung für
die soeben erlittene Kränkung geben. Denn an diesem Abend
geschah es, daß wir in komischem Gegensatz zum Erlebnis des
Vormittags gerade vielmehr mit dem Divisionsstab, und
zwar mit seiner sogenannten ersten Staffel, also in nobelster

Gesellschaft und bei glänzend besetztem Mahle zu Tische saßen. Das ging aber so zu. Eigentlich waren wir dem Curé des Orts ins Quartier überwiesen; allein derselbe war nur Verweser und wenigstens auf eine Beköstigung zweier plötzlich erhaltener Gäste nicht eingerichtet, daher er nicht umhin konnte, uns hiefür weiter zu geben. Nun, wir waren ja an diesem Tage das Abgeschobenwerden wie herrenlose Ware bereits gewohnt worden. Diesmal aber war es uns zum Heile und riß uns nach oben. Denn wir wurden durch ihn dem Nonnenkloster des Städtchens überantwortet, das ohnehin schon mit der Spendierung eines entsprechenden Abendessens für den Divisionsstab belastet war und dabei zwei weitere bescheidene Gäste nicht spürte. Möglich sogar, daß wir als vermeintlich nötige Ehrenwache nicht unwillkommen waren. Sehe ich doch die Aebtissin oder sonst eine höhere Schwester noch heute, wie sie in den Kreuzgängen des Klosters meinen Kollegen beiseite nahm und ihn in gebrochenem Deutsch angstvoll über die sittliche Führung und Tugendhaftigkeit ihrer militärischen Tischgäste ausfragte. Natürlich konnte diesen mit bestem Gewissen das glänzendste Zeugnis ausgestellt werden. Denn man denke sich unseren gestrengen Kommandanten und die geringste Verletzung der Zucht und Ordnung! Hatte er doch beim Regenbiwak von Hambach schon das Ausreißen von Bohnenstecken zum Lagerfeuer als schmähliche „Unzucht" aufs strengste gerügt, wobei allerdings böse Zungen dem Norddeutschen zuschrieben, er habe die gemeinen Bohnenstöcke für edle Reben gehalten.

Und so saßen wir denn jetzt im Nonnenkloster, alle ebenso wohlgeordnet als wohlgemut an der reich besetzten Tafel, der Almosenier als Vertreter des Klosters neben dem General in lebhaftem Gespräch über Zeit und böse Welt. Wir zwei aber wurden von den hohen Stabsoffizieren nicht einmal gefragt, wie wir hereingekommen, und hatten doch keine Brigade-, geschweige denn Divisionsberechtigung dazu. Freilich an den tiefen Ernst der Lage mitten unter die eigentümliche Komik dieses Symposiums hinein wurden wir wieder erinnert, als der Kommandant gegen den Schluß der Tafel Depeschen erhielt und der Gesellschaft mitteilte, eben (17. August) finden schwere Kämpfe bei Metz statt. Fast mochte man seinerseits im Ge-

danken an die deutschen Brüder, welche dort die Mosel strom-
abwärts blutig rangen, nicht mehr weiter ruhig sitzen und
tafeln im friedlichen Nonnenkloster an der obern Mosel.

Aber ein freundliches Andenken habe ich ihm doch bewahrt. Denn wir bekamen am andern Tage sogar noch
ein Reisegeschenk von ihm auf die weitere Wanderschaft mit.
Nach dem Nachtquartier im Hause unseres rechtmäßigen Quar-
tiergebers, des Pfarrverwesers, machte ich nämlich meinen
Kaplan darauf aufmerksam, daß es wirklich nur gebildet wäre,
wenn er seiner Aebtissin vom vorigen Tag einen dankbaren
Abschiedsbesuch machen würde. Dabei könne er ja vielleicht
in Anbetracht der übermäßigen Vorräte, welche die Gesellschaft
am Abend vorher mit dem besten Willen nicht hatte aufessen
können, so einen zarten Wink von mageren Tagen miteinfließen
lassen, die voraussichtlich für uns Geistliche bevorstehen. Und
richtig, er kam zurück und brachte von der würdigen Dame,
in deren Herzensfreude über unsere allerseitige unerwartete
Vortrefflichkeit, einen stattlichen halben Schinken mit, den wir
ein paar Tage nachher auf einer Wiese bei dem klassischen
Vaucouleurs, schon auch seiner klösterlichen Herkunft wegen
zum Andenken an die Jungfrau von Orleans verzehrten.

Als wir am Vormittag des 18. August von Flavigny
abmarschierten, war es interessant, mit welcher Spannung
unser Curé, übrigens ein sehr feiner und netter junger Mann,
und ebenso andere Bewohner des Städtchens uns teils aus-
fragten, teils eine Weile nachliefen und selbst beobachteten,
welche Marschrichtung wir einschlagen, ob gerade aus nach
Westen, wie bisher, oder aber rechts ab, Metz zu. Denn es
waren unter sie natürlich bereits wieder die bekannten Gerüchte
über große, daselbst errungene französische Siege gedrungen.
Sie konnten oder wollten es daher nicht begreifen, daß wir
trotzdem in aller Gemütsruhe auch heute bei der seitherigen
Richtung gegen Châlons beharrten, auf der wir einen Tag
später beim Halt auf dem Ackerfeld die wahren Nachrichten
von Metz mit Jubel vernehmen durften.

Und so ging es denn, uns zur Beruhigung, den Franzosen zur Verzweiflung, mit kaum merklicher Ablenkung nach
Nordwest immer stetig voran, vorbei an Toul mit seinem

Bergfort St. Michel, das in finsterer Ruhe auf unser abend-
liches Biwak bei Ochey-Thuiliet herabschaute, und noch durch
mehrere Quartiere oder Biwaks, bis wir am 26. August als
netten Abschluß unseres Vormarsches und gemütlichen Ruhepunkt vor der berühmten Rechtsschwenkung nach Sedan das
ungewöhnlich freundliche Städtchen Sermaize an der Ostbahn
mit seinen vielen Fabriken und Chateaux erreichten.

Der Rasttag, den die ganze hier versammelte Division
auf länger hinaus zum letztenmal hielt, bot willkommene Gelegenheit, noch einmal friedlichen Gottesdienst zu halten vor
den ruhe- und rastlosen Zeiten, deren Bevorstehen auch der
Laie mehr oder weniger sicher fühlte. Zwar hatte es sich schon
vorher glücklich gefügt, daß am 21. August zu Maubage der
erste von zwei Rasttagen nacheinander, welche Mac Mahons
nördliche Kreuz- und Querzüge uns verschafften, gerade auf
den Sonntag fiel. Daher traf es an demselben mit meinem
eigenen Wunsch erfreulich zusammen, wenn eine sonst seltener
mit uns zusammenliegende Abteilung, wie namentlich die Artillerie mich darum anging, auch ihr einmal einen eigenen Gottesdienst mit Kommunion verbunden zu halten. Der freundliche
Kommandeur der 8ten Batterie, welcher das Ersuchen ver-
mittelte, ließ zu diesem Behuf durch seine Artilleristen auf dem
Felde einen hübschen Altar zimmern, der mit Teppichen, wie
man sie eben hatte, ganz ordentlich verhängt war. Und so
wurde es eine schöne, eigenartige Feier, obwohl ich mir dabei
mancherlei liturgische Bedenken gegen die ästhetisch-religiöse
Zweckmäßigkeit einer Abendmahlsfeier auf freiem Felde eben
doch nicht verbergen und für die Zukunft manches praktische
merken konnte, das einer Aenderung bedurfte. Um so besser
aber paßte die heimische Perikope des Sonntags aus Matth. 16,
24—28 auf unsere Lage, wenn sich jene um das Wort bewegte: „Wer sein Leben verliert, der wird es gewinnen. Was
hülfe es den Menschen, so er die ganze Welt gewönne und
nähme doch Schaden an seiner Seele?" Ueber dasselbe konnte
ich dann am Spätnachmittag in dem Dörfchen Villeroi auch
noch einem meiner Infanterieregimenter auf dem Felde predigen.

In Sermaize dagegen schien mir für den Gottesdienst
ein freigewählter Text passend als Anknüpfungspunkt für die

4*

eben zeitgemäßen Ausführungen, indem ich den 133. Psalm zum Thema nahm: „Siehe, wie fein und lieblich ist es, daß Brüder einträchtig bei einander wohnen." Ich gestehe, daß mir dabei die freundliche und von Anfang an mehr als nur amtsbrüderliche Gestaltung des Verhältnisses zu meinem katholischen Amtsgenossen vorschwebte. Denn der vollen Lebenswahrheit und Ueberzeugungsfrische halber liebte ich es immer, auch persönliche Erfahrungen oder Stimmungen, welche des kirchlichen Orts nicht unwürdig waren, in meiner Rede mit- und durchklingen zu lassen, natürlich ohne daß sie ausdrücklich und taktlos irgend hervortreten durften. Und hier bot sich ja auf der Grundlage des Persönlichen die erwünschte Gelegenheit, ein paar vernünftige und gerne gehörte Worte unter anderem der konfessionellen Eintracht zu widmen, welche für die Brüder aus einer Volksfamilie dem gemeinsamen Erbfeind gegenüber sich so selbstverständlich ziemte.

Aber auch in weltlicher und staatlicher Hinsicht war das Psalmwort zeitgemäß in Tagen, wo bereits die stärkere Zusammenziehung der verschiedenen deutschen Truppenteile zum Schachturnier von Sedan verhältnismäßig mehr als sonst eine engere Berührung und Kreuzung, und damit wenigstens im kleinen doch auch dann und wann gewisse Reibungen derselben unter einander mit sich brachte. Ich konnte ja, zumal als militärischer Laie, unmöglich schon vorauswissen, welch' glänzenden Erfolg die deutsche Einheit in der strammen Hand einer geistvollen Oberleitung schon am 1. September erzielen werde, wo die verschiedenen deutschen Stämme, Preußen, Sachsen, Bayern und Schwaben Schulter an Schulter den ehernen Ring um Frankreichs Kaiser und sein Heer unzerreißbar schließen halfen. Aber nachher freute ich mich doch auch meiner harmlosen Predigt von Sermaize mit ihrer unbewußten Prophezeiung der Frucht, welche aus der schönen Blüte wahrer Eintracht überall und ganz besonders im Felde erwächst.

Schön war es, daß mit dieser Friedens-Stimmung und Mahnung an die eigenen deutschen Truppen auch die französischen Quartiererfahrungen gerade in Sermaize nach meiner und vieler anderer Erinnerung besonders harmonisch zusammenklangen.

Ich wohnte in der Nähe des Bahnhofs, wo ungewohnter Weise eine kleine, aber recht ordentliche und von den Truppen viel besuchte Restauration unter einem Deutschlothringer sich noch im Gange befand. Mein eigenes Quartier jedoch befand sich in einem besseren Bürgerhause, dessen Familienhaupt als Maschinenaufseher in einer der benachbarten Zuckerfabriken diente. Natürlich hatten die Leute nicht viel übrig in einer Zeit, wo bereits alles stockte. Aber trotzdem thaten sie alsbald, was in ihren Kräften stand. Ich lieferte ihnen den Rohstoff, welchen wir der starken Truppenzusammenhäufung wegen trotz der Anwesenheit der Bewohner glücklicher Weise „faßten", d. h. von deutscher Seite geliefert erhielten; meine Quartierleute dagegen gaben ihm mit der berühmten, hochentwickelten französischen Kochkunst die wünschenswerte Form und fügten freiwillig die schon lange nicht mehr gesehenen Zuthaten einer gebildeten Normalmahlzeit bei. Auch ließen sie es sich nicht nehmen, die Ehre des weinbeglückten Frankreichs aus ihrem eigenen stillen Vorrat zu wahren, um mir und vielleicht auch sich selbst den deutschen Lieferungswein zu ersparen. Denn wir saßen ja friedlich und freundlich zusammen an dieser picknickartigen Mahlzeit, zu welcher jeder Teil das Seine beigeschossen, als wären wir schon lange die besten Freunde. Auch an meiner Kleidung entdeckte das Auge der Französin den einen und andern Feldschaden, den sie nicht umhin konnte, in die Kur ihrer fleißigen Nadel zu nehmen. Ja, ich hatte das Vertrauen der Leute so vollständig gewonnen, daß sie das ganze Haus meiner Hut übertrugen, wenn sie beide einen Ausgang zu machen hatten.

Der gute Engel freilich, der diese Freundschaft mit dem Feind gar rasch vermittelt hatte, war die kleine fünfjährige Angélique, der Eltern einziges Kind, das gleich nach der ersten Begrüßung allerliebst mit mir zu plaudern begann und mich in diesem wahrhaft wohlthuenden Quartier auch einmal wieder ganz vergessen ließ, daß wir eigentlich im Krieg und Feindesland standen. Sie wünschte in Kinderart sogar deutsch zu lernen; daher ich ihr beim Abschied, den die Familie weinend von mir nahm, eines unserer kleinen neuen Testamente zum Andenken hinterließ. Wenn ich mich recht erinnere, so habe ich in dasselbe außer ihrem und des Gebers Namen einen jener schönen

auf die Kinder bezüglichen Sprüche eingetragen und die Bitte
an nachrückende deutsche Landsleute beigefügt, um meiner herz=
lichen Aufnahme willen den Frieden dieser harmlosstillen Fa=
milie zu ehren. Bei dem erfreulichen Erfolg, den ich ander=
wärts mit solchen schriftlichen Vermächtnissen an deutsche Nach=
folger hatte, darf ich vielleicht hoffen, daß auch hier das schon
von selbst am besten predigende Büchlein in der Hand meiner
kleinen Freundin dem wackeren Hause wirklich als Schutzbrief zu
dienen Gelegenheit fand.

Es gereicht mir jedoch zur Freude, bei diesem Anlaß
offen auszusprechen, daß ich auch in den übrigen französischen
Quartieren des Einmarsches bis hin zur verlassenen Umgebung
von Paris in ähnlicher Weise fast durchaus befriedigende und
vielfach geradezu freundliche Erfahrungen machte. Beim ersten
Eintritt Fremder und Feind in den Augen der französischen
Quartiergeber, ja als protestantischer Geistlicher dann und wann
zwiefach einer barbarisch häretischen Schnödigkeit verdächtig,
durfte ich meistens als werter Gastfreund scheiden, bei dem man
rasch sowohl die nationale, als die konfessionelle Scheidewand
über dem Allgemeinmenschlichen völlig vergessen hatte. Daß
man letzteres bei dem Nichtkombattanten allerdings schneller
und leichter herauszufühlen geneigt war, als bei den eigent=
lichen Truppen, versteht sich von selbst. Denn bei Jenem ziemte
sich ja doppelt, dem französischen Mitziviliften gegenüber sich
anspruchslos und gebildet zu benehmen.

Es ekelte mich immer an, wenn ich, glücklicher Weise sehr
selten und immer nur bei Persönlichkeiten, die auch sonst dar=
nach waren, das Gegenteil eines solchen namentlich für Mili=
tärbeamte einzig angemessenen Betragens bemerken mußte. Ich
meinerseits fühlte ganz abgesehen vom geistlichen Amte vielleicht
gerade zu viel soldatisches Blut in den Adern, um als Nicht=
streitbarer im Schutz der deutschen Bajonette gegen die wehr=
losen französischen Quartiergeber wohlfeil groß zu thun und
gewaltig aufzutreten, wie ein Eisenfresser.

Mit solchen Gesinnungen und Grundsätzen aber und über=
dem im hochwertvollen Besitz genügender Sprachkenntnis, welche
unter Umständen sogar einen französischen Witz wagte, war
es für unsereinen wirklich sehr leicht, mit den Leuten zurecht=

zukommen und in gesundem Humor, welchen doch wohl kein
Unbefangener als der Lage unwürdig oder ungeistlich wird an-
fechten können, den Aufthauungsprozeß ihrer sanguinischen Herzen
zu beobachten. Da wird zuerst dem Eingetretenen still oder
sogar mürrisch der vorgeschriebene Schoppen Wein vorgesetzt
und mit Dank' von demselben angenommen, obwohl die Güte
des Stoffs durchaus nicht auf der Höhe der „großen Nation" und
ihrer berühmten Weingaue steht. Indessen wird die Ausschuß-
ware langsam und geduldig vertilgt, und etwa auch dem Gast-
geber, der noch finster und die Hände in den Hosentaschen beiseite lehnt, mit einem harmlosen „à votre santé, monsieur"
Gesundheit in dem sauren Krätzer zugetrunken — warum hatte
er keinen besseren spendiert, den er nach der ganzen Ausstattung
des Hauses zu schließen ohne allen Zweifel besaß! Aber als
ein im Grund doch höflicher Mann muß er Bescheid thun und
fühlt dabei bereits sein Gewissen dunkel schlagen. Ein Wort
gibt das andre, die Unterhaltung beginnt in schönsten Fluß zu
kommen; während dem ist das schließlich gemeinsam getrunkene
Schöppchen leer. Und doch wäre es, wie der Franzose selbst
am meisten denkt, jammerschade um den schönen Diskurs und
die willkommene Gelegenheit zum Klagen oder auch Lachen,
wenn die Sache schon so rasch ein Ende fände. Also flugs
fort und ohne ein Wort von meiner Seite neuen Vorrat gebracht, der aber sehr merklich aus einem anderen Fasse kam
und durch seine wesentlich erhöhte Güte anzeigte, wie hoch bei
dem Besitzer der Gemütsthermometer vom anfänglichen Gefrier-
punkt an bereits gestiegen war.

In dieser Weise ist mir gleich so vielen anderen, natürlich nur wo die Verhältnisse es billigerweise zuließen und keine
Armut vorlag, wirklich manches gute Tröpfchen gallischen Reben-
saftes ohne ein Wort des Forderns zu teil geworden und hat
mein Herz in bedürftigen Zeiten nicht weniger erfreut, als dasjenige der völlig freiwilligen Geber, indem letzteres Gelegenheit
fand, sich gründlich auszuschütten. Da kam ja zuerst immer
das berühmte, mit theatralischem Pathos ausgerufene „grand
malheur pour nous et pour vous et pour tout le monde, welch
ein Unglück für uns und euch und für alle Welt" — eine unbe-
zweifelbare Wahrheit, die aber doch zugleich des Feindes unver-

tilgbare Eitelkeit und festgewurzelte Meinung von seiner Alle-
weltsbedeutung naiv offenbarte. Ebenso bezeichnend war dann
aber, in wie raschem Wechsel von Weinen und Lachen, von
Klagen und elastischer Leichtblütigkeit er schließlich Ergebung
in das Unvermeidliche eines allgemeineren Schicksals fand mit
dem gleichfalls klassisch gewordenen Trostgrund: „c'est la
guerre, à la guerre comme à la guerre, so geht es nun eben
einmal, wenn man Krieg hat". Ich glaube, wir Deutsche
wären darin viel zäher individualistisch und brächten eine verhältnismäßig so leichtergebene Einfügung des Einzelgeschicks
ins größere Ganze weniger zu Stande! Die Franzosen dagegen
hatten allemal den Mund kaum von Klagen befreit, so sprangen
sie mit einer fast kindlichen Neugierde auf dies oder das ganz
andersartige über oder fragten und schwatzten, als dächte niemand mehr an „la guerre". Und das war ja auch wirklich
für sie, wie nicht minder für uns eine gemütlich wohlthuende
Abwechselung, bei der man den Ideensprüngen ihrer lebhaften
Causerie oder harmlosen Plauderei herzlich gerne folgte. Auch
den meist mitunterlaufenden Eigendünkel oder ungebrochenen
Uebermut ihres merkwürdigen Naturells konnte man in heiterer
Ruhe mit in den Kauf nehmen.

Alles in allem machten sie mir bei solchem näheren Zusammensein vielfach im Guten wie im Schlimmen den Eindruck
von großen Kindern, jedenfalls aber von ausgeprägten San-
quinikern, denen man als Mensch kaum feind sein konnte,
soviel zweifellos Liebenswürdiges und wirklich auch Gutmütiges
trat einem bei ihnen entgegen.

Schließlich darf ich bemerken, daß es mir auch in den
geistlichen Quartieren bei den Curés nie schlecht erging, in
welche ich standeshalber mehrfach in dieser Zeit, z. B. eben zu
Flavigny, zu Lisle en Rigauld, später zu Ferrières und sonst
mit meinem Kollegen zu liegen kam. Natürlich hatte ich gegen
den letzteren zunächst Hinterwasser und saß im Anfang als der
stumme Gast am Tisch, der hier meist mit dem Braten des
friedlichen, aber trefflich hergerichteten lapin oder Stallhasen
besetzt war. Die Unterhaltung aber wurde von meinem des
Französischen wenig kundigen Kaplan mit dem französischen
Spezialkollegen in der altehrwürdigen Kirchensprache des neu-

tralen Latein begonnen, bis es allmählich beiderseits zu hapern begann und mein bedenklich schulmeisterliches Lächeln bei einem kleinen Verstoß des einen oder andern immer mißlicher wurde. Nun war es Zeit, den bekannten Vorzug der lebenden Sprachen vor dem alten Klassizismus an den Mann zu bringen und meiner- seits mit französischen Zwischenbemerkungen versuchsweise ins Ge- spräch einzugreifen. Dessen war denn auch der Franzose meist froh und vergaß ob seiner geliebten Muttersprache rasch die kon- fessionelle Standeskluft zwischen sich und mir, um fortan sogar vorwiegend das Gespräch mit dem protestantischen Gaste zu führen und mit ihm über alles mögliche, Geistliche wie Welt- liche, sich zu ergehen.

Wirklich waren diese Curés in ihrer beständig getragenen langen schwarzen Amtstracht mit Schärpe der großen Mehr- zahl nach gar keine unrechten Leute jedenfalls für den Privat- verkehr, vielmehr überwiegend fein und französisch formgewandt, so daß sich mit ihnen bei unserem kurzen Zusammensein ganz gut auskommen ließ. Wie mir schien, waren sie vielfach ziem- lich dürftig und mager gestellt und auch sonst unter einer mir auffallenden asketischen Zucht. So zeigte uns z. B. unser Gast- freund von Flavigny das Rauchverbot des Bischofs von Lüne- ville an seine Geistlichen; und darüber konnte ich nicht umhin, den Mann lebhaft zu bedauern, da ja uns gerade im Feld- zug die Zigarre so oft als liebe und einzige Freundin böse Stunden mußte mitvertreiben helfen.

Zu den friedlichen und freundlichen Erfahrungen, welche ich, gewiß mit vielen anderen, in den französischen Bürger- quartieren machen durfte, bildeten nun freilich die Scenen des Requirierens oder nach dem Ausdruck unserer Soldaten des Rekurrierens einen oft recht peinlichen Gegensatz. Während später vor Paris die betreffenden wenig beneidenswerten Aus- flüge mehr in die Ferne zu gehen hatten, um etwas Nennens- wertes aufzutreiben, waren wir beim Durchmarsch durch be- wohnte Gegenden während der Kriegszeit ab und zu unfreiwillige Augenzeugen jenes drückenden Vorgehens, welches jedoch kein anderer, als eben der alte Napoleon selbst systematisch ins moderne Kriegsrecht eingeführt hat und das sich unter Um- ständen allerdings durchaus nicht vermeiden lassen wird.

Aber auf dem einzelnen davon Betroffenen lastete es in
der That schwerer, als alles andere. Wie schmerzlich, wenn
einer Familie auch noch die letzte Milchkuh, die ihr geblieben,
ohne Gnade aus dem Stall gezogen wird, um auf der nächsten
Wiese geschwind geschlachtet zu werden und binnen kurzem in
den hungrigen Soldatenmägen verschwunden zu sein! Nur etwa
die Haut, die Füsse und ähnliche Abfälle blieben den gierig
darauf lauernden Franzosen zurück, da zu ihrer Verwendung
den durchmarschierenden Truppen die Zeit nicht reichte. Ich
sehe das alte Weiblein noch, wie es in diesen Tagen einmal
bei einem solchen Vorkommnisse mitten auf der Straße den
dazu kommandierten Offizier kniefällig anflehte, ihr das Tier zu
lassen. Aber es war rein unmöglich; denn die Mannschaft
hungerte und brauchte schlechterdings notwendig die Nahrung,
bei der es überdies hieß: Was will das unter so Viele!
Jener Frau aber half es natürlich zunächst auch nicht viel,
wenn ihr vorschriftsmäßig ein Bon oder eine amtliche Be-
scheinigung für das vom Feind Entnommene zum Behuf späterer
französischer Zurückerstattung ausgestellt wurde. Ebensowenig
war sie wenigstens materiell entschädigt, wenn ich als leidig
dabei Stehender nicht umhin konnte, ihr mit einigen freundlichen Trostworten ein Zehnfrankstück in die Hand zu drücken,
das sie sehr erstaunt entgegennahm. Ich weiß es nicht mehr
ganz sicher, aber es ist recht wohl möglich, daß dasselbe eigentlich aus dem Fond geflossen ist, welchen die werkthätige Liebe
zu Haus namentlich in späterer Zeit uns Geistlichen zur Verwendung bei unseren eigenen Leuten reichlich zur Verfügung
stellte. Aber gewiß werden mir die freundlichen Geber eine
solche nicht ganz bestimmungsgemäße Verwendung, natürlich als
Ausnahmsfall, nachträglich verzeihen; denn sie ermöglichte doch,
mehr als mit bloßen Worten nach der bekannten drastischen
Mahnung des Jakobibriefs der weinenden Frau zu beweisen,
daß bei der militärischen Beschlagnahme ihres Besitzes keine
Brutalität roher Barbaren, sondern eben harter Brauch und
Recht des Kriegs vorlag, neben dem auch die Menschlichkeit bei
uns allen noch nicht erloschen war.

Aehnlich versöhnte man sich wenigstens allmählich doch
eher auch mit dem hartnäckigen „Lügen", d. h. Ableugnen etwa

noch vorhandener Vorräte an Eß- und Trinkbarem, worüber
man zuerst allgemein recht ärgerlich oder erbost zu sein pflegte.
Denn man lernte mit der Zeit auch unsererseits sich besser
in die mißliche Lage des Gegners hineindenken. Was wollten
in ausgesogenen Gegenden und an den Hauptlinien des Truppen-
durchmarschs — immerhin in beachtenswertem Unterschied von
glücklicheren Landstrichen — ein paar Laibe Brot oder etliche
Flaschen Wein heißen, welche mehr oder weniger scharfsinnig
versteckt den letzten Rückhalt des Besitzers bildeten, während Tag
für Tag Abteilung um Abteilung durchzog und immer die
gleichen Forderungen erneute? Ich selbst war einigemal veranlaßt, in der Not gegen gute Bezahlung die Franzosen um etwas
Brot oder Wein u. dgl. anzugehen und bekam es auch meist
um mein Geld und gute Worte, die fast noch besser zogen.
Aber jedesmal thaten sie bei der Ausfolge ängstlich geheim und
baten mich dringend, doch ja niemand zu sagen, wo ich es erhalten; denn „sonst kommen Ihre Leute alle nach und holen
sich vollends, was wir noch haben".

Unleugbar war jenes obige Requisitionswesen im größeren
Stil die Hauptursache, aus welcher auch das berüchtigte und
vielverschrieene Franktireurtreiben zu erklären und damit offen
gesagt einigermaßen zu entschuldigen ist. In manchen Schilderungen erscheinen diese Bursche einfach als ehrlose Busch-
klepper und Bösewichte. Auch bei uns überwog natürlich in
der ersten Erbitterung diese Auffassung, und war Franktireur
gleichbedeutend mit meuchlerisch feigem Schuft.

Aber bei ruhigerer und gerechterer Auffassung, zumal
nachher, stellt sich die Sache wenigstens ihrem Kern nach doch
erheblich anders; da erweist sich diese Seite des Kriegs, welche
allerdings zum widerlichsten gehörte, als eine zwar höchst un-
praktische, aber äußerst bauernmäßige Selbsthilfe, welche ohne
allen Zweifel im gegebenen Fall auch bei uns in Deutschland
ganz ebenso vorgekommen wäre und in früheren Zeiten bekanntlich vorgekommen ist. Denn allmählich und bei längerer Dauer
oder öfterer Wiederholung war der Druck des Requirierens
in der That etwas, was den von ihm weitaus am schwersten
und fast ausschließlich getroffenen Landmann zur Verzweiflung
treiben konnte. Alle List, alle Flüchtung und pfiffige Bergung

half nichts; man fand das Verborgene früher oder später doch, und wäre es auch im dicken Wald gewesen, wo die guten Vierfüßler nicht so weise waren, sich stille zu verhalten, bis der Feind vorbei war. Wenn da der Bauer in der Wut zur Flinte griff und sich hinter den Busch legte gegen den Feind, der ihn jedenfalls zunächst zu Grund gerichtet hatte, so mußte man ihn natürlich erschießen, wenn man ihn erwischte, aber ein Unmensch war er nicht.

Im übrigen muß ich offen gestehen, daß mir die geschilderten Härten des Kriegsrechts eigentlich doch hauptsächlich deswegen so peinlich erschienen, weil sie in völliger Ungleichmäßigkeit und unvermeidbarer Parteilichkeit den einzelnen Bürger als einzelnen trafen, während eine Menge anderer, die vielleicht weit besser gestellt und zugleich viel schuldiger waren, ungeschlagen und frei ausgingen. Denn ein Volk im Ganzen soll es immerhin empfindlich spüren, daß ein Krieg kein Kinderspiel ist, daß man aus Langeweile oder Mutwillen und eitler Ruhmsucht gegen den friedlichen Nachbar anfängt. Diese Erfahrung kann für ein andersmal zur heilsamen Warnung und Abschreckung dienen, weil ja nur gebrannte Kinder das Feuer fürchten. Daher ist auch die bekannte und zum Ueberdruß namentlich von den Franzosen selbst so stark betonte Unterscheidung zwischen dem feindlichen Heer (oder Kaiser) und dem fremden Volk in der Theorie schöner und richtiger, als sie in der Praxis rein und widerspruchslos sich durchführen ließ und läßt.

In solchen Gedanken blieb ich meinerseits jedenfalls durchschnittlich und im ganzen bei aller offen zugestandenen privaten Sympathie für meine französischen Bekanntschaften und Einzelberührungen von jener thörichten Empfindelei völlig frei, die eben einfach in keinen Krieg gehen sollte, so wenig wie jener Offizier, von dem ich wiederholt hörte, daß er es als Pietist für unchristlich und daher unerlaubt halte, auf die Franzosen zu schießen. Ob's wahr ist oder nicht, kann ich nicht verbürgen; mir jedenfalls ist dies merkwürdige Menschenkind nie vor Augen gekommen, wie es wohl auch bei solchen Ansichten an einem halbwegs richtigen Feldgeistlichen wenig Freude erlebt hätte. Denn offen und rückhaltslos habe ich im voran-

stehenden wie sonst die entgegengesetzten Gefühle und Stimmungen zum Ausdruck gebracht, welche die wechselvolle Tragödie
des Kriegs bei mir wie in jedem gesunden Gemüte hervorrufen
mußte. Eines anderen Widerspruchs war und bin ich mir
jedoch dabei nicht bewußt, als er eben von Haus aus in der
irrationalen Thatsache eines Kriegs im Zeitalter der Humanität,
der christlichen Bildung und Gesittung liegt. Aber hatten denn
wir ihn angefangen? War er uns nicht vielmehr in schnödester
Weise unter dem tollen Jubel des französischen Volkes als
solchen aufgenötigt worden?

Und so brauche ich auch nicht wie die Falschhumanen
aus lauter zartfühlender Gerechtigkeit und übertriebener Weichheit gegen den Feind, ungerecht zu sein gegen die eigenen Leute.
Vielmehr kann ich in aller Ruhe und doch streng bei der Wahrheit, soweit ich sie selbst erfahren, in diesem Kapitel noch eine
Weile fortfahren und außer den amtlichen Requisitionen samt
dem, was drum und dran hing, auch noch einiges von den
privaten Beziehungen, insbesondere vom eigenmächtigen „Rekurrieren" erzählen, welches natürlich in der Berührung unserer
Truppen mit dem ortsanwesenden französischen Bürger nicht
ausbleiben konnte.

Da meine man nun vor allem nicht, wenn man etwa die
starken Szenen von der Plünderung in Fröschweiler und Wörth
oder von der Erstürmung von Bazeilles und dergl. liest, daß
dies die stehende Form für das Verhalten der deutschen Truppen
gegen den französischen Bürger und seine Ortschaften mit deren
Hab und Gut gewesen sei. Nein! Das sind vielmehr doch
eigentlich Ausnahmslagen, wenn ein Dorf allerdings das schreck-
liche Unglück hat, mitten in den Hexenkessel einer mörderischen
Feldschlacht hineinzufallen und dieselbe im Verlauf, wie nicht
minder im nachtobenden Schluß mit durchzumachen. Alsdann
war und ist es menschenunmöglich und von der musterhaftesten
Mannszucht nicht zu verhindern, daß nicht in der fürchterlichen
Erregung Leibes und der Seele manches vorfällt, was die
Thäter, wieder ruhig geworden, nachher selbst bedauern. Derartiges ist eben das vollkommene Seitenstück zum Aufruhr der
Elemente, gegen deren Naturgewalt der Mensch gleichfalls un-
mächtig ist.

Ganz anders war es dagegen auf dem Marsch durch bewohnte Dörfer oder auch bei längerer Rast in denselben. Sicherlich ist es bei anderen deutschen Truppenteilen im wesentlichen, gerade so zugegangen wie bei uns. Aber den festen Boden persönlicher Beobachtung und Erfahrung habe ich natürlich vorwiegend nur bei der eigenen Division. Und von ihr, beziehungsweise von ihrem Kommando kann ich rund und gut bloß sagen, daß es in der Rücksicht gegen die französische Zivilbevölkerung und in der entsprechenden Zucht bei den eigenen Truppen am Ende eher zu viel, als zu wenig gethan hat, was freilich unter allen Umständen das löblichere von beiden Extremen genannt werden muß.

Voran stehe etwas, das zugleich vom ganzen deutschen Heer bekannt und natürlich ohne alle und jede Einschränkung nur mit größter Freude zu begrüßen ist. Betrifft es doch in der Berührung mit der fremden Bevölkerung offenbar den allerwichtigsten Punkt, und daher verdient seine fleckenlose Reinerhaltung eine unvergängliche Ehre der deutschen Feldtruppen für alle Zeit genannt zu werden. Ich meine die Behandlung des weiblichen Geschlechts oder das völlige Unterbleiben jeder Gewaltthat gegen dasselbe. Denn selbstverständlich fallen die sehr freiwilligen Beziehungen seiner schlechteren Elemente zu unseren Truppen namentlich in der späteren Zeit der Okkupation unter einen ganz anderen Gesichtspunkt. Jenes erstere aber ist vielleicht das einzige, worin selbst die Feinde nachträglich nicht umhin können, der Wahrheit so ziemlich die Ehre zu geben. Ihnen und ihren gallischen Gewohnheiten war wohl eine derartige Erscheinung denn doch gar zu auffällig und kam ihrem Leichtsinn am Ende gar wie ein Mangel an höherer Lebensart und feinerem Chic bei den teutonischen Barbaren vor, worüber man daher nicht wie sonst zu lügen für nötig hielt. Wir aber freuen uns, daß hierin in der That altgermanische Väterart und sonstige sittliche Elemente sicherlich unter uns gewirkt haben. Und daneben war es das größte humane Verdienst der amtlichen Mannszucht, welche in diesem Stück des Guten gewiß nicht zu viel that, wenn sie immer von Zeit zu Zeit namentlich auch den hierauf bezüglichen Abschnitt der Kriegsartikel verlesen ließ. So konnte kein Zweifel darüber

aufkommen, daß jeder bekannt werdenden Gewaltthat gegen
Frauenzimmer in unerbittlicher Strenge alsbald eine deutsche
Kugel sicher sei. Es wurde aber nie etwas bekannt, soviel ich
irgend weiß; und das ist bei der keineswegs zimpferlichen
Klagebereitschaft der Franzosen der mathematisch sichere Beweis
dafür, daß auch nie ein entsprechender Fall vorkam. Das
Heer mit seinen Hunderttausenden ist in der viel bedenklicheren
Zeit des Krieges durchaus davor bewahrt geblieben; ich denke,
das könnte auch für den Frieden und die lebenswahre Kraft
der Abschreckung einen lehrreichen Wink geben! — Gleichfalls mit
drakonischer Strenge, über deren Maß sich schon eher streiten
läßt, wurde aber bei uns für's andere z. B. gegen Raub vor-
gegangen, wenn ein Soldat in einem bewohnten Haus vor
dem Besitzer und unter bewaffneter Bedrohung desselben sich
etwas nennenswerteres angeeignet hatte und zur Anzeige kam.
Ich erinnere mich noch ganz gut, wie am Tag vor Seban ein
Mann vom Sanitätszug auf offenem Feld darob verhört und
wenn ich mich genau entsinne zu 20 Jahren Galioten- oder
Sträflingsdienst verurteilt wurde. Freilich ging er bald durch
und soll zu den Franzosen hinübergelaufen sein, wo er wohl
verkam — eine bitterböse Strafe für ein paar mit Gewalt
genommene Hemden!

Aber auch dem bloßen Stehlen wurde noch von seiten
des Kommandos verhältnismäßig streng auf die Finger gesehen. Ja, ich möchte bei derjenigen Art von Diebstahl, um
welche es sich hier zunächst handelte, beinahe die Behauptung
wagen, daß es teilweise doch etwas gar zu streng und peinlich und
in einer Weise geschehen sei, welche zumal in der Zeit der
amtlichen Requisitionen für das sittliche Bewußtsein der Truppen nicht immer so ganz verständlich war. Denn um was
drehte es sich meist in diesen Wochen? Verschieden von den
Vorkommnissen in ganz oder halbverlassenen Gegenden, worüber
später, war vorläufig der sogenannte Diebstahl ganz überwiegend „Mundraub", also die leichteste Form von Eigentums-
verletzung. Dazu kam noch ein weiteres. Bisher waren wir
durch ziemlich arme Gegenden oder solche gekommen, welche
französischer und deutscher Durchzug stark ausgesogen hatte.
Hier war also nicht nur weniger zu holen, sondern wurde

namentlich auch jede weitere Wegnahme viel schmerzlicher em-
pfunden. Jetzt aber, zumal in den Wochen unmittelbar nach
Sedan, welche ich für diesen Punkt hier vorausnehmen möchte,
führte uns unser Marsch der Marne entlang sogar durch ungewöhnlich blühende, sichtlich sehr wohlhabende und keineswegs
ausgesogene Landstriche. Da rückt vielleicht einmal der Mann
abends ermüdet und erschöpft ins Quartier oder in ein Biwak
beim nahen Dorf ein. Die amtliche Beköstigung ist mager
oder läßt auf sich warten. Aber die Findigkeit und Schlauheit des Soldaten weiß in verborgenen Kellern und Kammern
allerlei Eß- und Trinkbares aufzuspüren, das im stande ist,
ihm aufzuhelfen. Gelang die Ausführung, ohne daß der Franzose es rechtzeitig bemerkte, so war das allerdings privatim
und nicht gesetzlich Requirierte unter dem Beistand der Kameraden rasch verschwunden; denn brauchen konnten sie es, und
bloßer Mutwille oder Zeitvertreib war es selten. Kam aber
der Besitzer dazu oder bald dahinter, so gab es alsbald schweres
Geschrei und hochentrüstetes Laufen zum General oder Colonel,
wie dann zur einschmeichelnden Empfehlung der Beschwerde
vom Leutnant an alles Kommandierende hieß.

Ich kann wirklich nicht umhin, bei der Rückerinnerung
an diese oft gar nicht so himmelschreienden Sachen und Säch-
lein unter meist reichen und wohlgenährten Franzosen auf eine
vielleicht nicht ganz pastorale Weise ironisch zu werden. Denn
in der That waren letztere bei ihren Klagen im Vertrauen auf
unsere straffe Mannszucht doch zuweilen auch gar zu naiv,
um nicht zu sagen unverschämt. So kommt einmal einige
Zeit nach Sedan bei Chateau Thierry mein Quartierwirt, mitten
in einer überreich mit Obst gesegneten Gegend, wehklagend zu
mir aufs Zimmer und beschwert sich bitter, daß ihm einer
meiner Soldaten im Garten — einen Apfel an einem Spalier
gestohlen habe. Und da sollte man sich miterhitzen! „Non,
monsieur, c'est la guerre dans sa forme la plus calme, nein,
mein guter Mann, das ist der Krieg noch in seiner mildesten
Form," antwortete ich mit ihrer eigenen Lieblingsformel und
drehte mich um, während der Franzose ob solchem unerwarteten
Mangel an sittlicher Entrüstung auf meiner Seite schwer enttäuscht sich trollte. Vorher hatte der gleiche Mensch ein paar

verlaufene Bayern, die ganz ordentlich ums Geld etwas bei
ihm haben wollten, schnöd zu betrügen versucht, daß ich mich
bereits hatte ins Mittel legen müssen. Und nun kam er mir
mit seinem Spalierapfel! Ich meinte in solchen Fällen eben
immer, die Franzosen dürften bedenken, daß wir doch eigentlich
nicht zu unserem freien Privatvergnügen auf der Lustreise bei
ihnen seien, sondern schließlich doch durch ihre Gesamt-
schuld herausgerissen aus unserer Heimat und hineingeworfen
in gar mancherlei Entbehrung, Not und Gefahr. Da hätten
sie zum mindesten bei Bagatellen immerhin ein vernünftigeres
und gegen sich selbst strengeres Einsehen haben können, statt
vielfach gar zu eingebildet im Augenblick die bitter gekränkte
Unschuld aufzuspielen und sich zu gebärden, als wäre nur auch
jede Antastung des Eigentums der „großen Nation" alsbald
ein Majestätsverbrechen, das um Rache gen Himmel schreie.

Freilich war mein obiger Apfelkläger im formellen Recht
auch vom Standpunkt unserer eigenen damaligen Disziplin
cus, wie ich zur Kennzeichnung derselben und ihrer weitgehen-
den Rücksichtnahme auf das französisch bürgerliche Eigentum
ausdrücklich noch erwähnen möchte. War uns doch in jenen
Tagen vor und nach Sedan beim Durchmarsch durch eine geradezu von Obst strotzende Gegend bestimmt verboten, uns an
demselben zu vergreifen. Das ließ sich ja vom gesundheit-
lichen Standpunkte aus gerne hören; allein ausdrücklich war
als Hauptgrund die Schonung des Privatbesitzes bezeichnet.
Mochte das begreifen, wer wollte; mir war es kaum möglich
und passierte daher leider auch einmal, daß ich nur so geschwind
beim Vorbeireiten einen Apfel vom brechend vollen Baum an
der Straße herunterholte — ich hätte es im besten Freundesland gewiß ebenso gemacht, so wenig ich jedoch leugnen
will, daß es im vorliegenden Falle wenigstens des Beispiels
halber entschieden zu tadeln war. Und wirklich wäre es mir
beinahe schlimm bekommen. Denn mein Unstern hatte mich
das zu oft schon gehörte Signal „Rechts halten!" überhören
lassen, also daß der schneidige Divisionsgeneral genau im selbigen Augenblick an mir und meinem sich bäumenden Pferd
vorbeigaloppierte. Natürlich hatte er mit seinen disziplinstrengen Falkenaugen über der scharfgeschnittenen Nase meine

Missethat gesehen, hatte aber zum Glück drei Tage vor Sedan
besseres zu thun, zumal im Regen, als sich dabei aufzuhalten,
und ließ mir's wohl nur deshalb gnädig hingehen. Aber noch
in Kehl beim frohen Festmahl des Rückmarsches, dreiviertel
Jahre nachher, meinte er gegen meinen anwesenden Kollegen
unter freundlicher Erkundigung nach meinem Befinden lachend:
„Na, einmal hat er aber doch auch verbotene Requisition getrieben,
als er sich vor meinen Augen die Aepfel vom Baume herab-
nahm!" Vielleicht ist gerade eine solche persönlichst erlebte
Kleinigkeit doppelt bezeichnend für den Geist und das Maß der
Disziplin, welche bei uns herrschte, und mag einen lachen
machen über gar manche französische Schauergeschichten von
Raub und Diebstahl, die man bekanntlich lesen kann. Wurde
doch ein anderesmal ein Soldat meiner Brigade, der als Er-
satzreservist durch die Champagne zog, von seinem kommandierenden Offizier sogar mit dem Revolver angeschossen, weil
er, trotz wiederholtem Verbot an die Mannschaft, vermeintlich zum Traubenstehlen in einen der ebenen Weinberge
an der Straße ausgetreten war. Der Offizier hatte freilich
von da an durch den prompten Mutterwitz der Soldaten den
stehenden Spottnamen des „Wengertschütz" (Weinbergschütze
oder Hüter) für den ganzen Feldzug auf dem Hals.
    Alles in allem bin ich überzeugt, daß die französische
Bevölkerung mit der Behandlung von seiten unserer Truppen,
natürlich den Umständen entsprechend, zufrieden sein konnte.
Zuweilen sprach sie es auch wirklich aus oder ließ wenigstens
verlegen durchblicken, daß sie sich bei uns besser stelle, als bei
ihren eigenen Prätorianerscharen mit deren sehr geringem Maße
von Zucht und Ordnung. Denn darin lag ja neben manchem
anderen der große Unterschied. Wir waren keine heimatlose
oder doch nur in der Kaserne eingelebte Berufstruppe, sondern im besten Sinne ein Volks- und Bürgerheer. Ein solches
aber besaß trotz allem und allem auch gegen den Bürger und
die Familie im Feindesland das richtige Maß von Herz und
Verständnis, wo es am Platze war. Der bejahrte Landwehrmann
empfand es zwar doppelt schmerzlich, von zu Hause abwesend
zu sein, wo sein Fehlen so tief in das Ergehen der Seinen
einschnitt. Und ein solcher mag deshalb dann und wann in

einer Hinsicht härter und rücksichtsloser gewesen sein, als die jüngere Mannschaft; aber das wurde doch wieder aufgewogen durch die daneben sich findenden weicheren und milderen Seiten eben seines Wesens. Wie konnte der bärtige Krieger z. B. angesichts der Kinder in den fremden Quartieren kalt bleiben oder roh sein, er, für den selbst in der fernen Heimat Weib und Kinder zitterten? Mußten nicht solche Erinnerungen ans Eigene ihn weich machen und den ersten harmlos neutralen Berührungspunkt, die allgemeinmenschliche Brücke zwischen ihm und den Quartierleuten bilden? Manches idyllische Friedens= bild mitten im Krieg war in dieser Hinsicht zu verzeichnen.

Sehr wertvoll erwies sich auch in dieser Hinsicht die deutsche Einrichtung der Provinzial=Armeekorps anstatt einer Zusammenwürfelung der Truppen aus allerlei Gegenden und Stämmen der Nation wie bei den Franzosen. Denn nicht bloß militärisch wird sicherlich die Gesamtleistung durch den gesunden Wetteifer der einzelnen Teile erhöht und unter Umständen eine leonidasartig hochgespannte Tapferkeit erzielt, wenn einer Truppe gerade die Verteidigung des eigenen naheliegenden Heimatherds zufällt. So war es bei den wackeren badischen Schwarzwäldern im Kampf gegen Bourbaki, dessen Einfall zunächst ihr schönes Ländchen bedrohte. Aber „keiner von diesen Chaiben (ale= mannisch für Lumpen) kommt 'nüber!" ging es als stille Losung durch die Reihen der Tapferen auf den Schneefeldern an der Lisaine. So hat mir ein Vetter erzählt, der sich dort als freiwillig mitkämpfender Achtzehnjähriger für wenige Jahre später den Tod holte.

Vor allem jedoch möchte ich von meinem Standpunkt aus den eigentümlich sittlichen Wert hervorheben, der nach meinen vielfachen Erfahrungen in jener Einrichtung lag. So= gar im Felde, wie schon in der Garnison, konnte der Soldat lange nicht so verwildern und herunterkommen, wenn er sich immer unter engeren Landsleuten oder gar Orts= und Schul= kameraden bewegte und dadurch stets an die bürgerlich friedliche Heimat gemahnt wurde. Fürchtete er sich nicht vor Gott oder seinem inneren Gewissen, wußte er in den Ausnahmslagen des Kriegs der militärischen Zucht auszuweichen, so fürchtete und scheute er sich doch vor der etwaigen Nachrede des Genossen,

5*

der mit ihm seinerzeit wieder in den alten Kreis der Bekannten
und Verwandten eintrat. Ich bin wirklich überzeugt, daß von
der durchschnittlich so tüchtigen sittlichen Haltung unseres Heeres
gegen Haus und Hof, Ehre und Familie des französischen
Bürgers ein gutes Teil eben dieser veredelnden und erziehend-
wirkenden echt deutschen Ordnung zu danken war. —

Im Voranstehenden habe ich mir erlaubt, die verschie=
denen Erlebnisse und Beobachtungen namentlich hinsichtlich des
Verkehrs mit der französischen Bürgerschaft an das Quartier-
bild von Sermaize anzuknüpfen. Denn dieses steht schon
wegen des scharfmarkierten Gegensatzes zu den gleich nachfol=
genden Tagen als friedlicher Ruhepunkt bei vielen von uns
in besonders lebhafter Erinnerung. Aber mit letzterer mochten
gerne die ziemlich ähnlichen Wochen zusammenfließen, welche
nach den ersten Septembertagen uns gleichfalls noch durch
dichtbevölkerte Gegenden und Quartiere in verhältnismäßig
ruhigeren Märschen führten und damit Gelegenheit gaben, Land
und Leute näher kennen zu lernen.

Mitten inne jedoch liegt das großartige Kriegsdrama
von Sedan. Es ist Zeit, daß wir uns ihm zuwenden und
zwar zuerst den unvergeßlichen Eilmärschen, welche auch uns
Württemberger, so viel ich weiß als äußersten linken Flügel
der Rechtsschwenkung dorthin auf den Plan führen sollten.

Kaum hatten wir am 27. August die Bahnlinie hart
bei meinem Quartier überschritten, so erfolgte auf der Straßen=
kreuzung uns Laien völlig überraschend im genauen rechten
Winkel die Abbiegung von der seitherigen Richtung nach
Châlons, wo wir die Hauptschlacht sicher erwartet hatten.
Aber rasch erfuhr man jetzt allgemein den Grund der Marsch=
veränderung, hörte, daß es gelte, in Eilmärschen durch die Ar=
gonnen mit ihrem vielen Niederholzwald unserem alten Be=
kannten von Wörth, dem Marschall Mac Mahon einen aber=
maligen Besuch abzustatten.

Es war gut, daß man dies aufregende Ziel vor Augen
hatte, um den ungewöhnlichen Anforderungen zu entsprechen,
welche in diesen paar Tagen an die marschierenden Truppen
bald bei strömendem Regen, bald namentlich ·in drückender
Augusthitze gestellt werden mußten. Aber schon am 29. zeigten

Brandwolken in der Ferne, daß es in kurzem Ernst werden würde. Zwar gestaltete sich unser Biwak bei Vaux-les-Mouron noch einmal fast idyllisch, da wir in hübschen Laubhütten kampierten, als hielten wir das jüdische Fest in der Wüste, wofür freilich ein benachbartes Birkenwäldchen seine Stelle hatte wechseln müssen. Am folgenden Tag jedoch erschienen bereits die wohlbekannten Pappdeckelkreuzchen der verbrauchten Chassepot-patronenpäckchen auf dem Weg und bewiesen in einbringlicher Mahnung die beginnende Fühlung mit dem Feind, den wir nun seit drei Wochen nicht mehr gesehen hatten. Und vorne dröhnten dumpf über den Wald von le Chêne populeux auch wieder einmal die Kanonen herüber, diesmal von dem Kampf der Bayern und Sachsen bei Beaumont.

Immer stärker wird die Zusammendrängung der Kolonnen, welche alle Einem Mittelpunkt zustreben, oft drei bis vier nahe bei einander, aber auf verschiedenen ihnen zugewiesenen Wegen, die einen auf der Straße, die andern quer über das Ackerfeld und Wiesen: trotz manchen Halts und mancher unvermeidlichen Kreuzung eine wahrhaft musterhafte Leitung der Höchstkommandierenden, welche jedem unwillkürlich die größte Achtung und unter allen Strapazen das vollste Vertrauen zur führenden Hand des guten Vater Moltke einflößen mußte. Dem marschierte man gerne; fühlte man doch, daß es keine unüberlegten Kreuz- und Querzüge seien, in denen man sich nutzlos hätte plagen müssen.

Allmählich gestalteten sich die Wege namentlich bei den Dörfern mehr als unwegsam; sie waren vielfach abgegraben oder mit tiefen wolfsgrubenartigen Einschnitten zur Seite versehen, um uns aufzuhalten und besonders die nicht mehr vermeidlichen Nachtmärsche zu erschweren. Einmal retteten mich nur die besseren Augen meines Pferds, das krampfhaft zur Seite drückte, vor dem schönsten Hineinstürzen in die Grube, in welcher bereits ein preußisches Fuhrwerk zertrümmert lag. Eigenartig und malerisch aber war es, wenn an einem dieser Abende die Infanterie mit Laternen an den Bajonetten als sehr ungewöhnlicher Fackelzug die Thalmulde hinaufzog. Am betreffenden Tag, 30. August, kamen wir erst gegen $\frac{1}{2}$12 Uhr im Biwak zu Berlières an, wo aber beinahe jedermann zum

Abkochen zu müde war und in Gottesnamen hungrig die Ruhe
auf dem blanken Ackerfeld suchte; denn Stroh gab es auch
keins. Ich für meine Person probierte es zweifelhafter Ge=
sundheitsumstände wegen, ob sich die Nacht nicht besser im
Einspännergefährtchen meines Kaplans mit diesem sitzend verbringen lasse, nachdem wir als einzige Mahlzeit ein vom
guten Eermaize mitgenommenes kleines Fläschchen wohlfeilen
Halbchampagners zur Stärkung miteinander zu uns genommen
hatten. Die Pferde aber waren zur Nachtruhe an die Räder
unseres Fuhrwerks gebunden und glücklicherweise gleichfalls zu
ermüdet, um noch Thorheiten zu machen; sonst hätte sich wenigstens das Meinige die schöne Gelegenheit nicht entgehen lassen.
Doch, was wollte alles Absonderliche und jede Beschwerde heißen?
Lagen wir nicht im Biwak auf derselben Stelle, wo noch am
Morgen die französischen Batterien gestanden hatten?

Der folgende Tag sollte vollends das Netz um Sedan zu-
ziehen. Da galt es sich zu sputen, damit man von den Schwaben nicht sagen könne, sie seien zu spät auf ihrem zugewiesenen
Posten erschienen. Zwar fielen zuletzt die auf den Tod ermat=
teten Soldaten rottenweise ab und lagen miteinander am Graben=
rand, nicht mehr vereinzelt, wie früher, schon weil die fühl=
barste Nähe des Feinds dies wenig rätlich machte. Aber sie
hielten alle ihr Versprechen, sicher nachzukommen, sobald sie nur
ein wenig ausgeruht. Schon dämmerte es stark, als es hinab=
ging in den Thalkessel der Maas bei Flize. Hier hatte die
heutige Spitze der Division, die 2te Brigade, wiederum wie
bei Wörth den ersten kleinen Zusammenstoß mit den Truppen
ihres Mac Mahon von damals, welche sie über die Maas hin=
überzuwerfen beauftragt waren. Ein Toter im Straßengraben,
wenn ich mich im Halbdunkel nicht irrte leider wieder einmal
ein Zivilist, war uns Nachrückenden das erste Anzeichen des vor=
gefallenen Zusammentreffens. Dazu loderten allmählich schauerig
schön in der Tiefe und an den waldigen Berglehnen hinauf
wie in einem Amphitheater die Lagerfeuer der Deutschen,
welche von allen Seiten angekommen waren. Auch wir erreichten
endlich auf heillos zerstörten Wegen und über kaum noch halt=
bare Brücken unser Biwak zu Etrepigny, um dort gegen 11 Uhr
an einer warmen Suppe und einem Schluck Wein die erste

eigentliche Mahlzeit des Tages zu erhalten. Die Nacht war nebelfeucht und empfindlich kühl trotz tüchtiger Feuer, um die wir lagen, und fernher dröhnte noch ein mächtiger Knall, ehe wir einschliefen; er kam von einer französischen Brückensprengung, wie wir andern Tags erfuhren.

Aber jedenfalls war auch unsere Division rechtzeitig, wenn schon mit Aufbietung aller Kräfte an ihrem vorher bestimmten Platz eingerückt, die eherne Kette um den Feind als letzter Ring zu schließen. Denn wir hatten, wie ich hörte, den weitesten Weg gehabt und freuten uns nachher aller Strapazen, als gerüchtweise verlautete, Moltke sei an diesem entscheidungbrütenden Abend neben der gedeckten Tafel und seinen wartenden Offi- zieren natürlich schweigend auf- und abgegangen, bis eine Or- donnanz erschien und ihm auch vollends unser richtiges Ein- treffen zum morgigen „Schach dem Kaiser!" vermeldete. Von letzterem freilich, das heißt von der dramatischtragischen Mit- anwesenheit Napoleons selber in Sedan wußte man wenigstens unter uns noch nichts.

Kaum lagen wir im ersten Schlaf, soweit die herbstliche Kälte ihn erlaubte, als wir schon morgens gegen 1/2 3 Uhr zum großen 1. September wieder geweckt wurden. Auf seinem hohen Fuchshengst war der Brigadeadjutant ins Biwak gesprengt und rief mit schallendem Auf! Auf! zum sofortigen Abmarsch. Der dickste Nebel bedeckte die Gegend an der Maas- niederung, daß man kaum fünf Schritte vor sich sehen konnte, wie es nun durch Flize hindurch gegen den Fluß vorging. Ein kurzer Halt reichte gerade knapp, um in Eile am Weg Kaffee abzukochen, der gehörig stark wie immer und heiß, wenn auch ohne Milch und Zucker treffliche Morgenstärkung gewährte. Da die gewöhnliche Kettenbrücke von den Franzosen gesprengt worden war, hatten unsere Pioniere geschwind um Mitternacht eine Schiffbrücke geschlagen, gedeckt vom Nebel und von der 1ten Kompanie meines Jägerbataillons, die auf Kähnen voraus zur Säuberung des jenseitigen Ufers übergesetzt worden war. Für uns aber bezeichneten jetzt flatternde Ulanenfähnchen den sonst kaum findbaren Weg von der Straße ab über das Ackerfeld zur Brücke bei Roubion, wo der Divisionsgeneral in sichtlicher Erregung und mit wiederholtem „Nur rasch

vorwärts!" uns nochmal prüfenden Augs an sich vorbei=
ziehen ließ.

Bald fiel der Nebel und brach die Sonne zum schönsten
Herbsttage durch. Da mein Sanitätszugskommandant wie öfters
sich bei der Wahl der Wege in allzu feiner und scharffinniger
Strategie gefiel, fürchteten wir anderen, die Brigade aus dem
Gesicht zu verlieren, weßhalb ich mit unserem Stabsarzt (da=
mals nur Regimentsarzt oder schlechtweg Doktor genannt) allein
vorausritt, den Truppen nachzukommen. Denn heute wenn je
wollte man ja gewiß nicht zu spät an seinem Platze sein.
Hieß es doch allgemein, daß wir diesmal sicherlich ernst dran
kommen und zwar an einem wichtigen Punkt nahe beim Zentrum,
wobei meiner 3ten Brigade überdem die Stelle an der Spitze
der Division zugefallen war.

Wie ich nun mit meinem Genossen in erwartender Span=
nung so vorritt, kamen wir an einem Marienbild vorbei,
dessen Stufen über und über mit frischen Blumen und Kränzen
geschmückt waren. Einen kirchlichen Fest= oder Feiertag wußte
ich nicht in der Nähe, und so konnte ich mir den eigentümlich
bewegenden Anblick kaum anders als aus der Kriegslage heraus
erklären. Wie viele französische Gebete für den Sieg der eigenen
Waffen und Söhne mochten wohl den Tag vorher vor dem
stummen Bild zum Himmel emporgesandt worden sein, gewiß
nicht weniger, als von deutscher Seite für unseren Sieg! Vorne
hatten bereits die beiderseitigen Kanonen ihr gewaltiges Streit=
gespräch hinein in den schönen Geburtstagsmorgen des Septem=
bermonats — und des neuen deutschen Reichs — gegen einander
eröffnet. Und waren nicht bei roher oder wenigstens unvor=
sichtig massiver Auffassung die beiderseitigen Gebete der feind=
lichen Völker auch eine Bombardierung des Himmels durch die
eigenwilligen Menschenkinder, um seinen Beistand je für ihre
Partei zu erzwingen? Wie lösend in diesem Zwiespalt, der
mir noch gar oft zu schaffen machte, kamen mir bei solchen
stillen Gedanken die Worte des berühmten Kirchenliedes in den
Sinn: „Bist du doch nicht Regente, der alles führen soll; Gott
sitzt im Regimente und führet alles wohl!"

Lange aufgehalten durch endlose Kolonnen schleswigholl=
steinischer Artillerie und des V. Korps, welches sich uns quer

vorschob, erreichte ich nach einiger Zeit glücklich die eigenen
Truppen, aber eben wieder wie bei Wörth und fast noch mehr
als dort zu allgemeinem Bedauern in der Reservestellung. Kaum
vermochten namentlich die Offiziere sich darüber trösten zu lassen
durch die Versicherung, daß unsere Division wenigstens als Reserve dennoch den unter Umständen wichtigsten und gefährdetsten
Punkt einnehme, nämlich als Thalsperre bei Doncherh, gegen
welche ein möglicher Durchbruch des eingeschlossenen Feindes
seinen verzweifelten Hauptstoß richten würde.

Inzwischen konnten wir von unserem vorläufigen hohen
Standort aus nur zusehen, wie die Schlacht namentlich mit un-
erhörtem Artilleriefeuer an den Berghöhen ringsumher über
dem Sedaner Kessel wild und wilder tobte. Hiezu war es
darunterhinein ein tragikomischer Gegensatz, wenn unsere Jäger
zufällig auf einem Acker mit gelben Rüben lagerten und ganz
friedlich eine um die andere auszogen, mit dem Faschinen-Messer
putzten und als Mittagessen verspeisten. Ich lag unter ihnen
und bekam auch eine recht schöne, da einer der guten Bursche
seinem Kameraden zurief: „Du, schmeiß' auch dem Pfarrer eine
'nüber, der hat g'wiß auch Hunger." Sehr wahr bemerkt, nur daß
ich vor sonstiger Erregung bisher kaum daran gedacht hatte!

Schon ging es gegen Nachmittag, als endlich der erlö-
sende Befehl Bewegung in die Division brachte und wenigstens
meiner Brigade vergönnte, an dem weltgeschichtlichen Tage
doch auch ihren obschon kleinen Beitrag zu der großen deutschen
Gesamtleistung zu geben und damit unvergeßliche persönliche Erinnerungen an diesen Markstein in der Geschichte unseres Volks
bescheiden zu knüpfen.

Zunächst schwenkt das Jägerbataillon ab, die walbigen
Hänge hinauf, und bald verkünden verdächtige Brandwolken
eines brennenden Dorfs, daß unter anderem auch wieder Zivilisten und Franktireurs sich in den Kampf gemengt. Ich schloß
mich den gleich nachher abrückenden Achtern an, die nach kurzem
Marsch Halt machen und die Gewehre rasselnd laden. Was
gibt es eigentlich? fragt man sich. Bald wird es uns kund,
wie es wieder über die Schiffbrücke vom Morgen zurückgeht.
Denn der begleitende preußische Husarenrittmeister vermeldet,
man habe einen Ausfall aus der Festung Mézières entdeckt,

der unsere Brücke und damit unseren Rücken bedrohe, um denen in Sedan für einen Durchbruch die Hand zu bieten. Das ging nicht an, und die Ausgefallenen mußten um jeden Preis schleunigst wieder zurückgeworfen werden. Warum waren sie nicht als Garnison in Rom geblieben, von wo sie ein paar Tage zuvor auf den französischen Kampfplatz nach Mézières abgezogen waren, wie wir gleichfalls erfuhren.

Hinter dem Dörfchen Ayrelles, wie es meines Wissens hieß — denn auf einer Karte finde ich es nicht — waren wir eben auf offenem wellig gewölbten Ackerfeld abgestiegen, und die Truppen begannen sich zu ordnen. Auch ich befand mich mit den Aerzten noch unter ihnen, von einigen befreundeten Offizieren Abschied zu nehmen. Da beginnt unsere Artillerie auf einem Hügelchen zur Linken, den uns noch unsichtbaren Feind zu begrüßen. Der aber bleibt die Antwort keinen Augenblick schuldig. Denn sofort sausen auch seine Granaten gegen die Infanterie, während die Artillerie überwiegend mit harmloseren, weil viel zu hoch geschossenen Shrapnels bedacht wurde. Und da war nun unter uns einer der ersten Verwundeten der Regimentsarzt, den eine zerspringende Granate am Auge getroffen, daß er mit blutüberströmtem Gesicht gar übel anzusehen daher kam. Natürlich mußte er und sein Bataillonskollege sofort zurück mitsamt unseren Bedienten, welche die wild sich bäumenden Pferde kaum fortzubringen wußten. „Das fängt mit den Zivilisten sogleich gut an," mußte ich denken. Aber ungesucht und ungeahnt, wie ich in diese Lage mithineingekommen, darf ich ehrlich und getrost sagen, daß es meinem Gefühl widerstrebte, mich beim ersten Ernstfall von meinen gleichfalls noch wartenden Truppen gar zu rasch zu entfernen, zu denen ich so oft schon vom tapferen Mut und unerschrockener Mannhaftigkeit hatte reden dürfen. So blieb ich hinter der Linie, bis sie nach einiger Zeit aufbrachen und ich ihnen ein herzliches „Behüt' euch Gott, Kameraden, kommet glücklich wieder" als Abschied zurufen konnte. In der kurzen, aber scharfen Zwischenpause, die ich hier verbrachte, war die Mannschaft nach den ersten gutgezielten Granaten auf den Boden kommandiert, während die Offiziere je an ihrem Platz standen, und so auch ich. Daher jagten jetzt die Geschoße meist unschädlich über die ge-

deckten Bataillone weg durch die weiten Offizierslücken hindurch
und schlugen hinten in meiner Umgebung ein. Das grillte und
heulte nun allerdings ganz eklig, wenn einem die Granatsplitter
in mißtönigster Musik um die Ohren flogen und den Rock
streiften. Ihre erste nahe persönliche Bekanntschaft hatte ich drei
Wochen früher im Wald bei Lichtenberg gemacht, solange die
dortigen Franzosen noch richtige Munition hatten, bis sie zuletzt mit Vollkugeln und dann gar nicht mehr schossen. Aber
heute war es doch noch ein anderes Ding. Da schlägt mir zu-
guterletzt eine unmittelbar vor den Füßen ein; aber ich hatte gerade vorher einen gewiß berechtigten Seitensprung gemacht, wie
eine andre an meiner Seite platzte. So ging es ehren- und
anstandshalber nicht an, vor den zusehenden Augen der Truppen
durch abermaliges Ausweichen den naheliegenden Spott zu er-
regen. Also in Gottesnamen ruhig gestanden und die geliebte
Zigarre resigniert aus dem Mund genommen, um eben auch wie
ein Soldat mit dem jungen Leben abzuschließen. Da mir dasselbe aber keineswegs entleidet war, so vernahm ich nach ein
paar stillen Sekunden mit größter Genugthuung jenes kurze
Aufzischen der wirkungslos ausbrennenden Zündmasse. Die
Granate war wie so viele im weichen Ackerboden erstickt, ich aber
konnte heil und getrost jetzt ruhigen Schritts von dannen gehen
und hatte meine ungesuchte Feuertaufe mit Ehren bestanden.

Auf dem etwas weiter rückwärtsliegenden, wenn auch
keineswegs schon granatsicheren Verbandplatz, welcher deshalb
lieber keine, am Ende nur zielangebende Sanitätsfahne auf-
steckte, traf ich jetzt u. a. den Regimentsarzt, welcher als erster
Verwundeter dennoch bereits sich zum pflichtgetreuen Amtieren
als Heilender anschickte. Denn zum Glück war seine Verwundung, eine Durchschneidung des Augenlids, bei näherem Zusehen viel leichter, als sie sich im ersten Anblick ausgenommen hatte.

Aber jetzt hätten die alsbald zu erwartenden weiteren
Verwundeten oder Sterbenden auf die rauhen Ackerschollen hart
gebettet werden müssen. Das durfte nicht sein. Weil jedoch
alle verfügbaren Leute vollauf anders beschäftigt waren, erbat
ich mir als noch Unbeschäftigter, um nicht formell eigenmächtig
zu sein, von dem ranghöheren Arzte den gern erteilten Auftrag,

für Stroh als bessere Lagerstätte unserer Pfleglinge zu sorgen. Denn ich hatte beim Durchreiten des ein paar Minuten hinter uns liegenden Dorfes gesehen, daß sicher welches dort zu haben war. Also hinein in das Gehöfte und nachgesehen! Es lag still und veröbet da; von den Unsrigen war zunächst niemand mehr darin, und die Franzosen schienen sich mit wenigen Ausnahmen, welche scheu und vereinzelt durch die Straßen schlichen, geflüchtet oder verborgen zu haben.

Wie ich nun balb vor eine Scheune kam, ist sie natürlich festverschlossen; aber Not bricht Eisen und meine armen Verwundeten mußten für ihre zerschossenen Glieder wenigstens ein erträglich weiches Lager erhalten. So trete ich eben die kleine Teilthüre des Scheunenthors geschwind ein und suche drinnen das Gewünschte. Auf der Tenne findet sich nichts, wohl aber sind oben auf dem Barren allerdings noch ungedroschene Garben aufgespeichert. So hole ich mir die Leiter aus der Ecke und steige hinauf, um herunterzuwerfen, was ich brauche. Wie ich nun in diesem Geschäft begriffen bin, höre ich drunten auf der Tenne ein Geräusch, und wahrhaftig, da steht der Franzose in dem Dämmerlicht, welches einzig durch das eingetretene Thürchen fällt, und beschaut sich mein Treiben in der Höhe mit dem begreiflichen Ingrimm des Besitzers. Nun weiß ich blitzschnell, daß es hier Aug in Aug, allein und isoliert mit dem gereizten Feinde gilt, klaren Kopf und ruhig Blut zu bewahren, sonst ist es um einen von uns oder um beide geschehen und kein Hahn kräht in der abgelegenen Scheune darnach. Für meine Person verspürte ich aber keine Lust, zum zweitenmal an diesem Nachmittag mit dem Leben abzuschließen; einen Franzosen ohne bringende Not zu töten war jedoch sicherlich ebensowenig meines Amts; also wählte ich den Mittelweg von scharf und mild. Ich zog droben auf der Leiter, ohne meinem Gegenüber Ueberraschung oder Unruhe zu zeigen, den Revolver aus dem Täschchen, das ich schon seit längerer Zeit auf gewisse Erfahrungen hin unter dem Rock umgeschnallt trug, und begann mit dem Finger am Drücker dem Franzosen, der zu seinem Glück meinem bedenklichen Standort nicht näher trat, Sinn und Anlaß meiner Anwesenheit in seinem Eigentum und meines notgedrungenen Schaltens mit demselben gemütlich auseinanderzusetzen. Diese meine franzö-

fische Leiterrede muß namentlich mit der Berufung an des
Mannes etwaige eigene Söhne im französischen Heer ziemlich
ordentlich ausgefallen sein; denn bald merkte ich am Gesicht
des Franzosen, daß sein Zorn sich gelegt hatte und er mich
begriff. Daher ich jetzt ebenso friedfertig die Waffe einsteckte,
meine seither innegehabte Leiter, aber natürlich vorwärts herab-
stieg und meinem Widerpart zur Besieglung des Privatfriedens-
schlusses kräftig die Hand reichte.

Nun ließ er mich auch ganz ruhig mit seinen Weizen-
garben weitergewähren, weil allerdings kein leeres Stroh da
war und ich ihm sagte, er könne ja nach unserer baldigen Entfernung die Garben mit wenig Verlust wieder abholen. Ja
als ich das viertemal schweißtriefend kam, wieder ein Büschel
zu holen, bot er mir in aller Gutmütigkeit sogar einen Brannt-
wein zur Stärkung an, so gute Freunde waren wir rasch geworden; doch bat ich statt dessen lieber um ein Glas Wasser.

Ich habe dieses eigenartige Abenteuer erzählt, weil es
die weitaus mißlichste persönliche Lage war, in welche ich
während des ganzen Feldzugs geriet. Und es mag ja immerhin unvorsichtig von mir gehandelt gewesen sein; allein wer
wollte oder konnte es an jenem 1. September mit der Vorsicht als der Mutter der Weisheit halten? Nebenbei dürfte das Ge-
schichtchen in Bestätigung von Früherem und Späterem gegenüber von gar zu rasch verallgemeinernden Verdammungsurteilen
zeigen, daß man bei richtiger Behandlung mit den französischen
Bürgern immerhin vielfach ganz menschenwürdig durchkommen
konnte. Freilich kam es wie überall eben darauf an, mit wem
man gerade zusammen traf und ob man, was immer das beste
war, zum verständigenden Worte zu kommen Zeit oder Gelegenheit hatte. Denn ich will nicht verschweigen, daß fast um dieselbe Zeit oder etwas später weiter unten im Dorf auf die
Aerzte und meinen Kollegen aus einem sehr nahen Haus an
der Straße geschossen wurde, was ohne allen Zweifel eben von
einem höchst entbehrlich und verfehlt mitstreitenden Zivilisten kam.

Auf dem Verbandplatz war inzwischen mit meinem er-
beuteten Stroh eine wirklich befriedigende Bettung für die Verwundeten zubereitet worden, welche nunmehr einer nach dem
andern teils getragen, teils, wenn es noch möglich war, daher

gegangen kamen. Unter anderen war gleich einer der ersten der Fahnenfeldwebel der Achter, der einen bösen Granatsplitter an die Schläfe erhalten hatte; aber von den Genossen vor dem Sinken alsbald aufgefangen, war die Fahne zum Siege weitergeeilt, dessen Beginn uns nach einiger Zeit ein kräftiges deutsches Hurra über die Ackerwelle herüber verkündete. Auch der wackere Hauptmann, mit welchem ich gerade vor ein paar Stunden den ganzen Weg in freundlichem Gespräch geritten war, kam mit schlimm durchschossener rechter Hand daher — ein schmerzlich bewegendes Wiederzusammentreffen allemal auf diesen Verbandplätzen!

Da half ich nun den Ärzten verbinden, sprach tröstend kurze Worte mit den Getroffenen, soweit es ihr Zustand vernünftigerweise erlaubte, nahm Karten auf zur Meldung an ihre Angehörigen und suchte eben in herzlichster Teilnahme sei es geistlich oder weltlich auch meinerseits mich ihnen nützlich zu machen, bis der Sanitätszug kam und sie vor der nahenden Abendkühle ins Quartier zu Dom le Menisle bei Donchery abholte.

Wie ich mit heimritt, zogen stramm und froh die glücklich aus dem Gefecht zurückkehrenden Bataillone vorbei, und herzlich begrüßte man sich nach der bestandenen Gefahr hin und her. Unser Zug mit den Verwundeten und Toten war langsamer. Denn still und ernst machte uns zumal der Gedanke, welch ganz andre Opfer der Sieg anderwärts gekostet, als bei uns, wo eine Stunde oder etwas mehr und mäßige Tapferkeit des Feindes doch schon diese Verluste gebracht hatte.

Aber gottlob, es war doch allerseits Sieg, und fürs große Ganze was für ein Sieg! Ihm gebührte mit Recht die jubelnde Musik, welche überall erschallte.

Und nun sprengte gar vollends gegen 9 Uhr abends ein Ordonnanzoffizier durch die Straße und kann in seiner Freude nicht umhin, allen zu verkündigen: „Wißt ihr es schon? der Napoleon sitzt mit drin in Sedan, und die ganze Bescherung ist ohne Gnad in der Falle!"

Kaum wollte oder konnte man diese gewaltige Nachricht glauben; aber jedenfalls beschloß als Antwort darauf ein don-

nerndes Hurra den großen Tag, an dem ein bescheidener Bruch-
teil auch uns gehörte. Denn daß unsere Bataillone sich vortrefflich geschlagen,
soweit ihnen der Feind dazu Gelegenheit gegeben, das bewies
er später selbst. Zur Entschuldigung nämlich, daß der strate-
gisch so wichtige Rückenstoß nicht kräftiger und erfolgreicher geführt worden sei, fabelte er nachträglich von zwölf Regimentern,
welche er vor sich gehabt. Wirklich gegen ihn ausgerückt aber
und im Feuer gestanden waren genau je ein Bataillon unseres
8. und 3. Regiments, die 7. Batterie, eine Abteilung unserer
Dragoner und endlich eine preußische Husarenschwadron, welche
den Ausfall erspäht hatte.

Der andere Morgen rief wenigstens den Geistlichen sofort zur neuen Arbeit. Ein tiefer Schlaf in gutem Quartier
hatte mich nach dem ereignisvollen Tage völlig wieder er-
frischt und gestärkt. Besaß ich doch überhaupt das große Glück,
daß mir im ganzen Feldzug die Szenen des Wachens, und
mochten sie noch so grausig oder erregend gewesen sein, niemals
im Schlaf oder Traum nachgingen. Diese ungestörte Ruhepause der Nacht stellte immer das seelische Gleichgewicht nach
dem Durchgejagtwerden durch die entgegengesetztesten Stimmungen
und Eindrücke rasch wieder her.

Selbstverständlich war daher der nächste Gang am 2.
September zu unseren Verwundeten, welche meist in der Schule
und Mairie gut untergebracht und mit der ersten Hilfe wohl
versehen waren. So begrüßten sie jetzt sehr dankbar und
empfänglich auch den Besuch des Geistlichen als Geistlichen, der
den Tag zuvor eher als Diakon mit ihnen auf dem Verbandplatz gewesen. Nunmehr aber war bessere Muße und Gelegenheit, bei den einen in längerem Gespräch zu verweilen, anderen
vorzulesen oder sie auch selbst mit leichterer und schwererer Lektüre für die kommenden Tage ihres Krankenlagers zu versorgen.
Glücklicherweise hatte ich zu diesem Zweck eben eine reichliche
Postsendung erhalten. Und einigen schwer Verwundeten durfte
ich als letzte Wegzehrung das h. Abendmahl reichen, wobei mir
auch die befreundet gewordenen Aerzte nach Erledigung ihrer
dringendsten Geschäfte keinerlei Schwierigkeiten oder Einwände
wegen unzeitiger Störung inmitten ihrer Krankenzimmer machten,

obwohl sie mit allem Recht eifrig daneben forthantierten und operierten.

Von den Verwundeten ging es weiter zur Sorge für die Toten. Denn mit etwas allzugroßer Einfachheit hatte mir das Kommando kurzerhand so ziemlich die ganze Erledigung der mancherlei Geschäfte überwiesen, welche zu einer würdigen Bestattung der ehrenvoll Gefallenen erforderlich waren. Vollkommen meines Amts war natürlich zunächst noch der Gang zum Curé, um mit ihm wegen der Benützung des Dorfkirchhofs zu verhandeln. Doch hätte mir schon hier eine etwas kräftigere Mitwirkung von amtlich militärischer Seite gut gethan, statt daß ich so im Lauf der widrigen Hin= und Herreden ganz allein auf mich gestellt und dadurch genötigt war, das soldatische Register in meiner Brust vielleicht etwas stark zu ziehen. Glücklicherweise ist dies der einzig nennenswerte Fall, wo ich im amtlichen Verkehr mit der französisch-katholischen Geistlichkeit derartige peinliche Erfahrungen machte; so kann ich sie unbeschadet aller mir jederzeit lieben und werten Duldsamkeit ruhig erzählen.

Den Streitpunkt bildete nämlich lediglich die Konfession und nicht die Nationalität der Gefallenen, um deren letzte friedliche Ruhestätte es sich handelte. „Ja, wenn es katholische Christen wären!" meinte der Mann immer und immer wieder, sobaß mir zuletzt im Unmut die Behauptung entfuhr, daß diesmal eben allerdings „par un des miracles menaçants du ciel, durch ein drohendes Wunder des Himmels" n u r Protestanten gefallen seien. Weiterhin verlangte er fortwährend, daß deren Grabstätte jedenfalls durch eine grille oder ein Gitter von derjenigen der anderen abgesperrt werden müsse. Meinethalb, dachte ich, denn das sieht dann ganz geordnet aus und dient vielleicht zur längeren Schonung der Gräber. Daher sagte ich ihm zu, bei unseren Regimentsschreinern die Sache wenn thunlich betreiben zu wollen. Indessen konnte ich mich dabei der bitteren Frage an ihn nicht enthalten, ob diese Trennungsgitter i m H i m m e l wohl von Gold oder Eisen seien.

Unter dieser Bedingung wollte er mir endlich den Kirch=hofwinkel überlassen, der sonst für Selbstmörder und dergleichen Tote diente. Wenn ich in meinem Tagebuch den Ausdruck

coin de chien oder Hundewinkel dazu bemerkt finde, so will
ich nicht mehr dafür einstehen, ob dies der eigene Ausdruck des
Franzosen war; möglich wäre es immerhin; denn seine unver-
frorene Naivität war wirklich groß, auch wenn ich meine und
unsere Stimmung am Tage nach dem Sieg von Sedan billig
bei der Beurteilung mit in Rechnung ziehe und offen zugestehe,
daß jene zu solcher ungebrochenen Widerborstigkeit eben auch
in einem gar zu grellen Widerspruch stand.

Indessen mochte ich sogar gegen besagten Winkel als
solchen nicht weitere Einrede thun. Denn was will man machen
gegen tiefeingewurzelte Vorurteile? Die Franzosen hätten unsere
Toten sonst am Ende nur wieder ausgescharrt, nachdem wir
fort waren. Und daß wenigstens für die Feier der Beerdigung.
und unsere kurze Anwesenheit kein Makel an dem Plätzchen
unserer Kameraden hänge, dafür zu sorgen traute ich mir schon
das Nötige zu.

Dagegen erklärte ich meinem Widerpart rundweg und mit
zweifelsester Entschiedenheit, daß ich den Platz schlechterdings
nicht annehme in der Gestalt, in welcher er sich zunächst wies:
verwildert, vergrast, mit Brennesseln und sonstigem Unkraut
überwuchert, voll von Steinen, Löchern und Erhöhungen, kurz
allerdings der richtige Hundewinkel für gefallene Sieger von
Sedan! Mochte der Mann wollen oder nicht, er mußte mit
mir zum Maire, dem ich als bloßem Profanfranzosen unbeengt durch geistliche Rücksichten den Standpunkt sehr rasch klar
zu machen wußte. Jetzt werden französische Arbeiter requiriert
und in kurzem ist das Geschäft, von mir überwacht, zur Zu-
friedenheit· besorgt, der Platz sauber hergerichtet und geebnet
und die Gräber ordnungsmäßig ausgehoben. Denn auch letzteres
wurde den Franzosen zur gerechten Strafe nicht geschenkt,
während es sonst vielleicht unsre eigenen Leute gethan hätten.

Das waren die wenig erbaulichen und kaum mehr recht
geistlichen Besorgungen, mit denen ich den erstmaligen Sedans-
tag oder 2. September 1870 großenteils zu verbringen hatte.
Aber gerne vergaß ich alles, wie es endlich gelungen war, am
Spätnachmittag gegen 5 Uhr die Beerdigungs- und zugleich
Siegesfeier miteinander verbunden auf wirklich erhebende und
ergreifende Weise zu begehen. Im warmen Abendsonnenschein

umstand das Offizierskorps und die Mannschaft, letztere noch
weit über die Kirchhofmauer hinaus, die Gräber der Kameraden,
und in vollen Akkorden klang darüber deren Regimentsmusik
zum letzten Abschied.

Für langes Besinnen über eine Rede hatte ich meinerseits wahrlich keine Zeit gehabt. So ließ ich den Augenblick,
den Ort und die ganze Lage für mich sprechen, wenn ich im Hinweis auf das weltgeschichtliche Gottesgericht des vorigen Tags
den Text wählte: Unser Glaube ist der Sieg, der die Welt
überwindet, — der Glaube an unsere gute und gerechte Sache,
der Glaube, mit dem wir vor Wochen auszogen, daß Gott
widerstehet den Hoffärtigen, aber den Demütigen gibt er Gnade.
Und wenn unsre teuren Toten jetzt auch als Opfer des Sieges
fern von der Heimat hier in feindlich fremdem Boden ruhen,
so ist die Erde überall des Herrn, der seine Hand über Länder
und Meere streckt und vor dem ein Boden ist wie der andere.

Weiter ließ ich jedoch die widrigen Geschichten, die
vorausgegangen waren, nicht einklingen oder bog sie wenigstens
zugleich mit gutem sachlichem Recht aus dem Konfessionellen
ins weltlich Politische um, wie es sich selbstverständlich für eine
Siegesfeier Allbeutschlands mit seinen Protestanten und
Katholiken ziemte.

Daß mir aber eine solche bei den Meinigen möglich gewesen war, wenn auch mit dem tiefen Ernst, der aus den
Gräbern spricht, darüber freute ich mich herzlich. Denn ich
will es bei diesem Anlaß ganz offen gestehen. Nach wiederholten eigenen Erfahrungen z. B. bei Wörth, eben wieder bei
Sedan und später erscheint mir dies als eine der angemessen-
sten Arten, wie der Feldgeistliche als solcher bei den Schlachten
und Siegen der Truppen wenigstens zum längeren Worte
kommt.

Man kann wohl ab und zu von größeren Ansprachen
lesen, die geistlicherseits hart vor dem Gefechtsanfang noch gehalten worden seien; und es mag sich das in der Ferne ganz
schön ausnehmen. Ich meinerseits will zwar nicht die That-
sachen bestreiten, wenn sie von glaubwürdigen Zeugen vorge-
bracht werden und gestehe ja zu, daß die jeweiligen Lagen und
Umstände auch in dieser Hinsicht verschieden sein können. Aber

im allgemeinen kann ich nicht glauben, daß ein solches Auftreten mehr als ausnahmsweise möglich und namentlich nicht,
daß es wahrhaft ersprießlich ist. Wie selten weiß doch der
uneingeweihte Laie, ob jetzt eigentlich genau ein Gefecht bevorstehe oder nicht; er kommt eben dazu, wie ihn das Kommando
oder der Zufall führt. Erscheint endlich plötzlich der Moment
des Vorrückens in die Schlachtlinie, so sind Offiziere und Sol=
daten geschäftlich und gemütlich von ganz anderem in Anspruch
genommen, was jetzt natürlich allein naheliegt. Es wäre
daher zu viel verlangt, wollte der Geistliche nunmehr auch noch
Zeit und ruhiges Gehör für sich begehren. Seine Zeit sind
die noch ruhigen Tage, wo die Hauptaktionen erst in einiger
Entfernung erwartet werden und deshalb richtiggespannte Empfänglichkeit für das entsprechende Mahnwort vorhanden ist.
Oder sind es namentlich auch die nächsten freien Tage nach
einer Schlacht, wenn deren Erregung und Erfahrung zwar noch
kräftig nachzittert, aber doch bereits einer ruhigeren und gleich-
mäßigeren Stimmung und Abspannung wieder Raum zu geben
beginnt. Das ist alsdann die beste seelische Verfassung, um
Sieg oder Niederlage, wie die Würfel gefallen sein mögen,
sittlichreligiös zu weihen und zu reinigen und den richtigen
Sinn zugleich für das nächstemal vorzubereiten.

Aber im Augenblick des Schlachtbeginns und Kugelregens
selber sind längere Reden eben — Reden, die gleich einer, so
gut wie wertlos in den Sturm gestreuten Aussaat besser unterbleiben und dafür die Thaten der Truppen sprechen lassen.

Ein anderes sind kurze gelegentliche Worte mehr privatim
und an die Einzelnen, ein freundliches Abschiednehmen als Kamerad und Geistlicher. Das ist ungezwungen und thut seinen
Dienst vollkommen, ohne die militärische Hauptsache zu stören
oder am Ende sogar den widrigen Eindruck eines theaterspielenden
und vorbringlichen Kultus der lieben eigenen Person statt des
selbstlosen Eifers für die Sache zu machen.

Ganz ähnlich ist es auch mit den etwaigen Bravour-
erweisen des Feldgeistlichen an Gefechtstagen oder sonst. Vielleicht hat der eine oder andere Leser bei der eingehenden, aber
naturgetreuen Schilderung meiner eigenen Erlebnisse am Tag
von Sedan bereits gemeint, ich wolle dieselben in persönlicher

6*

Eitelkeit unter jenem Gesichtspunkt abgefaßt wissen. Das fällt mir jedoch keinen Augenblick ein. Denn ich bin zum Glück allezeit viel zu nüchtern und klar gewesen, um mir nicht selbst am ersten zu sagen, daß all das und verwandtes, was ich besonders auch später wieder mit durchmachte, denn doch eine Kleinigkeit war verglichen mit dem, was der Soldat und Offizier in der Schlachtlinie ganz anders und anbauernder erlebte. Nach sicherer Statistik ist ja namentlich der am meisten aus gesetzte Infanterist ziemlich genau 9 bis 10 mal gefährdeter als der Arzt oder der ganz ähnlich gestellte Feldgeistliche.

Freilich sind diese beiden Berufsarten durch die heutige Tragweite der Geschosse und besonders der Geschütze bei ihrer Thätigkeit im Ernstfall unerläßlich mitbedroht und namentlich fast nie vor etwaigen Granaten sicher. Und so ist für den zunächst noch wartenden und vorerst wenig oder gar nicht beschäftigten Nichtstreitbaren die Lage vielleicht kaum angenehmer und behaglicher, als sich für den Streitbaren die viel größere Nähe von Wunden und Tod in der betäubenden und abstumpfenden Hitze des Kampfes macht.

Sei dem jedoch wie ihm wolle: jedenfalls war es mir in verschiedener Beziehung von wirklich großem Wert, auch einmal in der geschilderten Weise mit meinen Truppen und vor ihren Augen eine Weile ungesucht im richtigen Feuer mitstehen zu dürfen. Denn unverkennbar hatte ich bei ihnen von da an noch viel festeren kameradschaftlichen und dienstlichen Boden, als schon vorher, und meine ermunternden Worte durften nicht fürchten, dem vernichtenden Zweifel zu begegnen, ob ihnen im Notfall auch die eigene persönliche Haltung und That entsprechen würde. Wie ich am Tage nach Sedan an einigen meiner Achter und Dreier vorbeiging, hörte ich gerade, wie einer der auch mit dabeigewesenen Artilleristen in seiner derben Oberländer Weise zu ihnen sagte: „Gestern ist auch ein Pfaff hinter euch gestanden, von dem haben wir gemeint, er sei hin.“ Es wurde mir im vorliegenden Falle sehr leicht, dem Manne in aller Gemütlichkeit für die Zukunft doch eine etwas gebildetere Rede- und Anschauungsweise gegenüber von unserem Stand ans Herz zu legen.

Aber auch in anderer Hinsicht genügt jenes kleine Erlebniß in Verbindung mit verwandtem Späterem, um mir festen und unanfechtbaren Boden für eine Bemerkung zu geben, welche ich zu Nutz und Frommen künftiger Nachfolger hier beifügen möchte. Denn dieselbe hat seinerzeit in meiner früheren Schrift bei deren ganz summarischer Behandlung des Thatsächlichen wenigstens auswärts und vereinzelt ein völlig ungerechtes Mißverständnis hinsichtlich meiner eigenen Haltung wachgerufen, gegen das ich mich mit bestem Gewissen verwahren darf. Denn freilich war es mir nie nach dem Sinn und Geschmack, zumal als Feldgeistlicher in jener Weise zu schildern, welche man sonst wohl zuweilen beliebte, um anbächtig begeisterte Leser damit zu finden. Ich meine die hohle Eitelkeit, welche das Feuer der Feldschlacht zur bengalischen Beleuchtung der eigenen Wenigkeit verwerten zu müssen glaubt. Mit dieser Dekorationsmalerei bitte ich es nicht zu verwechseln, wenn ich zugleich im Blick auf jene vorgekommene Verdächtigung diesmal an der nackten Wirklichkeit meiner Erlebnisse nun allerdings auch nichts abzog, um nicht in falscher Bescheidenheit einen falschen Schein gegen mich zu erwecken.

Und so darf ich jetzt in aller Ruhe die alte warnende Erklärung ernstlich wiederholen, daß persönliche Bravourerweise vor dem Feinde jedenfalls nicht den Beruf des Feldgeistlichen oder etwas bilden, was er als höchste Ehre zu suchen hätte, um militärisch kursfähig zu sein und seinen friedlichen Stand dem des Soldaten vermeintlich erst ebenbürtig zu machen. Die Versuchung dazu liegt für einen richtigen und namentlich jüngeren Mann zuerst nicht eben ferne, der besonders für die Aktionen nicht wie z. B. der Arzt einer bestimmten einzelnen Abteilung dienstlich fest zugewiesen ist. Letzterer hat keinerlei Verantwortung dafür, an welchen Platz er amtlich jeweils zu stehen kommt, um an ihm in seiner Weise ein Gefecht mitzumachen oder auch dasjenige eines anderen Regiments unbeteiligt in der Ferne vor sich gehen zu lassen. Der Feldgeistliche dagegen gehörte zur ganzen Brigade, beziehungsweise Division mit allen ihren Teilen, ja im Notfall auch drüber hinaus, wo es für ihn etwas zu thun gab.

An wen sollte er sich nun vorkommenbenfalls anschließen, namentlich wenn nicht das Ganze zur Verwendung kam, wie

öfters? Sollte er vielleicht beim Sanitätszug bleiben? Allein
dessen Bestimmung war überwiegend die Aufnahme und Fort-
schaffung der Verwundeten am Abend des Kampfs und nachdem sie schon lange zuvor auf den verschiedenen größeren oder
besonders kleineren Verbandplätzen gelegen waren, wo sie auch
den Geistlichen doch so sehr brauchen konnten.

In Anbetracht dessen war es für ihn selten so einfach,
den wahrhaft sachgemäßen Platz zu finden, an welchen ihn doch
Pflichtgefühl und Diensteifer zog. Denn man mußte vor allem
die Augen und Ohren selbst aufthun, um zu merken, wie es
stehe und was vorgehe, weil im Augenblick der Entscheidung
von militärisch amtlicher Seite weder viel Zeit noch Lust zu
ausdrücklicher und genauerer Anweisung auch noch an uns
billigerweise erwartet werden konnte. So waren wir zuweilen
vor die peinliche Wahl gestellt, entweder die rechtzeitige
Anwesenheit am Ort der wirklichen Aktion zu versäumen, wie
es z. B. mir am 1. September ohne entschlossene Abschwenkung
vom Sanitätszug und Anschluß an die marschierenden Truppen
genau gegangen wäre, oder aber galt es, weg vom ursprünglichen Standort ohne Weisung am Ende ins blaue und sozusagen auf Abenteuer hinauszureiten, nicht etwa bloß auf jede
persönliche Gefahr und Verantwortung hin, sondern namentlich
auch auf die Gefahr, mit alledem doch keine Gelegenheit zu
wirklich ersprießlicher Thätigkeit zu finden. Im allgemeinen
war die letztere Entscheidung bei der quälenden Wahl ohne
Zweifel die richtigere. Und wohl dem Feldgeistlichen, wenn
ihn dabei der Zufall oder ein glücklicher Takt richtig führte
oder wenn er namentlich im Verlauf seines redlichen Suchens
doch noch von irgend einer befugten Seite eine weisende Be-
auftragung erhielt, die ihm seinen bestimmten Platz gab. Dann
war er gedeckt vor der Welt und sich selbst, und niemand konnte
sagen: Was thust du eigentlich da oder was hast du hier zu
suchen?

Unter allen Umständen galt es stets, in ehrlich dienstlicher Bemühung vorzugehen und namentlich in gefährliche
Lagen allezeit so zu kommen, daß jeder Unbefangene sah, es
sei einem dabei um die Sache und nicht um eine Zurschautragung
persönlicher Todesverachtung zu thun. Alsbann konnte es wie

gesagt sehr wertvoll und bei gutem Gewissen hochbefriedigend sein, wenn es sogar scharf zuging und man das Pulver aus nächster Nähe zu riechen bekam. Bei einem mit der Gefahr kokett spielenden Benehmen dagegen möge man ja nicht glauben, den Soldaten oder Offizieren jedenfalls länger als einen Augenblick zu imponieren. Der Feldgeistliche z. B., von dem ich hörte oder las, daß er als großer Reiter vor dem Herrn hoch zu Roß sich in der Feuerlinie der Schützenschwärme herumgetummelt habe, verdiente meines Erachtens vom nächsten Offizier als nicht bloß entbehrlicher, sondern sogar lästig fremder Eindringling zurückgewiesen zu werden.

Das Militär hat in dieser Beziehung ein sehr feines, fast möchte ich sagen eifersüchtig scharfes Gefühl. Liebt es doch überhaupt seiner eigenen scharfen Ordnung entsprechend durchaus keine beruflichen Grenzüberschreitungen. Das hatte ich auch ganz abgesehen von den Schlachten bald und oft zu bemerken Gelegenheit. Es war z. B. noch im Lothringischen zu Athienville, daß wir nach einem drückend heißen Marsch spät abends einrückten. Da bauerte mich die Schildwache, welche müde, lechzend vor Durst und hungrig vor dem Stabsquartier aufzuziehen hatte, und ich fragte daher in unerfahrener Naivität ganz bescheiden den General, ob man jenen Mann nicht ausnahmsweise schon nach einer Stunde statt nach zweien ablösen könne. Aber die schroffe Antwort war: „Herr Pfarrer, das geht Sie durchaus nichts an, das sind unsere militärischen Sachen; ich mische mich ja in Ihren Dienst auch nicht!" Ich hatte damit genug und wußte für alle Zukunft auch für andere Vorkommnisse und Persönlichkeiten, wie das „Dreinsprechen" in militärische Angelegenheiten angesehen wird. Indessen erlaubte ich mir zuweilen wenigstens den stillen Zweifel, ob mit dem militärischen Rock unfehlbar auch das ausschließliche Alleinverständnis alles halbwegs Militärischen und Strategischen schon gegeben und umgekehrt uns Zivilsterblichen schlechterdings verschlossen sei.

Immerhin lassen schon derartige Beobachtungen und Erfahrungen in harmloseren Fällen verstehen, wie wenig das Militär und besonders der Offiziersstand nun gar vollends in Fragen der persönlichen Bravour von den Nichtkombattanten einen unverlangten Wettbewerb wünschte und gerne sehen mochte.

Und das gewiß mit vollem Recht. Gab es doch insonderheit auch für uns Geistliche reichlich Gelegenheit, im Verlauf des langen Feldzugs und seiner so wechselnden Lagen auf vernünftig dienstliche Weise sei es im Feld oder Typhusspital auch mit mancherlei Gefahren nahe persönliche Bekanntschaft zu machen. Was brauchte es da ein geflissentliches Aufsuchen oder ein schlachtenbummlerisches, weil außerdienstliches Besichtigen von prickelnd gefährlichen Plätzen, wie es z. B. die deutschen Belagerungsbatterien vor Paris gerade während des Beschossenwerdens durch die Franzosen waren? Ich gestehe, mir ging es da mehr und mehr ähnlich, wie den Freiwilligen von 1813. Nach Haus und an die heimischen Hochschulen zurückgekehrt wollten dieselben vom Duellspiel nichts mehr wissen, nachdem sie so oft den Kampfesernst erlebt.

Derlei allgemeinere Gedanken und Winke, wie ich sie im Voranstehenden als Niederschlag vieler einzelnen Erlebnisse zusammenfassend zu geben mir erlaubt habe, mochten ihren passenden Ort gerade bei dem tiefen Einschnittspunkt des ganzen Feldzugs, bei Sedan finden. Denn hier haben sie sich mir auch thatsächlich erstmals ernstlicher in persönlichem Erfahren aufgedrängt, um sodann ihre eingehende Bestätigung im ganzen folgenden Verlauf zu finden.

Ehe ich jedoch in der Schilderung des alsbald beginnenden Vormarsches gegen Paris fortfahre, darf ich vielleicht auch noch von meinem Versuch erzählen, nach den anderen deutschen Verwundeten in der Umgebung von Sedan zu sehen. Denn die eigenen waren vorläufig gut versorgt und hatten überdem für den Notfall meinen völlig bulbsamen und ihnen allen vertrauten Kollegen zur Seite. Die Zahl der übrigen Verwundeten und Sterbenden aber war natürlich entsprechend ihrem ganz anderen Anteil am Kampf und Sieg des Vortags eine unvergleichlich viel größere, so daß ich mich gedrungen fühlte wenigstens zu probieren, ob bei ihnen als den hochverdienten Hauptstreitern von Sedan nicht dankbar etwas mitzuhelfen sei. Denn ich meinte noch mit mehr Recht als bei Wörth annehmen zu dürfen, daß jedenfalls nach diesem Hauptschlag einige Tage Ruhepause eintreten werden. Und sie mochte ich im Hochgefühl einer solchen Zeit nicht verhältnismäßig müßig verbringen. So erbat ich mir beim Kommando Urlaub und einen Empfehlungsschein für die dort zu erwartenden preußischen Spitäler und ritt noch in der Abenddämmerung des 2. September wenigstens einmal bis Donchery hinaus.

Aber leider war meine Erfahrung auch bei diesem redlich gemeinten Versuch auswärts genau dieselbe, wie früher schon bei Wörth. Mit allem guten Willen, als Geistlicher oder je nach Bedürfnis ebenso gerne auch als Diakon etwas zu leisten, habe ich thatsächlich nichts zu stande gebracht. Die Verhältnisse waren viel zu schwierig, der Wirrwar nach der großen Schlacht grenzenlos, Weg und Steg teils schlimm zugerichtet, teils ganz gesperrt. Ich war unbekannt mit den verschiedenen Ortschaften um Sedan herum und ebenso mit den dort liegenden und überall zerstreuten Truppenteilen, was die Anknüpfung in verhältnismäßig kurzer verfügbarer Zeit kaum ermöglichte. Kurzum, die ganze Unternehmung war zwar eingegeben von der besten dienstlichen Absicht, gestaltete sich aber dennoch schließlich zu nichts viel besserem, als zu einem immerhin interessanten Ausflug.

Indessen glaube ich, daß doch auch seine Schilderung einen Beitrag geben kann zum Einblick in die absonderlichen Lagen eines Feldzugs. Und lediglich unter diesem Gesichtspunkt darf ich vielleicht auch die tragikomischen kleinen Nöten erwähnen, welche mir bei etwas längerer Loslösung vom eigenen bodensichernden Verband das Unter- und Durchkommen für mich und das treue Rößlein bereiteten. Sie wurden freilich aufgewogen durch das merkwürdige, welches ich dabei gelegentlich zu sehen bekam, und haben einem jungen frischen Mann jedenfalls gar nichts geschadet, bei dem eben der Eifer größer war, als die praktische Erfahrung. Nur waren sie mir in anderer Hinsicht ernstlich lehrreich. Denn ich wurde dadurch an die ähnlichen, bloß so viel schwereren und andauernderen Nöten unserer freiwilligen Diakone gerade bei Sedan schmerzlich gemahnt, von denen ich später zu reden haben werde.

Mit Einbruch der Nacht und eines leichten Regens zu Donchery angekommen, hatte ich mein Pferd in einer Scheune

bei württembergischen Truppen einer anderen Brigade untergebracht und mir selbst in der gleichen Scheune ein Nachtquartier
im Heu vorbehalten. Dann ging ich, im Hauptort jenseits
der Maas meinen Kollegen vom Hauptquartier aufzusuchen,
um aus seinen Vorräten neuen Zuschuß von den sehr beliebten
geistlichen Schriften für meine Spitalkranken zu erbitten. Aber
als ich mich endlich durch das mit allerlei Truppen vollge-
pfropfte Städtchen in der Dunkelheit mühsam durchgedrückt und
durchgefragt, traf ich ihn leider nicht und konnte ihm meinen
Wunsch nur schriftlich geschwind hinterlassen. Dafür bekam
ich in den Nebenräumen des Divisionsstabs, wo ich nachfragte,
von dem schmucken Leibjäger des Generals freundlichst und ganz
von selbst eine Tasse Schokolade angeboten und außerdem noch
eine Tafel mit auf den Heimweg, „denn es ist ja genug da;
Sie werdens auch brauchen können", was sich allerdings am
andern Tag vollkommen bestätigte. Deshalb nahm ich die
Gabe dankbar an und dachte im Vergleich zu manchen anderen
Erfahrungen, daß es eben auch hier wieder heiße: Wie der
Herr, so der Knecht! Auf dem Heimweg begegnete ich einem
stattlichen preußischen Hauptmann, der nur noch im Sattel
hing, während der Bediente langsam das Pferd führte. Wie
ich jenen freundlich grüßte und fragte, ob ich ihm nicht in
irgend einer Weise behilflich sein könne, antwortete er mit
röchelnder Stimme: „Mir ist nicht mehr zu helfen, ich bin
tödlich durch den Hals geschossen" — ein ergreifendes Nacht-
bild, von dem ich in schmerzlicher Bewegung weiterging!
     Als ich dann endlich meine Scheune wieder gefunden,
die ich für das Pferd und mich zum Nachtquartier gewählt,
fand ich sie schon verschlossen und mußte wenigstens für mich
in einem Nebenhaus nach etwaiger Unterkunft suchen. Im
ersten Stock, der bereits voll mit preußischen Soldaten lag,
war es nichts, und man wies mich eine Treppe höher. Hier
traf ich zwei Unteroffiziere, der Sprache nach Hannoveraner,
welche ich bat, in ihrem Zimmer nur auf dem Boden die
ohnehin kurze Nacht verbringen zu dürfen, da ich in der Morgenfrühe gleich wieder weiter wolle. Aber trotz meiner anfänglichen ernstgemeinten Ablehnung thaten sie es angesichts meines
Stands nicht anders, als daß ich das eine der beiden Betten

bekam, während sie das andere „wie schon oft" miteinander teilten. Offen gestanden hätte ich eine so freundliche Rücksicht bei persönlich unbekannten Truppen der eigenen Division sicherlich nicht zu erwarten gehabt, weshalb ich den Vorfall zur Ehre dieser Preußen erwähnen zu müssen glaube.

Am andern Morgen ging es Sedan zu weiter auf schlimm verwüsteter Straße, wo die Verhaue und gefällten Alleenbäume erst notdürftig beiseite geschafft waren. Aber als ich endlich in der Vorstadt der Festung anlangte, ist es rundweg aus mit weiterem Durchkommen oder auch Abbiegen auf andere Straßen. Denn da ist in weitem Bogen und unter Anlehnung an den Fluß mit seinen zerstörten Brücken alles abgesperrt durch den Kordon der bayerischen Jäger. Vor ihnen hatten nämlich die Gefangenen an diesem Thor herauszuziehen und ihre Waffen auf einen Haufen abzugeben, die sie freilich zum Teil trotz des Scheltens der Bayern in der Wut zerbrachen oder mit dem Fuß abtraten, um dann unbewaffnet einstweilen auf der Maas-halbinsel untergebracht zu werden. So blieb mir nichts anderes übrig, als eben notgedrungen Halt zu machen und vom Pferd herab einige Zeit dem allerdings höchst merkwürdigen Bilde zuzusehen. Zwar wie ich da im grauen Mantel ohne Abzeichen auf dem Pferde saß, nahte mir bald ein bayerischer Jäger-leutnant und fragte mich sehr förmlich mit seinem besten Fran-zösisch, was ich hier hinter den deutschen Truppen zu schaffen habe? Aber mit dem bewährten Mittel, das mir schon einmal beim nächtlichen Anruf einer bayerischen Schildwache in Loth-ringen bei Maixe den Dienst der Losung gethan und jede weit-läufige Auseinandersetzung erspart hatte, antwortete ich dem Offizier zum Dank für sein „Französisch" in meinem besten Schwäbisch: Ja, lieber Herr Oberleutnant, ich bin wahr-haftig sowenig ein Franzose, als Sie!, worauf er lachend grüßte und mich meinen Betrachtungen ruhig überließ.

Dieselben waren jedoch von ziemlich unerfreulicher Art und lange nicht, wie jene am Abend des Sieges von Wörth, wo Tragik sich wenigstens durch Komik milderte. Hier am 3. September dagegen bot sich das peinliche, auch am Feind tiefschmerzende Bild eines Heers, das durch fortwährende un-erhörte Niederlagen völlig aus Rand und Band, aus Zucht

und Ordnung gekommen war und nur noch eine Rotte vor-
stellte. Da wimmelte es aus dem Festungsthor in ordnungs-
losen Pausen mit Tieren und Menschen, alle Waffengattungen
durcheinander, vielfach so viehisch betrunken, daß selbst das Unglück und natürliche Vergessenheitsuchen im Trunk nicht mehr
als Entschuldigung ausreichte. Doch sollen auch rühmliche Ausnahmen nicht vergessen sein, wie z. B. ein prächtiger blonder
Kürassier aus der Pikardie, mit dem ich ins Gespräch kam. Ich
konnte dem Mann meine Teilnahme nicht versagen, wie er
schäumte vor Wut, natürlich über den Verrat, der an einem
so schönen und großen Heer begangen worden sei. Denn von
ihm erfuhr ich erstmals die berühmte Zahl 84 000, während
unter uns bisher immer bloß von 40 000 eingeschlossenen Franzosen geredet worden war. Zitternd vor Zorn rief ihm freilich
bei dieser Mitteilung ein dabeistehender französischer Offizier
zu: Taisez-vous! halts Maul! Aber mein Pikarde widerspricht
auf eine Weise, die mir gerade an einem ordentlichen Menschen
vollends bewies, daß es da drinnen mit aller Disziplin rein
aus und damit so gut wie die Hölle los sei. Schließlich wollte
er mir sogar noch eigenhändig seine Satteltaschen abschneiden,
die er ja doch nie mehr brauche.

Inzwischen hatte ich bereits von einem vorbeikommenden
Landsmann die ganz unerwartete Nachricht empfangen, daß
unsere Division sich schon wieder zum Abmarsch anschicke. Da
mußte ich unverrichteter Dinge zumal angesichts solcher Schwierigkeiten gleichfalls an den Heimweg denken. Meine Schokolade-
tafel vom Abend vorher hatte mir inzwischen mitsamt einigen
Kaffeebohnen in der Tasche zum Frühstück und Mittagessen gedient; dem Pferd dagegen war ein Arm voll Heu zugekommen,
das ich in einer verlassenen Scheune der Vorstadt requirierte;
denn sonst war für Mann und Roß weit und breit nichts zu
erspähen. So ging es denn zurück in Begleitung eines preußischen Intendanten, der mir vieles, noch nicht bis zu uns Gedrungene erzählen konnte. Ihm verdankte ich's auch, daß ich
nicht ahnungslos an dem weltgeschichtlichen Schlößchen Bellevue
vorüberritt. Zuvor freilich machte sich beim Anblick einer
bayerischen Batterie vor demselben der nüchternste Realismus
in Gestalt des noch schwach gestillten Hungers geltend; daher

ich in der Ueberzeugung, hier gewiß ein mitfühlendes Herz für
solche Nöten zu finden, die biederen Bayern um ein Stück Brot
anging. Gestärkt durch ihre gern gegebene und gutgemeinte,
obwohl etwas schimmelige Liebesgabe war ich wieder auf der
Höhe der Zeit und betrat mit ernst-geschichtlicher Ehrfurcht die
Stätte, wo, wie ich hörte, ein paar Stunden zuvor der ge-
demütigte Kaiser mit dem demütig siegreichen König zusammen-
gewesen war.

Zuletzt kamen wir mitsamt den wieder zurückflutenden
deutschen Truppenmassen in das ungewöhnlich schwere Gewitter,
welches mit noch ganz anderem Donner, als der menschliche
von Seban gewesen, die Abführung des gefangenen Franzosen-
kaisers begleitete. Ob es da wohl mit Hiob 37, 5 hieß: Gott
donnert mit seinem Donner greulich und thut große Dinge und
wird doch nicht erkannt? Oder ob nicht der Gefangene und Ge-
stürzte sich dennoch die naheliegenden Gedanken gemacht und der
Musik des Elementenkampfes den richtigen Text unterlegt hat?
Wir thaten es gewiß mannigfach, wie wir bei einer Brücke
vor dem tosenden Platzregen zusammengedrängt eine geraume
Weile nicht mehr weiter konnten.

Aber die Sonne war bereits wieder durchgebrochen, als
ich spät nachmittags im alten Quartier anlangte und gerade noch
die letzte Abteilung der Brigade glücklich traf. Denn gegen das
Verlieren und Verirren hatte ich einige Bedenken bekommen.
Nachdem ich mich dann erstmals an diesem Tag ernstlich gestärkt und die Kranken noch einmal besucht hatte, welche einstweilen gutversorgt zurückbleiben mußten, gings den Vorausgezogenen nach, die es auf Paris zu recht eilig zu haben schienen.

—◦∞◦—

IV.

Hin gegen Paris; Beginn der herbstlichen Ansässigmachung vor demselben.

Es war, wie wenn Paris als Herz und unleugbar köstliche Perle von Frankreich, wenn auch nicht gerade von der ganzen Welt, seinen Schönheitsglanz schon in weite Ferne ausstrahlen würde. So lieblich und herzerfreuend, ja geradezu üppig und prächtig wurde bald die Gegend, durch welche uns der genau südwestlich gewordene Marsch nunmehr führte, vorbei oder hindurch durch Rethel, Rheims, Chateau Thierry an der stattlichen Marne und Meaux, der berühmten Bischofsstadt Bossuets.

Ohne Zweifel sind diese Wochen mit ihrem meist schönen Herbstwetter für uns alle in verschiedener Hinsicht die angenehmste Marscherinnerung des ganzen Feldzugs. Nicht selten freiwillig, im andern Fall durch Schlauheit, welche angesichts der überall ersichtlichen großen Wohlhabenheit dem Soldaten das Feldgewissen nicht allzu stark beschweren mochte, war auch Quartier und Verpflegung mit Speis und Trank auf ungewohnt erfreulicher Höhe, was gerade nach den außerordentlichen schweren Tagen von Sedan und zuvor jedermann nur zu gönnen war.

Und dazu hin belebte statt der Schlachterwartung, welche sonst wohl auf den Märschen und in den Biwaken die Nerven und Muskeln spannte, nunmehr uns alle die viel freudigere Hoffnung eines baldigen Abschlusses und Friedens. In wohligem Hochgefühl las man daher beim Durchmarsch durch die verschiedenen Städtchen wie z. B. in Rethel jene einfach stolzen Kreideaufschriften an den Thüren: „Quartier S. M. des Königs", oder „Bundeskanzleramt", lauter Kräfte und Aemter, bei denen man auch die vermeintlich schon bevorstehende Ernte der Kämpfe und Siege gut gesichert wußte. Im bisherigen Verlauf war wenigstens unserer Division diese hohe Nachbarschaft noch selten oder gar nicht vergönnt gewesen, während sie jetzt teils einen Tag voraus, teils noch bei unserem Durchmarsch

anwesend war. So stand einmal am 4. September bei Novy
der gute Moltke in seiner bekannten Einfachheit und Anspruchs-
losigkeit vor dem Quartier, achtungsvollst von uns Vorbei-
ziehenden begrüßt, während freilich ein noch etwas burschikoser gräf-
licher Dragonerleutnant nicht genau genug hingesehen hatte und
daher spottend ob unserer raschen zivilen Reverenz meinte: „Das
wird wohl auch nur so einer von des Königs Göckelesrupfern
(oder Küchenbedienfteten) gewesen sein." Er wurde aber mäus-
chenstill und strich beschämt den blonden Vollbart, wie er sich
bald überzeugte, daß es wirklich der Mann gewesen, welcher für
seinen König sogar den gallischen Göckelhahn so meisterhaft
gerupft.

Jener allgemeinen Friedenshoffnung, welche uns in dieser
Zeit erfüllte, gab ich meinerseits etwas vorschnellen Ausdruck,
worüber man später bitter oder schmerzlich lächeln mochte. Ich
benutzte nämlich den ersten Rasttag, der uns schon am 6. September zu Boult sur Suippe zu teil wurde, um in der schönen roma-
nischen Kirche des Orts einen Abendgottesdienst zu halten, bei
welchem zum Schluß die Namen unserer bisher Gefallenen als
der vermeintlich letzten Opfer verlesen wurden und Beethovens
markiger Trauermarsch die Feier eindrucksvoll beschloß.

Und wirklich sah es ganz so aus, als ob dies nicht bloß
eine naive Täuschung gewesen wäre. Zwar ging es am folgenden Tag wieder weiter, für die größere Hälfte der Division
nach Rheims, für einen Teil meiner Brigade nach Gueux, einem
stattlichen Dorf zwei Stunden davon. Hier aber trat offenbar
im Zusammenhang mit den berühmten Friedensverhandlungen
zu Ferrières die längste Marschunterbrechung unseres Hinwegs
ein, welche vom 7. bis 13. September dauerte.

Dieselbe kam uns allen und namentlich mir persönlich
sehr zu gut. Denn allmählich hatte sich als Wirkung der
Sedaner Gewaltmärsche mit ihren herbstlichkalten Biwaks die
Brechruhr zwar gutartig, aber doch recht störend und kraftver-
zehrend in der Division verbreitet. Da dankte ich es der Liebenswürdigkeit meines Kaplans und durch ihn vermittelt seines
gleichfalls sehr ordentlichen französischen Amtsgenossen, daß ich
aus einem für meine dermaligen Umstände mäßigen Quartier
in ein ganz vortreffliches bei einem reichen Kultivateur oder

besseren Landmann übersiedeln durfte. Hier war ich nun in
kranken Tagen, wo ich wenigstens teilweise das Bett hüten
mußte, wirklich wie zu Haus und bewahre deshalb der wackeren
Familie eine bleibend dankbare Erinnerung, wegen längerer
Dauer des Aufenthalts noch mehr, als dem sonst ganz verwandten Seitenstück zu Sermaize. Die alte Frau des Hauses
pflegte mich wahrhaft mütterlich und wurde nicht müde, mir
ganz von selbst als einzige Nahrung, die ich brauchen konnte,
Eier und Milch herbeizuschaffen. Und wie ich bald wieder
aufstehen konnte, war ich dem stattlichen Familienkreis den
ganzen Tag ein werter Gast, der natürlich nicht versäumte,
mit seinem besten Französisch und lebhaftheiterer Unterhaltung
den Leuten ausdrücklich und mittelbar den wohlverdienten Dank
abzustatten. Sie wurden zuletzt so rührend zutraulich, daß mir
meine Pflegerin in ihrem schöngehaltenen Garten den Ort zeigte,
wo sie in einem Waschzuber ihre beste Habe — vor uns ver-
graben und versteckt hatten! Ich riet ihr allerdings dafür, dieselbe doch ja wieder auszugraben und ruhig im Hause bei sich
zu behalten. Denn da sei sie Dank unserer Mannszucht sicher,
während bei Vergrabenem niemand dafür stehen könne, in wessen
Hände es heimlich und zufällig gerate.

Wer von uns konnte, benützte die längere Ruhe auch zu
einem oder einigen Ausflügen in das benachbarte Rheims, in
welchem selbst zu liegen unsere anderen Kameraden den Vorzug
hatten. Meine Jäger z. B. waren stolz darauf, den Ehrendienst beim dortigen großen Hauptquartier zu haben, und ihr
trefflicher Kapellmeister zeigte mir mit Hochgenuß die Zigarren,
welche er für eine besonders schöne Abendmusik einmal von Bismarck erhalten hatte. Mit gelindem Neid sahen und hörten
wir Mannschaften von Gueux derartiges, wenn auch uns ein
Besuch in diese erstmals größere Stadt unseres bisherigen
Marschgebietes führte. Da war es ein merkwürdiger geschicht-
licher Gegensatz, zuerst die weltberühmte Krönungskathedrale der
französischen Könige zu besuchen und hier an des Dichters Hand
in die siegreichen Tage der Jungfrau von Orleans sich versetzt
zu sehen, während dann in jähem Ruck zur Gegenwart an den
Straßen große Anschläge des Maires zu lesen standen, wo es
kaum weniger dichterischschwunghaft mit Bezug auf den Zu-

fammenbruch des Kaiserreichs bei Seban und unferen Einmarsch
hieß: „La mort dans le coeur nous vous supplions d'être tran-
quille, den Tod im Herzen flehen wir euch Bürger an, ruhig
zu fein."

Aber auch zur Beforgung von fehr profaifchen Gefchäften
war einem die Stadt höchlichst willkommen, wie wenn ich z. B.
hier das fchon lange zerbrochene Uhrenglas und die ebenfo be-
fchädigte Brille endlich wieder in ftand fetzen laffen konnte —
lauter Schäden von den abfonderlichen Nachtlagern im Biwak
oder fonft, und zugleich Schwierigkeiten, welche man in georb-
neten Friedensverhältniffen mit ihrer rafchen Gelegenheit zur
Abhilfe gar nicht weiter als folche empfindet!

Daß wir die längere Ruhezeit von Gueux, beziehungs-
weife Rheims auch bienftlich nicht unverwendet ließen, verftand
fich um fo mehr von felbft, als in diefelbe der 11. September
als Geburtstag unferer Königin fiel. Ihn feftlich und dankbar
zu begehen hatten wir im Felde doppelten Grund, da fich uns
Fernen die hohe Frau während des ganzen Feldzugs in rühm-
lichfter Weife als Landesmutter erwies. Und namentlich wir
Geiftliche durften ihr danken für das anbauernde, hervorragend
lebhafte und thätlich bewiefene Intereffe, das fie unferem
Dienfte, wie dem Dienfte der Diakone und der Sanität ftets
gezeigt hat.

In diefem Sinne feierten wir den 11. September, welcher
zugleich hübfch auf einen Sonntag zu liegen kam, mit heimatlich herzlicher Freude in feierlichem Gottesdienft zu Gueux und
den Tag darauf zu Sacy bei einer anderen Abteilung. Leicht
wurde es mir biesmal aus dem Bett heraus allerdings nicht;
aber wenn auch das Fleifch fchwach war, fo war dafür der
Geift zu diefem gemütlich wohlthuenden Anlaß um fo williger.

Im Anfchluß hieran habe ich eine ebenfalls noch mehr
oder weniger berufliche Thätigkeit zu erwähnen, für welche das
längere Feftliegen in Gueux-Rheims auch bei minderer Gefund-
heit und brinnen im Quartierzimmer mehr als früher Gelegenheit bot. Es war der fchwunghaftere Briefwechfel oder die Bericht-
erftattung von amtlicher, halbamtlicher und privater Art. Zwar
hatte natürlich befonders der Geiftliche fchon bisher immer mancherlei zu fchreiben gehabt, wenn es z. B. galt, den Angehörigen eines

Soldaten zu Haus und daneben namentlich auch dessen heimi-
schem Pfarramt von Krankheit, Verwundung oder Tod des
Mannes Nachricht und einige tröstende nähere Auskunft zu
geben. Ab und zu konnte oder mußte man auch besorgten
Eltern, welche vom Sohne zufällig länger keine Nachricht erhalten und sich nun an uns wandten, nach einem Besuch bei
dem Betreffenden und unter Vermahnung zum Selbstschreiben
die voreilige Angst brieflich abnehmen.

Aber jetzt, nach den Stürmen von Sedan wurden wir
alle förmlich von zu Haus um längere Nachrichten bestürmt,
um nicht zu sagen drangsaliert und mußten dran glauben,
mochten wir wollen oder teilweise auch gar nicht gerne wollen.
Ich sehe dabei zunächst von den rein amtlichen Berichten noch
ganz ab, wie wir sie teils unmittelbar, teils durch unseren
ersten Kollegen als eine Art von Feldbekan selbstverständlich
von Zeit zu Zeit an die heimische Feldprobstei zu erstatten
hatten. Von andern Anforderungen in diesem Punkt verdienten
namentlich diejenigen der zwei christlichweltlichen Blätter unseres
Landes Berücksichtigung zum Dank für die wirklich große und
äußerst rühmliche Opferwilligkeit, mit welcher sie uns eine
reichliche regelmäßige Sendung ihrer Wochenschrift zur Verteilung an unsere Truppen zur Verfügung stellten.

Aber auch bei den ganz weltlichen Zeitungen konnte man
sich versucht fühlen, durch eingesandte Berichte mit ihnen in
Verbindung zu treten und sie dadurch gleichfalls zu etlicher
freiwilliger Abgabe von Exemplaren für unsere Mannschaft zu
gewinnen. Denn außerordentlich willkommen waren sie ja allen.
Was gab es doch schon auf den Märschen und bei den oft
langen Halten Angenehmeres als so ein Blatt, welches flüchtig
dem Tag gehörte, gleichwie unser eigenes dermaliges Leben ein
von Ort zu Ort wanderndes und unstetes war. Der Gebildete
ersah meistens erst aus der Zeitung, bei der die Telegraphen-
fäden und Nachrichten zusammenliefen, was im weiteren Umkreis bei uns selbst im Feld geschehen und geleistet worden
war. Denn dem Einzelnen als solchen fehlte ja der Ueberblick.

Wo man freilich selbst dabei gewesen, da mochte wohl
auch der eine oder andre Zeitungsbericht aus dem Heerlager
zu zweifelnden Fragezeichen veranlassen. So nannten wir bei-

fpielsweife einen mir bis heute unbekannten foldatifchen Haupt-
berichterftatter unferer württembergifchen Lieblingszeitung, welcher
einen Kugelhaufen zum Korrefpondenzzeichen hatte, wegen feiner
etwas gar zu blühenden Fantafie mit derbem Soldatendeutfch
kurzweg den Kugellügner, einen ähnlichen, ebenfalls oft vorkommenden nach feinem Zeichen den Kreuzlügner. Doch das
ging ja drein und ftörte jedenfalls dann nicht, wenn man nicht
in eigener Perfon dabei gewefen war und alfo keine fo peinliche Ueberwachung üben konnte.

Dem einfachen Mann dagegen war der engerfchwäbifche
oder örtliche Teil unferer Zeitungen von hervorragendem Wert.
Denn da fah er auch einmal wieder den lieben Namen feines
Städtchens oder Dorfs und erfuhr, daß dort der oder jener
geftorben fei oder auch noch lebe und fich guten Wohlfeins
vielleicht verbunden mit neuem Kinderfegen erfreue.

Zumal in meiner Brigade, die wenig felbft damit ver-
fehene Einjährige hatte, war ich daher bemüht, namentlich den
Chronikteil z. B. unferes fchwäbifchen Merkurs bei Bekannten,
die ihn hielten, vor anderweitiger Verwendung zu retten und
ihn oder noch beffer das Ganze außer meinem eigenen Exemplar
an die ftets fehr erfreuten Soldaten weiter zu geben. Gar gerne
hätte ich auch noch ein paar Freiexemplare zur Verfügung gehabt, alfo daß ich gerade von Gueux aus fogar den argen
Kalauer wagte und mich als „gueux“ mit dem entfprechenden
„Bittgefuch“ an die Redaktion wandte. Aber es war trotzdem
und bei aller fonftigen Freundfchaft erfolglos. Doch fah ich
fpäter, daß wenigftens die Spitäler in anerkennenswerter Weife
fich folcher Freiexemplare zu erfreuen hatten.

Außer den geiftlichen und weltlichen Zeitungen, an welche
man fo mit oder ohne Glück Bericht erftattete, um für dienft-
lich Erhaltenes fich erkenntlich zu erweifen oder weiteres zu bekommen, waren es ganz befonders auch die zahlreichen größeren
oder kleineren Vereine, fowie Bekannten- und Freundeskreife,
denen der Feldgeiftliche keineswegs bloß für feine Perfon, fondern
vor allem als fehr häufiger Mittelsmann für die Truppen
wegen diefer und jener Zufendung fich verpflichtet fühlte. Auch
hier fah man es durchweg ausnehmend gerne und war für das
nächfte Mal um fo willfähriger, wenn außer der bloß förm-

7*

lichen Empfangsbescheinigung und Danksagung als Entgelt eine
kürzere oder womöglich längere Schilderung aus dem Felde kam,
in welchem ja die Gedanken und Interessen aller weilten. Aus
diesem Grund mußte unter anderem ab und zu auch das ge-
meinsame Blatt unserer heimischen Geistlichkeit dankend oder
mit Winken aus der Felderfahrung bedacht werden, da jene zu
Haus in äußerst wertvoller Weise mit uns zusammen zu
arbeiten redlich bemüht war.

Nehme ich endlich die Pflicht der rein privaten Nachrichtgebung an die eigenen Angehörigen hinzu, welche allerdings
unter solchen Umständen fast notwendig über dem Dienst an
die letzte Stelle zu stehen kam, mehr vielleicht als bei irgend
einem ähnlich Gestellten oder Gebildeten im Heer, so sieht jeder,
daß die Feder gerade des Feldgeistlichen vor dem Rosten gänzlich bewahrt war und ihm weniger als einem anderen die Tinte
eintrocknen konnte.

Und das schadete uns zunächst auch gar nichts; denn in
großer Zeit waren große Anforderungen an die Arbeitskraft und
Leistungsfähigkeit aller völlig am Platz. Auch bildete richtig
betrieben jene schriftliche Thätigkeit ohne Zweifel einen unentbehrlichen Bestandteil unseres feldgeistlichen Gesamtthuns. Mochten
dann immerhin nicht selten, wenn es sich z. B. nach Gefechten
und Schlachten oder sonst in besonders unruhigen Zeiten so
traf, auch nur die späten Abendstunden tief in die Nacht hinein
dazu verfügbar sein, nachdem der Tag mit Märschen oder dem
sehr angemessenen Teilen der Alarmstellungen oder gar auf dem
Verbandplatz und im Spital in Anspruch genommen gewesen:
zum Vergnügen war ja keiner ausgezogen, und jedenfalls hatte
die Sache das Gute, daß wir Geistliche sogar in den langen
Wintermonaten von dem sonst vielfach umgehenden Uebel der
Langeweile gründlich bewahrt blieben.

Aber ebensowenig soll bei dieser Gelegenheit die Kehrseite
der Medaille verdeckt oder die Erfahrung verschwiegen bleiben,
wie zweischneidig und gefährlich unter Umständen das damalige
Berichten und Schreiben gerade der Feldgeistlichen sich gestaltete,
wenn es mitten aus den Tagen und Lagen des Feld-
zugs heraus nicht weisen Maßes und großer Vorsicht sich
befleißigte. Immerhin mag ja die ganz besondere Gestaltung

der Sache nur unseren württembergischen Verhältnissen ent=
stammen; aber wenigstens Verwandtes und Aehnliches wird
gewiß auch anderwärts vorgekommen sein, so daß die Erwäh=
nung sich für weitere Kreise gerne verlohnt. Man wollte
nämlich zu Haus um jeden Preis auch von uns etwas wissen
und hören, je mehr und je früher, desto lieber. Und es hatte
ja unserer kirchlichen Behörde nach 1866 und bei der jähen
Vorbereitung zum Krieg von 1870 saure Mühe gekostet, zu=
ständigerseits eine bisher noch ungewohnte auskömmliche Ver=
sorgung der Division mit Feldgeistlichen sozusagen Schritt für
Schritt herauszuschlagen. Wie nahe lag da die Versuchung,
durch sofortige möglichst eingehende und ausgiebige Schilde=
rungen aus unserer Thätigkeit den überzeugenden Beweis für
unsere Daseinsberechtigung geradezu amtlich vor dem Lande
zu führen. Daher nicht bloß das Dringen auf solche Berichte,
sondern namentlich auch deren periodische Zusammenstellung
und wörtliche Veröffentlichung im Beiblatt unseres württem=
bergischen Staatsanzeigers, August und September 1870. Man
soll sie zu Haus mit Begierde und Begeisterung gelesen haben,
das glaube ich herzlich gerne. Aber nun denke man sich auch
einmal unbefangen den Eindruck, welchen dieselbe Sache zu
dieser Zeit bei denen im Felde, insbesondere bei den Offi=
zieren gemacht hat, welche die betreffende Zeitung allemal als=
bald natürlich auch zu Gesicht bekamen und vorkommenfalls
von Hand zu Hand gaben. Vor mir konnten sie sich fast ganz
unbeengt aussprechen und ihren Gefühlen freien Lauf lassen.
Denn meine einverlangten Beiträge zeichneten sich stets durch
unverhältnismäßige Kürze und eine große Zurückhaltung aus,
da mir namentlich das feiner und feinst Geistliche denn doch
für einen Bericht oder gar für eine Zeitung sich allezeit herz=
lich wenig zu eignen schien, während ich bei manchem Anderen,
mehr zugleich persönlichen jedenfalls die Stunde zur Veröffent=
lichung jetzt noch nicht gekommen erachtete. Ich erfuhr des=
halb schon damals und später, daß das liebe Publikum zu
Haus meine Angehörigen erstaunt fragte, ob denn ich draußen
nicht auch etwas thue und so vieles leiste, wie die andern,
sondern vielleicht schlafe, daß ich so wenig zu berichten wisse.
Der eine und andere besorgte Brief gab mir davon Kunde und

mahnte mich, zwar nicht etwa mehr zu thun, wofür die Meinigen mich kannten, wohl aber in Gottesnamen eben auch mehr
vom Geleisteten — zu singen und zu sagen, wie es in den
alten Heldengedichten heißt und wie ich es in stachelfreiem
Humor nach zwanzig Jahren harmlos benennen will.

Damals freilich war es mir keineswegs nur zum Lachen.
Aber dennoch that ich so ziemlich das Gegenteil des wohlgemeinten Rats. Sah ich doch zu klar, wie die ganz unschuldig begonnene und zunächst wohlbegreifliche, wenn nicht gar
triftig begründete Sache anfing, uns jedenfalls bei dem hoch-
wichtigen Stand der Offiziere völlig unverkennbar den Boden
wieder abzugraben, den wir uns seither glücklich durch Arbeit
errungen. Denn in der That waren auch die Umstände vollends
für uns Württemberger zu einem solchen Geltendmachen der
geistlichen Feldleistungen wenig geeignet. Der größere oder
größte Teil der Division hatte bis jetzt ohne jegliche Schuld
noch wenig oder gar keine Gelegenheit gehabt, sich fachmili-
tärisch in bedeutenderen Kämpfen und Schlachten hervorzuthun
und dadurch ein großes von sich erzählen zu machen. Wer
wollte es ihm da im geringsten verargen, wenn er in höhnisch
bitterer Eifersucht die gar eingehenden geistlichen Schilderungen
von der ecclesia militans oder von den Feld-Pfarrern las
und daran dachte, daß namentlich auch die Leute zu Haus
ein ganz absonderliches Bild von diesem Feldzug erhalten
müssen? Ich merkte den nicht persönlichen, wohl aber amtlichen
Stich wohl, wenn wiederholt einer meiner Obersten, ein Katholik, mir das verhängnisvolle Blatt übersandte; denn katho-
lischerseits war man vorsichtiger und vielleicht durch das Beicht-
geheimnis auf mehr Zurückhaltung eingeschult. In einer anderen
Brigade aber fiel geradezu das bitterböse Witzwort: „Nun, das
nächstemal, wenn es wieder einen Krieg gibt, läßt man einen
Halbzug Pfarrer ausmarschieren und gibt denen eine Division bei!“

An so was konnte denn doch eigentlich jeder Unbefangene
merken, was die Uhr geschlagen und daß das ernstliche Interesse der Sache erforderte, einer durch unzeitige Worte oder
Berichte drohenden Verderbung des Thuns und Leistens ein
Ende zu machen. Zu Haus konnte man sich ja beim besten

Willen und überdies sehr verzeihlich getäuscht durch den großen Beifall, den dort solche öffentliche Mitteilungen fanden, unmöglich so recht in die Feldlage und den völlig anderen Eindruck hineinversetzen, welchen dieselben hier am offenbar maßgebenden Orte machten. Nun hatte ich auch sonst schon das leidige Geschäft besorgt, im Notfall das Kind beim rechten Namen zu nennen, und war bereits zu Haus nicht gerade wegen vorsichtigen und wohlweislichen Schweigens zu vorhandenen sachlichen Uebelständen in meinem Gesichts- und Berufskreis bekannt. Also kam es mir nicht mehr viel darauf an, im vorliegenden, mehrseitig mißlichen Fall abermals offen und ehrlich für die Sache einzutreten, wenn auch ohne jede Täuschung über das ohne Zweifel persönlich mißliebige des Wagnisses. Daher bat ich bei der zuständigen Behörde in aller Bescheidenheit um die Einstellung oder doch thunlichste Beschränkung jener amtlichen Veröffentlichung von unseren geistlichen Berichten. Und jedenfalls in der Sache hatte ich den gewünschten Erfolg, wenn mir auch von meinen protestantischen Kollegen nur Einer Recht gab und beistand. Denn allerdings drehte es sich in erster Linie um die Richtigkeit oder Falschheit des gewählten Zeitpunkts, beziehungsweise der etwas auffallenden und anspruchsvoll herauskommenden Form, und weit weniger um die Mitteilungen als solche, deren spätere Zulässigkeit, natürlich stets unter Beobachtung des nötigen Takts sich von selbst versteht.

Nur kurz will ich auch noch die halbamtlichen oder ganz privaten Berichte und Schilderungen berühren, zu denen wir Feldgeistliche eben durch unsere Stellung als Mittelspersonen für viele in stärkerem Maße veranlaßt oder selbst genötigt waren. Sie erforderten nicht minder große Vorsicht, welche wir freilich alle erst im Laufe der Zeit und durch manche teilweise peinliche Erfahrung von unvorhersehbarer Art zu lernen hatten. Denn jetzt konnten umgekehrt wie vorhin wir uns zuerst nicht so recht hineindenken in die Stimmung zu Haus und bedachten nicht genug, welche Bedeutung dort einer flüchtig und in Eile geschriebenen Karte oder gar vollends einem längeren Brief aus dem Felde beigelegt wurde. Liefen diese doch in rührender Teilnahme von Hand zu Hand oder wurden weitergeschickt auch an Adressen, für welche der ahnungslose

Schreiber in der Aufregung und dem Drang des Augenblicks sie wahrlich nicht bestimmt oder an die er vielmehr nicht entfernt gedacht hatte, als er seine Zeilen vielleicht gerade vor einem Abmarsch oder nach einem Gefecht hinwarf. Da schlugen ja alle Pulse lebhafter und hitziger und konnten gar leicht die vorübergehende Erregung des Augenblicks weit über das Ziel hinaus auch in das geschriebene Wort hineintragen. Mögen die etwa Verletzten mir und anderen diese offene Darlegung noch als nachträgliche Sühne vorgekommener Verstöße gelten lassen.

Und wenn nun gar vollends die Begeisterung oder das gleichgerichtete brennende Verlangen aller nach Nachrichten vom Kriegsschauplatz die letzten Schranken der Diskretion niederriß und man mit dem nächsten besten Wisch, den einer erhalten, zum Zeitungsverlag oder zur Druckerpresse lief, um das Kind des Augenblicks zu verewigen und zum Gemeingut zu machen! Ich erinnere mich vieler solcher Fälle, wie sie bei Briefen von Offizieren, Aerzten und Einjährigen meist zu deren großem Leidwesen vorkamen. Mich selbst aber befiel einmal ein förmlicher Schrecken, als mir ein übereifriger, aber minder bedachter Freund mit einem derartigen Liebesdienst eine Weihnachtsfreude machen wollte. Nach dem 30. November hatte ich mich in einem längeren Brief an denselben zu einer eingehenden Schilderung der Erlebnisse an diesem Tage verleiten lassen, welcher gerade auch für meine Tübinger Bundesbrüder im Feld und zu Haus von einschneidender Bedeutung war. Der Empfänger aber eilt in seiner Herzensfreude zur Druckerei und läßt die ganze Epistel zunächst für jenen studentischen, aber damit auch für einen weiteren Kreis wörtlich abdrucken, einen Brief, dessen Worte und Urteile weder in der Form, noch im Inhalt auf die Goldwage gelegt worden waren. Zum Glück erfuhr ich nur von einem einzigen Exemplar der Unglücksgabe, welches sich außer zu mir auch sonst noch ins Feld verirrte, und erbat mir von dem Besitzer als großen Freundschaftsdienst, dasselbe vor seinen Augen zerreißen zu dürfen. Aber von da an war ich für immer gründlich gewitzigt und sorgte jedenfalls selbst dafür, ob, wann und wie etwas von mir geschriebenes gedruckt werden durfte. — Diese Erlebnisse mit den Berichten aus dem Feld greifen allerdings, wie man sieht, bereits zugleich weit voraus und in den Winter hinein, wie sie andererseits vereinzelt schon bald nach dem Feldzugsbeginn vorgekommen waren. Aber ihren ersten nennenswerten Haupt=ort hatten sie doch in der längeren Ruhezeit und Muße um die Mitte September, bei welcher unsere Erzählung eigent=lich steht.

Kehren wir zu ihr zurück; denn es ist nun zu Gueux=Rheims genug gerastet, und in Sachen des Friedensschlusses scheint zwischen Jules Favre und Bismarck zunächst auch nicht viel herauszukommen; daher es angemessen war, dem stolzen Paris wieder ein paar Schritte näher auf den Leib zu rücken.

Der Marsch führte uns also vom 13. September an unter anderem durch Chateau Thierry und La Ferté sous Jouarre zunächst nach der schönen Stadt Meaux, die wir am 17. September glücklich erreichten. Denn es half die Fran=zosen nichts, daß sie jetzt gründlich nachzuholen versucht hatten, was sie früher nach Wörth glücklicherweise in der Sprengung von Weg und Steg versäumt. Ihr zerstörter Tunnel bei Nanteuil ließ sich für den Bahngebrauch durch eine kühne deutsche Feldspurbahn umgehen, zwischen ihren zwei gesprengten Brücken aber bei Trilport vor Meaux führte bereits unsere Bockbrücke stolz mitten durch.

Hocherfreulich war mir persönlich, daß namentlich durch kräftige Bewegung zu Pferd meine Gesundheit sich rasch wieder ganz hergestellt hatte und für die Arbeit im vollen Stande war, zu welcher uns in Meaux bei Kranken, Verwundeten und Toten unerwartete Gelegenheit wurde. Bis es nämlich hier mit dem Quartier in Ordnung war, was oft in unvermeid=licher oder auch vermeidbarer Weise etwas lange anstand, trieb ich mich gleich nach der Ankunft in den Straßen herum und entdeckte dabei zu meiner großen Freude ein abgelegenes preußi=sches Spital. Es enthielt die ersten Verwundeten von Schar=mützeln vor Paris, meist Reiter, auch einige Anfänge von Cholera und dergleichen. Die Leute waren über meinen Besuch sehr erfreut, weil sie schon lange keinen Geistlichen mehr ge=sehen, und nahmen es dankbar an, daß ich ihnen u. a. manches

zum Lesen geben konnte, auch Briefe an die Ihrigen in der
Lausitz und Oberschlesien besorgte und endlich das schon lange
entbehrte Labsal von einigen Zigarren verschaffte. Wer konnte,
kam zu diesem Genuß in den Hof heraus, da das Rauchen
drinnen nicht erlaubt war; und noch am späten Abend ent=
sandte ich angesichts dieser Erfahrung etliche launige, aber
bald erfreulich wirksame Karten an Freunde und Bekannte zu
Haus, um neuen Nachschub des edlen Rauchkrauts als weltliche
Zugabe der Pastoration mir zu erbitten. Da die meisten
Kranken katholisch waren, hatte ich auch meinen Kaplan geholt
und durfte mit ihm die Anerkennung etlicher Artillerie=Offiziere,
welche zufällig vorbeikamen, für unsere rasche Anwesenheit am
Ort der Arbeit mit Befriedigung hinnehmen.

Freilich galt es uns beiden ziemlich gleich, ob namentlich
Kranke und Verwundete diesem oder jenem Bekenntnis ange=
hörten. Dies zweimal in der Bischofsstadt Bossuets, dessen
bald gemeinsam besuchtes Grab in der Kathedrale die Erin=
nerung an jene merkwürdigen Kirchenvereinigungsversuche zwi=
schen ihm und dem deutschen Philosophen Leibniz so lebendig
wach rief. Und merkwürdigerweise hatte ich gerade hier in
Meaux mehrfach Erlebnisse und Beziehungen, welche ebensowohl
die Saite der Bekenntnistrennung als der Einheit anschlugen.
Denn gleich am nächsten Tag, der ein Sonn= und Rasttag
zugleich war, wurde mir seit längerer Zeit zum erstenmal
wieder die Gelegenheit, in einer willigst geöffneten protestan=
tischen Kirche den Gottesdienst zu halten. Zuvor hatte ich
natürlich den reformierten Geistlichen derselben besucht, an dem
ich einen ebenso liebenswürdigen, als gebildeten und unbefangen
denkenden Südfranzosen aus Nîmes kennen lernte. Wie fried=
lich und heimatlich wehte es mich doch an, wie er mich u. a.
in ordentlichem Deutsch fragte, ob es in Tübingen viele „Becker",
d. h. Beckianer oder Anhänger des bekannten Theologen J. T.
Beck gebe. Auch erbot er sich gerne, wenn wir fortseien,
unsere protestantischen Verwundeten zu besuchen, zu welchem
Zweck ich ihm etliche deutsche Testamente und ähnliches hin=
terließ.

Besonders aber kam mir die Bekanntschaft, um nicht zu
sagen die rasch geschlossene Freundschaft mit dem mir ungefähr

gleichaltrigen wackeren Manne bei einem sonderbaren Vor=
kommniß gegen Abend zu gut. Nach dem Gottesdienst, welcher
schwierigen Bestellens halber erst spät nachmittags möglich war,
zeigte er mir nämlich den durch den Maire vermittelten Befehl
eines unserer katholischen Kommandeure an ihn, den Fran=
zosen, die Leiche eines protestantischen Selbstmörders aus der
Brigade eben noch an diesem Abend zum Kirchhof zu begleiten.
Das kam mir nun eigentlich doch so vor, als sollte der Tote
damit kirchlicherseits halb ehrlich, halb unehrlich bestattet wer=
den. Denn daß der deutsche zuständige Feldgeistliche am
Orte war, mußte man betreffenderseits fast notwendig wissen,
sofern nach meiner Erinnerung mehr als nur unsere ganze
Brigade schon seit einem vollen Tag in der Stadt lag. Und
bereits war mir auch vor Ohren gekommen, daß jener Soldat
wohl als Opfer der übergroßen Anstrengungen beim Gefangenen=
transport von Sedan nach Pont=à=Mousson und zurück anzu=
sehen sei. So wenig ich daher früher aus meiner Verwerfung
mutwilligen Selbstmords ein Hehl gemacht, schien es mir doch
in diesem Fall sehr angemessen, daß die Kirche und natürlich
die heimisch=deutsche des Mannes selber den Schild der Huma=
nität über ein derartiges Grab decke. Mein französischer
Kollege, dem ich das nötige kurz erklärte, war ganz damit
einverstanden, meinte aber, dem ihm gewordenen Befehl eben
doch in gewisser Weise folgen zu müssen, also mich begleiten
zu wollen, wenn ich nichts dawider habe. Und so kam jener
arme deutsche Selbstmörder sogar zu einem kirchlicherseits zwie=
fach ehrlichen Begräbnis, zumal auf dem protestantischen Kirch=
hofsteil ihm ohne weiteres ein Plätzchen in der Reihe gegönnt
wurde, wie ich in meinem höchst peinlichen und schmerzlichen
Schreiben an die Eltern des Toten nachher hervorheben durfte.
Weltlicherseits freilich war es ein gar ärmlicher und traurig
kleiner Zug, wie ein paar französische Blaublusen den rohen
Sarg durch die Dämmerung hinaustrugen, begleitet außer uns
von fünf Jägern. Ich hatte bei der seltsamen und mir nicht
ganz durchsichtigen Anordnung von behördlicher Seite mich auf
einen gehörigen Verweis ob meiner Einmischung gefaßt gemacht.
Aber am andern Morgen wurde mir ruhig der Beerdigungs=
schein zur Unterschrift überschickt, „da ich den Mann ja doch

begraben habe". Auch gut, dachte ich; wie es scheint, hat
man mich verstanden.

Aber wie zumal im Feld die Lagen und Stimmungen
schnell wechseln! Bei der stillen Rückkehr von dem trüben
Gang kamen wir zwei Geistliche an der Mairie oder einem
ähnlichen besseren Gebäude vorbei. Da faßt mich mein Franzose plötzlich krampfhaft am Arm und ruft mit gedämpfter
Stimme: „O mon Dieu, c'est lui, o mein Gott, das ist er!"
Wie ich hinsah, erblicke ich dort, verschwimmend im Abend-
dunkel, unter etlichen Offizieren die hohe Reckengestalt Bis-
marcks, den auch ich vorher noch nie mit Augen gesehen. Aber
das entsetzte „c'est lui" meines sonst so helldenkenden Genossen,
welches klang, als hätte er den leibhaftigen Gottseibeiuns gesehen, reizt mich zum Gegendruck, daß ich mit sachgemäßer An-
leihe bei dem bekannten Witzwort des ersten Napoleon ihm
erwiedere: „Oui, monsieur, c'est lui, c'est non seulement le
plus long, mais aussi le plus grand de tous nous autres Allemands; ja, mein Herr, das ist er. Das ist nicht bloß der
längste, sondern auch der größte unter uns Deutschen allen!"

Am folgenden Tag war zunächst gleichfalls noch Rast,
bis nachmittags der Weitermarsch erfolgte. Aber auf unsere
Bitte war uns Geistlichen gestattet worden, noch ein wenig
zurückzubleiben, weil es am Ort verschiedenes für uns zu thun
gab. Denn schon am Morgen begann in den Räumen der
Kavalleriekaserne eine Reihe Typhuserkrankter von demselben
Regiment eingeliefert zu werden, dem der obige Selbstmörder
angehört hatte; und es war dies der erste schlimme Anfang
einer Krankheit, welche den ganzen Winter hindurch hauptsächlich von dieser Abteilung nicht mehr wich. Nachmittags galt
es, außer einigen preußischen Toten noch einen zweiten engeren
Landsmann zu Grab zu geleiten, welcher sich gleichfalls ver-
mutlich absichtlich durch eine zu große Gabe Opium von des
Lebens Nöten befreit hatte. Es verstand sich aber doppelt von
selbst, daß wir im Zweifelsfall ihn ruhig und ehrlich neben
dem Kameraden vom Tag zuvor zu Grabe brachten, obwohl
es bei ihm in der Eile nicht einmal zu einem Sarge reichte.

Dagegen war es mir eine gemütliche Erleichterung, gegen
Abend noch eine Anzahl kranker und verwundeter Sachsen auf-

zufinden, für welche in einem sonstigen, üppig ausgestatteten
Ballsaal Unterkunft bereitet worden war. Und der absonderliche Gegensatz der Umgebung störte wirklich nicht, als ich ihnen
eines unserer schönen Abendlieder vorlesen und zu ihrer Freude
eine kurze Andacht halten durfte.

Andern Morgens ging es vollends ins Hotel-Dieu oder
städtische Spital, wo, wie wir spät genug erfuhren, gleichfalls
noch verschiedene Deutsche lagen. Unter den barmherzigen
Schwestern war hier eine, welche ordentlich deutsch sprach und
auch sonst einen sehr guten Eindruck machte. Ich empfahl ihr
beim Abschied herzlich unsere Kranken, auch die Protestanten,
und konnte ihr auf ihre schüchterne Frage gerne versichern, daß
sie nicht minder bei diesen für das Vaterunser Sinn und Verständnis finden werde, wenn sie es mit ihnen beten wolle. Diese
nähere, ob auch kurze Bekanntschaft war mir übrigens im
Winter noch einmal sehr erwünscht, als ich bei einem gelegentlichen Besuch desselben Spitals ganz unerwartet einen nahen
Verwandten schwerverwundet von Champigny daselbst traf und
nun keine Mühe hatte, ihn jener wackeren Schwester zu freundlicher Pflege und Wartung zu empfehlen.

So war es denn fast prophetisch, daß wir noch in Meaux
umfangreicher und mannigfaltiger als vorher in den Spital-
dienst eingeführt wurden, welcher fortan vor Paris einen großen
und wichtigen Bestandteil unserer Thätigkeit bilden sollte.

Zunächst hatten wir jedoch der vorausgezogenen Brigade
nachzueilen, welche bereits bei dem verhandlungsberühmten
Ferrières lag. Und diese diplomatische Luft sowohl, als die
beginnende Nähe von Paris, um das der einschließende Ring
sich eng und enger zog, machte sich bereits auch uns einsamen
Nachzüglern interessant bemerkbar. Ich zu Pferd, mein Genosse
im Einspännergefährtchen, kamen wir das eine Mal durch halb
verlassene Dörfer, wo fast nur noch die stehenden Gestalten
jener alten Männlein und hexenartig aussehenden Weiber ge-
bückt an Stäben herumschlichen; das andere Mal trafen wir auch
noch belebtere Orte und mußten durch den Haufen der Blaublusen hinburch, welche in lebhaftestem Gespräch, um nicht zu
sagen Geschrei und mit aufgeregtem Gebärdenspiel eben auch
ihren Beitrag zu den in nächster Nähe stattfindenden Verhand-

lungen Jules Favre's mit Bismarck zu geben versuchten. Uns zwei ließen sie jedoch ganz in Ruhe und zogen sogar vor dem internationalen Priestertum meines Kollegen höflichst die Zipfel- und sonstige Mütze.

Ihm verdankte ich es nicht minder, daß ich am Abend beim Curé von Ferrières freiwillig noch ein ordentliches Quartier bekam, für welches unsere amtliche Unterkunftsstelle nicht weiter zu sorgen für nötig hielt. Denn ihr etwas gar zu kurzer und beschränkter Blick sah überhaupt namentlich in allem Zurück- bleiben oder Auswärts- und Seitwärtsreiten eine unsoldatische Ordnungslosigkeit und rein private Willkür, welche man für sich oder den Bedienten und das Pferd zu fühlen bekommen mußte; warum blieb man nicht streng und stramm beim Sa- nitätszug und half zur Erhöhung des Eindrucks dessen „Stab" markieren oder mitvorstellen! Für jeden Denkenden ist es da- gegen selbstverständlich, daß gerade der Geistliche der ganzen Brigade auf eine solche pedantisch-peinliche Ortsbeschränkung schlechterdings nicht eingehen konnte, weshalb ich auch abgesehen von eigentlichen Dienstwegen schon auf den Märschen absichtlich im Anschließen mit den einzelnen Abteilungen wechselte, um überall bekannt zu werden.

Bei obigem französischen Pfarrer nun hatte ich es wie gesagt ganz gut. Denn als ein recht ordentlicher Mann setzte er uns nicht bloß, wenn ich mich recht entsinne, den üblichen Stallhasen wohlzubereitet vor, sondern bewirtete uns auch zum Nachtisch mit einem Abhub aus dem Schloß von Ferrières, nämlich mit dem Zugeständnis, daß man ja fran- zösischerseits immerhin in Gottesnamen eingehen könne auf eine Neutralisierung des Elsasses und — des linken Rheinufers, um dadurch zu dem auch für uns so nötigen und wünschenswerten Frieden zu gelangen. Wenn man Bismarck im gleichen Dorf, d. h. im dortigen Schlosse Rothschilds wußte, konnte man schließ- lich mit großer Seelenruhe und Heiterkeit auch solche politische Weisheit schlucken. Doch schmeckte der Wein und Likör des in allewege höflichen Quartierwirts immerhin besser.

Und nun ging es vollends mit kurzen Märschen und endlos langen Halten wegen der schließlichen Zusammenschie- bung und Ordnung der alldeutschen Belagerungstruppen dem

Ziele zu, vorbei an Orten und Plätzen, von denen keiner unter uns schon ahnte, wie genau wir noch in Monaten mit ihnen vertraut und fast heimisch bekannt werden sollten. Endlich, es war ein Samstag Vormittag den 24. September, stehen wir im stattlichen Dorfe Chennevières hoch über dem Marnebogen: da liegt im prächtigen Herbstsonnenglanz das schöne stolze Paris unter und vor uns, und mit begreiflichem Hochgefühl schweift das Auge von unserem trefflichen Standort im Osten aus über die ganze weitgedehnte Weltstadt bis zum fernen Triumphbogen und dem drohend abschließenden Mont Valérien im dunstig verschwimmenden Westen. Aehnlich mag es wohl einst Xenophons berühmten Zehntausenden zu Mute gewesen sein, als nach langen, beschwerlichen und gefährlichen Märschen durchs feindliche Land von den vordersten Abteilungen her der Jubelruf „Meer! Meer!" erschallte und sie sich damit am lange ersehnten, Rettung und glückliche Heimkehr verheißenden Ziele angekommen wußten!

Zwar waren wir ja gewiß nicht mit dem voreiligen Siegesgeschrei ausgezogen, mit welchem die Franzosen des Feindes Hauptstadt als ganz selbstverständlichen und sofort erreichbaren Abschluß ihres militärischen Spaziergangs über den Rhein den Lüften verkündet hatten. Aber nach harter Arbeit und blutigsten Kämpfen des deutschen Gesamtheers war es gewiß ein berechtigter Stolz, der uns erfüllte bei dem Gedanken, nun unsererseits vor dem „Herzen der Welt" zu stehen und hoffen zu dürfen, daß dasselbe jetzt endlich in sich gehen und des frevel begonnenen Spiels in rückhaltsloser Einräumung des Verlorenhabens werde genug sein lassen.

Beinahe drei Wochen, vom 24. September bis 14. Oktober war es uns vergönnt, eben zu Chennevières im weitaus behaglichsten Quartier des ganzen Feldzugs so gut wie ruhig und unangefochten zu liegen, was wohl auch die anderen Abteilungen des Belagerungsheers in ähnlicher Lage aus dieser Zeit vielfach werden zu rühmen wissen. Bei uns wenigstens kam beinahe nichts vor, was die Erinnerung an jenes „Kapua", im guten Sinn des Worts, ernstlich trüben würde. Und das that uns allen gewiß gut als überwiegend heiteres Vorspiel der ungeahnt langen und tiefernsten Winter-Tage oder vielmehr Wochen und Monate vor Paris.

Mein Quartier lag am höchsten Ostende des Dorfs gegen Ormesson zu. Zufällig befand sich auf dem Dach des Hauses auch noch ein kleines Erkertürmchen, das für uns und manche Gäste einen ausgezeichneten Aussichts- und für Fachleute sogar einen trefflichen Beobachtungspunkt bildete. Namentlich war es höchst anziehend, von hier aus bei Nacht nach der Riesen- stadt auszulugen, wie sie damals noch im Glanze ihrer Gas- laternen weither schimmerte und flimmerte, bis später die Kohlen- vorräte ausgingen. Und in den ersten Tagen machten sogar die Eingeschlossenen vielleicht sich selbst und jedenfalls uns das wiederholte Vergnügen, mit reichlich geworfenen Leuchtkugeln und namentlich mit elektrischem Licht vom Observatorium aus tastend nach des Feindes umklammernden Stellungen die Um- gegend abzusuchen. Wenn uns der elektrische Lichtstreifen in seiner Drehung traf, konnte man auf unserem Türmchen lesen, zog es aber dann namentlich späterhin vor, nicht gerade in der vollen Fensteröffnung sich zu zeigen; trieb sich doch der Feind nur über der Marne drüben herum und lauerte auf, wohin er knallen konnte.

Mit dem Quartierraum brauchte man diesmal nicht zu sparen, zumal unserem engeren Sanitätskreis sogar zwei Häuser zur Verfügung standen. Aeußerst hübsch und freundlich, wie so häufig in der villenreichen Umgebung von Paris, lagen die- selben frei im Grünen, mit einem wohlgepflegten Blumen- garten vorne und einem nicht minder wertvollen Nutzgarten nach rückwärts, anlehnend an ebensolche erfreuliche Nachbar- gärten. Denn ohne jeglichen Gewissens- oder Dienst- und Ge- setzesskrupel ergriffen wir natürlich alsbald freudig Besitz von „unserem" schönen Rebengang unten, der voll herrlicher schwarzer Kleonertrauben hing. War doch unser Haus, wie so ziemlich das ganze Dorf völlig von den Besitzern und Bewohnern ver- lassen, die größtenteils nach Paris hineingeflohen waren.

Aber nun war die schwierigere Frage, wie man sich in dem gänzlich verlassenen Quartier selbst auf eine offenbar längere Dauer einigermaßen häuslich einrichten solle. Etliche Uebung hatte man schon in den letzten Tagen bekommen, wo es bereits galt, mit dieser völlig neuen Unterkunftsform zurechtzukommen, die weder Biwak noch Quartier im bewohnten Hause war. Was einigermaßen leichter beweglich und beförderbar heißen konnte, hatten die Fliehenden mit sich genommen oder wenigstens in allerlei abgelegenen Räumen und Gelassen vor uns versteckt, da sie jedenfalls auf keine so lange Anwesenheit des Feindes rechneten. Denn sonst hätten sie es ruhig offen liegen lassen können, weil man das Versteckte ja doch mit der Zeit aufspürte. Not macht erfinderisch und finderisch, das haben wir reichlich erfahren.

Bei den Offizieren und uns mit ihnen Gleichgestellten waren es namentlich die Bedienten, deren Scharfblick und unbeengterer Aneignungskraft man für die erste menschlichere Herrichtung und Ausstattung seiner zunächst rundweg leeren vier Wände vieles zu danken hatte. Bei solchen Gelegenheiten, die von jetzt an noch öfters wiederkehrten, erschien es mir deshalb stets als eine gelinde Ungerechtigkeit, diese Leute mit ihren so wertvollen, wenn schon nicht streitbaren Diensten in einem Feldzug nur so geringschätzig als sogenannte „Bläser" zu bezeichnen und entsprechend zu schätzen. Waren sie auch im Durchschnitt durchtriebene Bursche, die im Zusammenhang mit ihrer leichten und gefahrloseren Stellung unter Umständen gar sehr ihre eigenen unbeaufsichtbaren Wege zu gehen wußten, so hingen sie doch auf der anderen Seite auch wieder mit rührender und aufopfernder Treue an Herren, von denen sie anständig behandelt wurden.

Die Unsrigen nun, unter welchen der katholische des Kaplan entschieden der hellere und sogar bedenklich schlaue war, hatten also zu Chennevières in wenigen Stunden das nötigste zusammengefunden, was der Mensch nun eben einmal auch ohne große Ansprüche bei Tag und Nacht braucht. Mein „Bett" z. B. bestand ohne Lade aus einer Matratze und einem grünseidenen Plümeau ohne Ueberzug; als Decke aber diente während aller nächstfolgenden Wochen und Wintermonate der graue Reitermantel samt dem Teppich des Pferds, falls dieses entsprechend untergebracht war. Ob der Bediente die ersteren Stücke in unserem Haus aus der Verborgenheit gezogen, oder sie sonst in einem ebenso verlassenen anderen aufgetrieben, darüber habe ich mir offen gestanden weder Gedanken noch Skrupel gemacht.

Ganz ähnlich haben sich auch die Uebrigen zu versorgen gewußt, die einen etwas besser, die anderen schlechter, als mein ungefähres Durchschnittsbeispiel zeigt. Zu schnöder Verweichlichung reichte es jedenfalls bei keinem zu; das hieße unser „Kapua" entschieden mißverstehen. Nur auf den einen Bildungsgenuß habe ich stets in den verlassenen Quartieren gehalten, so lange Frankreichs glückliches Klima wenigstens an geschützten Plätzen bis tief in den November hinein es erlaubte: ich pflegte mir sofort nach Ankunft in den lieblichüppigen Hausgärten einen schönen Strauß von duftendem Heliotrop und Reseda, von leuchtenden englischen oder gemeinen Geranien und zarten Theerosen zu holen und als Augenweide auf die Kaminkonsole vor den fast nie fehlenden großen französischen Spiegel zum Doppelanblick zu stellen. Das war mir in zigeunernder Kriegszeit immer ein wohlthuendes Sinnbild friedlicher Gesittung und wirkte durch die stumme Sprache der Blumen als ästhetisch versöhnende Schwichtigung mancher sonstigen Mißtöne der Zeit oder Umgebung.

Wie die Quartiere, so waren binnen kurzem auch die Repli's und Feldwachen der Soldaten und Offiziere ausgestattet, nur noch etwas abenteuerlicher und durch den Gegensatz humoristischer. Da fanden sich hinter bilderbeklebten spanischen Wänden, welche den gemütlichen Schein der Kugeldeckung erweckten, richtige Fauteuils beigeschleppt; sogar etliche von den geschichtlich gewordenen Pendülen waren aus den verlassenen Wohnungen zur häuslichen Behaglichkeit an den Bäumen aufgehängt; denn „ohne uns wären sie ja doch nie auf einen grünen Zweig gekommen", meinte einer der Soldaten in trockenem Witz.

Im Anfang machten wir alle gerne Besuch an diesen komischen Stätten eines gesunden und harmlosen Soldatenhumors, bis es später verboten wurde. Denn allerdings war die Sache wenigstens scheinbar und schon ehe es nachher anders Ernst wurde, für Unbeteiligte nicht angemessen, weil unnötig gefährlich. Nur über dem Fluß drüben, welcher hier hart an den Hügel tritt, lagen ja die Franzosen und knallten immer

ab und zu in unſer Dorf herein, namentlich wenn ungeſchulte
Mobilgarden ſtatt vernünftigerer Linie Vorpoſten hatten. Jene
mußten ſich doch auch das ungewohnte Vergnügen des richtigen
Schießens ſtatt bloßen Schimpfens auf die Pruſſiens machen.
Aber die Geſchichte war wirklich recht harmlos, ſo daß man
ſich raſch wenig mehr darum kümmerte. Denn ſie ſchoſſen
nur auch gar zu ſchlecht, wenn ſie bloß ſo geſchwind hinter
einer Hausecke hervorhuſchten und das Gewehr unter dem Arm
abbrückten, ohne zum richtigen Zielen die Zeit oder auch den
Mut des längeren Ruhigſtehens zu erſchwingen.

Meines Wiſſens iſt in dieſen drei Wochen des Vorſpiels,
welche ich hier natürlich allein im Auge habe, auf unſerer Seite
zu Chennevières lediglich ein Trommelfell im Schloßhof des
Stabs und ein Packwagen ernſtlicher von franzöſiſchen Gewehr-
kugeln getroffen worden, während unſer einziger damaliger
Tote ſchmerzlich und tragiſch genug weiter rückwärts durch ein
beiderſeits unverſchuldetes Mißverſtändnis von einer deutſchen
Patrouille niedergeſchoſſen worden iſt.

Im ganzen freilich muß man ſich faſt wundern, daß
ſchon jetzt nicht doch mehr Schaden angerichtet wurde. Denn
namentlich unter unſeren Offizieren fanden ſich einige, teilweiſe
ehemalige Studenten und als ſolche auch mit mir raſch befreundet,
welche man nur die „Waſſervögel" nannte. Ihr Hauptver-
gnügen war, in freien Stunden an der Marne herumzuſtreichen
und über deren dortige Inſel mit allerlei Fahrgelegenheiten ans
jenſeitige Ufer nach der Vorſtadt La Varenne überzuſetzen, um
den Franzoſen dort den einen oder andern Schabernak zu ſpielen.
Berühmt wurde die buchſtäblich wahre Geſchichte, daß ſie einmal eine einſam und allein dahängende franzöſiſche Fahne ſich
herüberholten, über Tag auf das weiße Mittelfeld einen richtigen
Stallhaſen malten und die ſtolze Trikolore des Feinds mit
dieſer heraldiſchen Verſchönerung in der Dämmerung wieder
an ihren Platz brachten. Beinahe freilich wäre dem Haupt-
übelthäter ein ähnlicher Ausflug herzlich ſchlecht bekommen, weshalb auch das Hauptquartier derlei Sachen nur ungern oder
bitterſüß mit anſah, ja am Ende wegen unnötiger Gefährdung
und Ruheſtörung verbot. Von letzterem abgeſehen aber konnte
man Offizieren vom Fach und mutigen jungen Männern auch

8*

einen solchen waghalsigen Mutwillen kaum verargen, in welchem
der alte Studentenulk nachklang. Gehörte er doch mit in die
humoristische Pause von Chennevières, welche eine kurze Erholung
vom bitteren Kriegsernst bot.

In dasselbe Register sind der Hauptsache nach auch die
„Findungen" zu schreiben, für welche diese Zeit gleichfalls den
Blüte- und Höhepunkt bildete. Wer dabei war, wird ohne
krankhafte Empfindsamkeit sein Gewissen durch jene Erinnerungen
so wenig ernstlich beschwert fühlen, als uns einst der gefundene
Wein schwer im Kopf oder Magen lag. Mit Sack und Pack
geflüchtet konnten nämlich die offenbar großenteils wohlhaben-
den Einwohner nicht auf dem Requisitionsweg zur kriegsüblichen
Naturalverpflegung des Heers beigezogen werden, das hier in
so großer Zahl an einem Punkt zusammenlag. So wurde eben
ohne weiteres mit Beschlag belegt, was sich an den verlassenen
Stätten Eß- und namentlich Trinkbares noch vorfand. Und
es waren das allerdings nicht selten edlere Weine, als sie dem
Feinde auf Verlangen geliefert worden wären. Aber gar seltsamen, oft komischen Gräbern entstiegen sie in Kellern, Gärten
und Hofräumen, durch keine bedeckende, übertünchende und mas-
kierende List der abgezogenen Besitzer vor dem deutschen Tief-
und Scharfsinn gesichert, welchem außer dem allgemeinen gesunden Menschenverstand teilweise sogar geologisch-botanische
Kenntnisse in unserem buntgemischten Heere bei der Entlarvung
halfen. Namentlich war man bald darauf gekommen, daß die
Schlauheit der Franzosen durch den abschreckenden Gegensatz
hatte wirken wollen und deshalb die schönsten rothalsigen Flaschen gerne in Dunggruben oder Komposthaufen versteckt hatte.
Wir fanden aber nicht, daß der treffliche Bordeaux dadurch ein
falsches Bouquet bekommen habe. Vielmehr that er den Kriegs-
nerven als Nachkur der früheren Brechruhr ganz gut, und man
verschmähte es auch nicht, wenn ab und zu noch etwas stär-
keres wie Rum oder Kognak mit ans Tageslicht kam. Gegen
ein Uebermaß sorgte schon die große Zahl der Anteilnehmenden.
Denn wenn sich allemal die Kunde rasch verbreitete, diese oder
jene Abteilung habe einen gelungenen Fund gethan, so durfte
sie um glückwünschende Besuche und freundliche Abnehmer des
Ueberflusses nicht verlegen sein. Auch den verschiedenen Stäben

pflegte wenigstens ein hervorragenderer Dienfteifer vom Gefundenen ben Tribut abzuftatten, fo baß es in ber Hauptfache
dennoch meift hieß: Wie gewonnen, fo zerronnen!

Mit Eßbarem war es abgefehen vom herrlichsten Obfte
weniger weit her und gab es dabei zuweilen tragikomifche Ver-
wechfelungen. Auf einer Feldwache aß ich felbft einmal von
einer Reisfuppe mit, welche man wegen ihres etwas abfonderlichen Ausfehens der Vorprobe des tierifchen Inftinkts bei einer
der vielen herumftreichenden Katzen unterftellt hatte. Denn diefe
Tiere waren nach bekannter Art weniger als ihre Herrfchaften,
die Franzofen, zum Flüchten geneigt und umgaben uns als eine
ganze Kolonie von gemeiner und Angoraraffe. Befagte Suppe
nun erwies fich immerhin für Tier und Menfch als ganz wohl
eßbar, aber dennoch ftellte fich nachträglich heraus, baß wir
den — Pudervorrat ber abwefenden Dame eines Haufes uns hatten
fchmecken laffen. Ein anderes Mal erfcholl in meinem Sanitätszug fogar die Schauerkunde, daß zehn Mann vergiftet feien,
weil wahrfcheinlich Arfenik im Salz gewefen. Und allerdings
wanden fich die betreffenden kläglich; jedoch ergab fofortige
ärztliche Unterfuchung ben völligen Ungrund des Verdachts, da
die ftarke Magenverftimmung der bald wieder Genefenen lebig-
lich von verdorbenem Schmalz herrührte, das fie irgendwo er-
wifcht hatten. Meines Wiffens haben die Franzofen überhaupt
nie mit Gift operiert, was ich zur Ehre ihrer heißblütigen,
aber im allgemeinen durchaus nicht heimtückifchen Natur hervorheben möchte.

In unbefchäftigten Tagen entwickelte fich natürlich diefe
einmal rege gemachte Jagbluft bei vielen zu einer Art von
wetteiferndem Sport. Und unfer Sanitätszugskommandant,
von welchem ich bisher zuweilen minder anerkennend zu reden
hatte, verdient dabei der Gerechtigkeit halber eine befonders
rühmende Erwähnung. Ihm war nämlich zunächft fogar fein
Säbel zum fuchenden Stechen und Stupfen in Frankreichs
heiliger Erbe nicht lang genug, fodaß er fich einen harpunen-
artigen Spieß machen ließ und damit luftig als befonders
fchwunghafter und faft indianifch fcharffinniger Weinfucher auf
Entdeckungen auszog. Dabei ftieß er jedoch einmal, übrigens
bereits ein paar Wochen fpäter in dem weiter rückliegenden

Dorfe La Queue, zu seinem enttäuschten Leibwesen unter einer
Dunglage auf eine zierliche Schatulle; und wie wir sie zu=
sammen öffneten, lagen gegen 28,000 Fr. drin, 4000 sogar im
schönsten blanken Gold. Der sonderbare Besitzer hätte es leicht=
lich in der Hosentasche mitnehmen können, worin sie ja doch
immer die Hände stecken hatten. Aber statt einen Sou zu be=
rühren, wurde von uns sogleich der im Dorf anwesende Adjunkt
des Maire's und noch ein französischer Zeuge herbeigerufen, das
Geld vor ihnen auf den Tisch gezählt, eine Doppelurkunde da=
rüber mit unser aller Namensunterschrift aufgenommen, das
eine Exemplar den Franzosen übergeben und das andere mit=
samt dem Geld ans württembergische Hauptquartier zum Be=
huf ordnungsmäßiger Rückerstattung an den Besitzer nach dem
Friedensschluß abgeliefert: „car nous ne sommes pas des vo-
leurs; c'est seulement votre pauvre vin enterré que l'on cherche,
car on doit vivre; denn wir sind keine Diebe, wir suchen nur
eurem armen vergrabenen Wein ans Tageslicht zu verhelfen,
da man eben leben muß", mit dieser getrosten Bemerkung ent=
ließen wir die zwei erstaunten Franzosen, welche alles eher er=
wartet hatten.

Aehnliches, was sich gerade bei uns von selbst verstand,
ist übrigens in einer andern Brigade mit gefundenem Geld
auch bei einem gewöhnlichen Soldaten vorgekommen. Indessen
kann die nüchterne Ehrlichkeit durchaus nicht dafür einstehen,
ob es immer und in allen Fällen so glücklich und tadellos ab=
lief. Denn die einzelnen Menschenkinder waren eben auch bei
dem deutschen Heer verschieden.

Gewiß noch innerhalb der Grenze des zulässigen lag es
dagegen, wenn es hier in den völlig verlassenen Häusern dem
Soldaten auch dienstlich nicht verwehrt wurde, mit etwa zurück=
gebliebener Wäsche und Kleidungsstücken seine allmählich in die
Brüche gegangene eigene Ausstattung zu ersetzen.

Rechnet man also in diesem Punkte der Findungen hin
und her alles zusammen, so kann man zwar immerhin den
französischen Curé von Chennevières, übrigens einen finster und
wild aussehenden Gallier, billig begreifen, muß aber anderer=
seits doch schließlich meinem Kaplan Recht geben. In einem
klassischlateinischen Gespräch mit letzterem meinte nämlich der

Franzose: „Dic mihi, milites tuos absolvere potes, quia sunt
rapaces; sage mir, kannst du denn deine Soldaten absolvieren,
da sie doch räuberisch sind?" Aber der Deutsche erwiderte
kraft seines Amts und des im wesentlichen gewahrten Kriegsrechts ruhig: „Ego absolvere possum, vale; ich kann sie absolvieren; lebe wohl!"

Damit wollen auch wir die Findungen zunächst ruhen
lassen und uns noch kurz einem völlig harmlosen Bilde aus
jener Herstzeit vor Paris zuwenden. Es waren die von Haus
gewohnten frohen Geschäfte der Jahreszeit, denen die mäßig in
Anspruch genommene Mannschaft eifrigst oblag, um das angenehme mit dem nützlichen zu verbinden und in der Ferne sich
wunderbar wie daheim zu fühlen.

Wie reich und prächtig war doch vor allem der Trauben-
ertrag der verlassenen Hänge in unserer Stellung, ganz anders,
als meist bei uns zu Haus in viel weniger günstiger Lage!
Da hatte jeder nicht bloß zum Essen genug, sondern es reichte
auch noch sattsam zur kunstlosen, aber praktisch erfinderischen
Bereitung eines vortrefflichen „Neuen". Die Sache war halb-
amtlich, halb stillschweigend förmlich organisiert; jeder Abteilung im weinbergversehenen Bezirk war ihr Teil zugewiesen
und die Schildwachen paßten neben der Acht auf die Franzosen jenseits des Flusses kaum weniger pünktlich und eifrig
auf ihren „Regimentsweinberg" auf. Und wenn die Trauben-
lesenden von den darob ergrimmten Franzosen auf den fernen
Forts die eine und andere unschädliche Granate herübergeschickt
bekamen, so mußte ja jeder, daß zu einem richtigen Herbst auch
Feuerwerk gehört. Ebenso wurde das überreich vorhandene
Obst der Gegend richtig zu Apfelwein verarbeitet, — wie?
das wissen die Götter und begehrte niemand unnötig zu
schauen; aber jedenfalls war er trinkbar und besser, als der
deutsche Wein, den uns eine Zeitlang bis zur ärztlichen Einsprache unser Mannheimer Divisionslieferant vorsetzte.

Desgleichen wurden auch die Kartoffeln geflissentlich ein-
geheimst, um freilich in den Winter hinein bald zu erfrieren
und damit nur eine elende Hungerstillung abzugeben. Garben
wurden gedroschen und in einer glücklich entdeckten Dampfmühle
bei Ormesson gemahlen, welche ein weiser solbatischer Mühlen-

doktor wieder in stand gesetzt hatte, bis ihr später die nei-
dischen Granaten von Charenton in den ersten Dezembertagen den Garaus machten. Ja sogar an die Fabrikation
von Lichtern wagte man sich, wozu unser edles Faktotum, der
Hammel, den Talg lieferte. Sie waren zwar etwas absonder-
lich in der Form, mehr wohlgemeint dick, als gut, wie ich
mich bei einem derartigen Geschenk eines Soldaten überzeugte;
aber immerhin gaben sie Licht und waren jedenfalls selbstgemacht;
das war die Hauptsache.

Bei jenen ländlichen Herbstgeschäften ließ man auch die
wenigen noch dagebliebenen Franzosen ruhig miternten, obwohl
gerade die betreffenden sicherlich so wenig formelles Eigentums-
recht dabei hatten, als wir, denen es doch kriegsrechtlich gehörte. Hieß und heißt es doch eben vom Krieg überhaupt:
„Du bist ein harter Mann, erntest, wo du nicht gesät, und
schneidest, wo du nicht gepflanzt haft."

Dagegen fiel es unsern Soldaten wirklich schwer, wo militärische Zwecke wie die Anlegung von Schützengräben oder die
Herstellung einer freien Schußbahn das Ausrotten eines Wein-
bergs oder das Umhauen von Obstbäumen verlangten. Ich
fühlte das einmal so recht, als ich an einem regnerischen Sonntag
Nachmittag von Chennevières nach dem später so kampfberühmt
gewordenen Coeuilly hinüberging, um mich nach der etwaigen
Möglichkeit eines Gottesdienstes zu erkundigen. Da traf ich
nun meine Jäger, meist Weingärtner aus der Gegend von
Heilbronn und dem Hohenlohischen gerade mit diesem Notwerk
einer Weinbergzerstörung neben der Parkallee beschäftigt, und
einer meinte, wie er einen kerngesunden Rebstock abtreten mußte:
„Nicht wahr, Herr Pfarrer, das ist eine böse Sonntagsarbeit!"
Man wird mir zutrauen, daß ich den Mann zunächst darauf
hinwies, wie ja derartiges vom Kommando nur dankenswert
und in ihrem eigensten Interesse für die bevorstehenden Tage
des Kampfes angeordnet sei; wer ernstlich wolle, könne seinen
Sonntag auch zu anderer, dienstlich gelegener Zeit nachholen.
Aber daneben freute mich die gemütlich innere Beziehung zu
dem edlen Gewächs der Erde, welche doch zugleich aus jenem
bedauernden Worte des Soldaten sprach.

In solcher Weise waren unsere ersten Wochen vor Paris

wirklich in mannigfacher Hinsicht die Zeit der förmlichen Anfässigmachung und Einbürgerung vor des Feindes Hauptstadt. Dies
gilt endlich nicht minder auch von unserem geistlichen Dienste,
für welchen das beginnende Ruhigliegen gleichfalls eine entsprechende Ordnung und festere Regelung von einigermaßen
frieblich bürgerlicher Art möglich machte.

Für den leichtest thunlichen Gottesdienst am Hauptort,
um nicht zu sagen Mutterfitz zu Chennevières und an ähnlichen
späteren Plätzen hielten wir beiden Konfessionen es für angemessen, ihn jede getrennt zu halten. Für die Kirchenbenützung
hier und anderwärts mußte jedoch mein Kollege bei seinen
Bekenntnisgenossen die erforderliche Vermittlung übernehmen,
während bei mehr weltlichen und allgemeiner menschlichen Verhandlungen meistens mir der Vortritt zufiel. Jenem nun gelang
es natürlich überall, den Zugang für sich und damit auch
für uns Protestanten. zu erlangen, obwohl ihn später einmal
ein Curé wahrscheinlich unsrethalber besorgt fragte: Est-ce qu'ils
sont baptisés tous, sind sie doch auch alle getauft? Dabei dachte
er wohl im Augenblick an seine Turko's und ähnliches Volk;
denn Juden hatten wir ja nicht viele unter uns, wiewohl ich
dieselben allezeit und ohne weiteres mit völlig unparteiischer
Anteilnahme auf meinen protestantischen Part nahm.

Mit gebührender Rücksicht auf den katholischen Charakter
der benützten Kirche ließ ich dabei meinem Kaplan ruhig den
Vorrang in der Zeit trotz meiner weit größeren Militärgemeinde,
so daß er meist um 10, ich dann um ½ 11 Uhr Dienst hatte.
Dies hatte für mich nebenbei auch das angenehme, daß meine
Leute volle Zeit bekamen, sich pünktlich zu sammeln.

Einmal hatten wir es früher unter besonderen Umständen sogar gewagt, unseren beiderseitigen Gottesdienst förmlich zu verbinden, so daß ich die Predigt, mein Kaplan ein
Hochamt hielt. Allein dies erwies sich dennoch alsbald als
zu weit in der Kirchenvereinigung gehend und als liturgisch
verfehlt; daher wir es später nur noch bei gemischten Beerdigungen in völlig unanfechtbarer Weise ähnlich hielten.

Nun handelte es sich aber auch um die „Filialgemeinden",
d. h. um die größeren oder kleineren Truppenteile der Brigade,
welche zu dieser Zeit der Belagerung wie auch später an 4

bis 5 und mehr auseinanderliegenden Orten mit oder ohne Kirchenräume ihr Quartier hatten.

Was war da zu machen, wenn man namentlich vor allem den Sonntag und etwa die Mitte der Woche verwenden und nicht an die Willigkeit der militärischen Behörden zu große Anforderungen stellen wollte? Mit der Aushilfe der Kollegen vom eigenen Bekenntnis war es immer so eine Sache, da wegen der gegenseitigen Entfernung alle Vereinbarungen und Bestellungen sich als sehr schwierig und mißlich erwiesen, zumal sie ja im Feldleben ohnedem von allem möglichen abhängig waren und gar zu leicht in letzter Stunde noch vergackten. Dies zeigte sich wiederholt besonders bei Abendmahlsfeiern, wo selbstverständlich nur der protestantische Amtsgenosse zum Beistand thunlich war.

So hielten wenigstens wir in unserer Brigade es bei gewöhnlichen Gottesdiensten nicht bloß für das einfachste, sondern auch für das sachlich ersprießlichste, uns einfach abwechselnd auf die verschiedenen Abteilungen vorläufig zu Coeuilly, La Queue, Ormesson, Noiseau und an andren Orten ohne weitere Bekenntnisrücksicht zu verteilen. Waren doch die eigenen Truppen der Brigade von mannigfachsten Berührungen her bald uns beide gewöhnt und hörten uns ob Protestanten oder Katholiken am Ende lieber, als einen ihnen persönlich unbekannten Gastprediger der eigenen Kirche.

In der That durften wir gar vielfach die Erfahrung machen, daß Soldaten und Offiziere mit dieser harmlosen Duldsamkeit und friedlichen Ortsverteilung fast in der Weise von Abraham und Loth ganz zufrieden, ja sogar aufrichtig darüber erfreut waren. „Was braucht man das Zeug im Feld?" meinte einmal derbbezeichnend ein katholischer Unteroffizier, als man ihn bei einem Anliegen an seinen zuständigen Geistlichen verwies, der gerade nicht anwesend war. Nichts bringt ja die Menschen einander näher, als eine gemeinsam durchlebte große Zeit mit Leid und Freud. Vor ihrem Sturm und Drang sanken gar manche Scheidewände und man lernte hin und her den Menschen nach seinem allgemeinen, noch ungeschieden sittlichreligiösen Wert schätzen. Im Felde fielen auch gar viele Formen und Formeln weg, welche dem Katholiken zu Haus

und besonders unter dem Einfluß der Frauen als sehr wesent=
lich erschienen waren, und sein Gottesdienst vereinfachte sich
großenteils zu starker Annäherung an unsere Form. Um=
gekehrt hat das protestantische Militär in dem starken Disziplin=
und Ordnungsbewußtsein, das seine Soldatenreligion färbt,
einen gewissermaßen katholisierenden Zug an sich, der nament=
lich bei den Offizieren nicht zu verkennen war. Und so kamen
sich beide Teile in der Mitte näher, zumal sie schon als Sol=
daten überhaupt zu strenger Bekenntnismäßigkeit weniger ge=
neigt und mehr im allgemeinen religiös gestimmt waren.

Aber nicht bloß für die Gottesdienste übten wir eine
derartige harmlose Duldung, sondern nahmen z. B. auch, wenn
es sich gerade traf, in den Spitälern ruhig für einander die
Briefbesorgungen auf, um welche uns die Soldaten baten, um
sie nachher zu Haus nach Bekenntnissen auszutauschen. Ebenso
war einer dem andern namentlich auswärts in der Verteilung
der religiösen Schriften, z. B. des bekenntnismäßig natürlich
verschiedenen Soldatengebet= und Gesangbüchleins behülflich.
Und wenn dabei auch einmal ein Versehen vorkam, so schadete
es andern so wenig, als jenem katholischen Soldaten, den wir
nach den Winterschlachten bei einem gemeinsamen Besuch im
Schlößchen zu Ormesson trafen. Demselben war im Gefecht
das Gebetbüchlein wirklich hart auf dem Herzen glatt durch=
schossen, aber ebendamit die tödliche Gewalt der Kugel gebrochen
worden. Er zeigte es uns triumphierend, bemerkte indes in
einiger kleinen Verlegenheit gegen seinen zuständigen Geistlichen,
daß es freilich „eben" ein evangelisches Exemplar sei; aber er
habe damals kein anderes kriegen können, und dasselbe „habe
es diesmal doch auch gethan". Ob der Mann durch diesen
glücklichen Schuß auch für die Zukunft von konfessioneller Eng=
herzigkeit bewahrt blieb, weiß ich nicht. Denn allerdings ge=
stehe ich, daß ich früher von den gemeinsamen Feldzugserer=
fahrungen auch in dieser Hinsicht eine längere und stärkere
Nachwirkung gehofft habe. Doch das ist eine andre Sache
und gehört nicht mehr hieher in die Tage des Feldkampfs.

Das war die Form, in welcher sich von Chennevières
an unser kirchlicher Herbst= und Winterdienst im wesentlichen
gestaltet hat und von dem ich deshalb fortan nur noch bedeut=

samere Gelegenheiten erwähnen werde. So hatte ich für die erste Predigt vor Paris das Bedürfnis, zum religiösen Gegengewicht gegen unser aller so natürliches stolzes Hochgefühl nach unerhörten Erfolgen den mahnenden Text aus dem Propheten Jeremias 9,23. 24 zu wählen: „Ein Weiser rühme sich nicht seiner Weisheit, ein Starker rühme sich nicht seiner Stärke, ein Reicher rühme sich nicht seines Reichtums; sondern wer sich rühmen will, der rühme sich des, daß er mich wisse und kenne, daß ich der Herr bin, der Barmherzigkeit, Recht und Gerechtigkeit übet auf Erden; denn solches gefällt mir, spricht der Herr." Ein zweites Mal schien zum Beginn der doch vielleicht noch ernst und lang werdenden Wacht vor Paris das Wort des Apostels 1 Kor. 16,13 passend: „Wachet, stehet im Glauben, seid männlich und seid stark!"

Minder glücklich war ich einige Zeit später in der Wahl eines Textes, der allerdings auf den ersten Blick verführerisch nahe lag. Wir waren bereits ein paar Tage vorher aus Chennevières hinausbombardiert und von dem Kommando nach dem weiter rückwärts liegenden La Queue verlegt worden, wovon ich gleich nachher reden werde. Da war es nun teils das weltliche Heimweh nach dem früheren Prachtblick auf Paris hinab, teils die schmerzliche Erkenntnis, daß von einem Insichgehen und Weichgeben der Pariser offenbar noch gar keine Spur sich zeige, was mich zu einer Feldrede über das bekannte schöne Evangelium Luc. 19,41—48 verleitete: „Und als Jesus nahe hinzu kam, sah er die Stadt an und weinte über sie und sprach: wenn du es wüßtest, so würdest du auch bedenken zu dieser deiner Zeit, was zu deinem Frieden dienet" u. s. w. Ich sprach über diesen Text am Sonntag den 16. Oktober in der Allee von Coeuilly genau da, wo am 30. November unsere Kanonen im heißesten Kampf standen, sprach also an diesem Ort wieder angesichts der trotzigen Weltstadt. Und meinen Zuhörern in dieser Lage gefiel die Ausführung größtenteils, während sie mir selber mit ihrer gewagten Vergleichung bald nachher nicht so ganz unbedenklich vorkam und ich heute ihren zu voll und national selbstbewußt gegriffenen Ton nicht mehr unterschreiben möchte. Aber ich habe mich anheischig gemacht, im Richtigen wie im Verfehlten unverfälscht zu zeichnen, und so möge also

eine Mitteilung aus ſelbiger (auch gedruckter) Rede hier ihre
Stelle finden. Denn ein ſehr charakteriſtiſches Feldſtimmungs-
bild iſt ſie in allewege, wenn ich im weſentlichen folgendes
ſprach:

„Bei aller Verſchiedenheit ergreifend ähnlich iſt die in
unſerem Text geſchilderte Lage des Herrn vor Jeruſalem mit
der unſrigen. Da ſtehen wir nun ſeit nächſtdem drei Wochen
vor des Feindes umgarnter Hauptſtadt, noch ruhig, ſoweit
ruhig, gleichwie die Natur in dumpfer Schwüle liegt, ehe der
Gewitterſturm mit Blitz und Donner losbricht. Nur ab und
zu grollt es in der Ferne aus ſchwarzem Gewölk; auch bei
uns hat der Feind abermals die heimiſchen Klänge des Chorals
mit dem Baß ſeiner Kanonen dort drüben begleitet. Man
heißt uns die Blätter und Bücher der Geſchichte, der Vergangenheit aufſchlagen, wollen wir die Gegenwart recht verſtehen.
Nun, Jeruſalems Geſchichte iſt eine Weltgeſchichte für alle Zeiten
und Räume. So laſſet uns denn auch in dieſer Morgenſtunde
einen Blick hineinwerfen und am Auge des Herrn lernen, wie
er ſchaut auf eine verſtockte Stadt des Verderbens. Möge ſein
Blick unſeren Blick regeln, ſeine Empfindung unſerer Stimmung den rechten Ton geben, gleichweit entfernt von rachſüchtiger
Härte, wie von allzugroßer Weichheit, die in falſchem Mitleid
des ewigen Ernſts der göttlichen Gerechtigkeit vergißt.“ —

„Als Jeſus nahe hinzukam, ſahe er die Stadt an.
Raſt- und ruhelos war er landauf landab gezogen. Mühſale
und Beſchwerden hatte er in dieſem heiligen Dienſte willig
ertragen, ſo daß er einem lauen Jünger zurufen konnte: Die
Füchſe haben Gruben, die Vögel unter dem Himmel haben
Neſter, aber des Menſchen Sohn hat nicht, da er ſein Haupt
hinlege. . . . Aber nicht bloß dies: In ſeinen Wundern, die
er gethan vor den Städten und Flecken umher, war durch die
unſcheinbare Hülle des Menſchenſohns ein Strahl von der
Herrlichkeit des Gottesſohns durchgebrochen, der ſich allezeit des
göttlichen Beiſtands ſicher wußte, weil er that, was Gott wohl-
gefiel. So ſtand er nunmehr zur letzten Entſcheidung nahe
vor Jeruſalem.“ . . .

„Auch wir ſind nahe herzugekommen zu einer
anderen Stadt. In mühſamen und beſchwerlichen Märſchen,

unter allerlei Strapazen und Entbehrungen sind wir durch-
gedrungen bis zum Herzen des Feindes. Und unser Mut ist
nicht ermattet, unser Herz ist frisch und stark trotz aller aus-
gestandenen Beschwerden: wahrlich auch eine ernste Mahnung
an alle Zuschauer, vornehmlich an die Feinde selbst. Denn
so marschiert, so duldet und trägt eine Truppe nicht, die bloß
als stumpfsinnig Werkzeug einer tyrannisch zwingenden Obrigkeit oder auch nur eitler Ehre begierig auszieht. Nein, so ist
und lebt nur ein Heer, das ahnend erfaßt oder klaren Blicks
erkennt: Wir kämpfen, leiden und sterben für eine hohe heilige
Sache, wir sind Soldaten in einem Gotteskrieg und Voll-
strecker eines Himmelsgerichts. Ja, auch Wunder haben wir
gethan, Wunder vor den Augen der staunend entsetzten Welt.
Doch nicht uns, nicht uns die Ehre! Vom Herrn ist das
geschehen und es ist ein Wunder vor unseren, vor aller
Augen." . . . .

„Und als Jesus so nahe herzugekommen war, sahe er
die Stadt an, eine Stadt, kein kleines unansehnliches Dorf,
die Stätte lieber Erinnerungen für Israel, den Mittelpunkt
des heimischen Königtums, den Ort des Tempels und des vater-
ländischen Gottesdienstes, wahrlich eine Stadt, bei deren Anblick
jedem Israeliten das Herz sonst jauchzte, nach der sein Dichten
und Trachten ging. Da konnte der Herr, der große Menschen-
freund, der innige Freund auch seines Volks nach dem Fleische,
da konnte er im jetzigen Augenblick nicht bloß einen kurzen
Blick drauf werfen; er muß sie anschauen lang und bang, das
Auge von Thränen wehmütigen Schmerzes umschleiert."

„Kann es uns viel anders zu Mute sein, wenn wir nach
seinem Beispiel für einen Augenblick die rauhere Empfindung
des Kriegs, das Wallen des natürlichen Menschen niederkämpfen
und vergessen? Da liegt sie vor uns, die schöne Sünderin,
prächtig im Glanz ihrer Vorstädte und Landhäuser, im Schmuck
ihrer Gärten und Parke, im stolzen Trotz ihrer Vorwerke und
Schanzen: ein herzbewegend Bild, ob nun die klare Morgen-
sonne wie eben jetzt sie mit goldenem Licht umglänzt, oder der
rote Schein der Abendsonne an ihren hohen Kuppeln und
Türmen sich spiegelt. Ob auch keine „heilige" Stadt, wie
frevler Unsinn sie genannt, so ist es doch eine Stadt, prangend

in aller Herrlichkeit menschlicher Schöne. Da winkt sie zu uns herüber, die hehre Notredame und mag uns wohl erinnern an die schönere Zeit dieses Volks, wie es in warmer Begeisterung nach seiner feurigen Natur einst zuerst das Kreuzeszeichen sich aufheftete, um mit dem Schlachtruf: Gott will es! das heilige Grab den Ungläubigen zu entreißen. Da wölbt sich deutlich vor unseren Augen die hohe Kuppel des Pantheon in den blauen Morgenhimmel hinein, Zeugnis ablegend, daß aus den reichen Gaben dieses Volks schon mancher glänzende, weltbewegend große Geist erstanden, Zeugnis namentlich auch dafür ablegend, wie dieses Volk in achtungswerter Dankbarkeit es zugleich versteht, seine großen Söhne zu ehren und in warmem Gedächtnis zu behalten — eine beschämende Mahnung vor allem an uns bisherige Deutsche! Da glänzen und leuchten sie alle herüber die Denkmale wahrer oder erheuchelter Größe, die Wonne, der Stolz eines einst wenigstens großen Volks."

„Und so möchte man wohl gleich dem Herrn in tiefer Wehmut auf all diese Pracht blicken, welcher Tag um Tag näher und enger umschnürend das Verderben zubereitet wird. Weinen könnte man, würden nicht die Worte, mit denen Jesus gegen Jerusalem fortfährt, auch unser Herz härten zum kalten Ernst der Gerechtigkeit: Wenn du wüßtest, was zu deinem Frieden dient, wenn du erkennen würdest die Zeit deiner Heimsuchung!"

„Zweimal besonders war die Zeit der Heimsuchung für Israels Volk und Stadt gewesen. Zuerst im bitteren Schmerz der babylonischen Zerstörung und Gefangenschaft und nun wieder in Jesu mildem, treuem Locken, ob nicht am Ende noch Gottes Güte und Langmut sie zur Buße leiten möchte."

„Ein halbes Jahrhundert ist es, daß die Stadt unseres Feindes gleichfalls den Ernst erfahren und dem Sieger ihre stolzen Thore öffnen mußte, nachdem sie Jahrzehnte den Nationen übermütig den Fuß auf den Nacken gesetzt. „Bis hieher und nicht weiter, hier sollen sich legen deine stolzen Wellen," rief damals Gott unserem Nachbarvolke zu. Sie haben's nicht gehört!"

„In seiner Güte und Langmut hat Gott aber auch in

freundlicher Weise dies Land bedacht und heimgesucht: Herrliche Gaben und Kräfte der Natur, reicher, als wir es haben;
herrliche, treffliche Anlagen auch des Geists — eine fortwährende Aufforderung, dieser Ausstattung sich würdig zu erzeigen,
in Arbeiten und Kämpfen des Friedens mit andern Nationen
auf der Rennbahn wetteifernd zu laufen. Aber sie haben nicht
gewollt!"

„So ist es verborgen vor ihren Augen, dieses furchtbare „es", das des Herrn prophetisch Auge entziffert als Um-
garnung und Vernichtung durch die Adler, die sich sammeln,
wo ein Aas ist, das aber auch eines gewöhnlichen Menschen
Auge lesen kann, so es geschärft ist durch den Glauben, daß
ein ewiger Gott lebt. Denn in zwei Buchstaben zusammengedrängt enthält dies „es" das Wort: Gott lässet sein und
seiner unwandelbaren Gebote nicht spotten; er stürzt den freblen
Hochmut von seiner schwindelnden Höhe und erhöht den demütigen Ernst."

„Gott, der der Vater des Lichtes ist, gebe zu dieser letzten
Stunde noch, daß unserem verblendeten Feinde die Augen aufgehen, ehe sie furchtbar aufgerissen werden müssen. Er gebe
ihm Einsicht in das, was zu seinem Frieden dient, gleichwie
im heimischen Evangelium des heutigen Sonntags unser Heiland
dem Blindgeborenen zu seinem zeitlichen und ewigen Heil die
Augen öffnet."

„Uns aber — wir können unter den Gefahren und Wirren
des Kriegs diese Bitte nicht oft genug wiederholen — uns
verleihe der Herr, daß wir wert sein und bleiben mögen dieser
großen Zeit, nachdem er uns für würdig erachtet hat, sein
eherner Griffel zu sein, mit dem er für alle Zeiten von unserem Erbfeind ins Buch der Geschichte geschrieben: Mene mene
tekel upharsin d. i. gewogen, gewogen, und zu leicht erfunden.
Er gebe uns Kraft und ernsten deutschen Sinn, er stärke uns
Herz und Arm auch zum letzten entscheidenden Kampf und
Strauß!" — —

V.

Seit der Belagerung von Paris bis zu den württembergischen Winterschlachten am 30. November und 2. Dezember.

Im Voranstehenden habe ich bereits um ein paar Tage vorausgegriffen und muß kurz nachtragen, wie die harmlose Ruhezeit in Chennevières für uns alle ein schnelles Ende nahm. Der letzte noch so ziemlich ungestörte Tag war der 12. Oktober, an den ich nach dem im Vorwort dieser Schrift bemerkten wohl ohne Unbescheidenheit auch eine unvergeßliche persönliche Erinnerung knüpfen darf.

Der genannte Tag war mein Geburtstag, an dem mich auf zufällige Erkundung hin einige Freunde und Bekannte, unter letzteren auch die zwei sehr anhänglichen Pfarrbedienten durch ihre Glückwünsche und herzlich gemeinten richtigen Feldgaben erfreuten. Von ganz anderer Bedeutung aber und viel größerer Tragweite für mich war ein eben an diesem Morgen mir zukommender Brief meines Bruders in Jena (jetzt in Berlin). Derselbe meldete mir, da mein dermaliger Aufenthaltsort natürlich auswärts unbekannt war, eine bei ihm meine Adresse erkundende ehrenvolle und vorteilhafte Anfrage von seiten der Universität Dorpat wegen Uebernahme des dort erledigten Lehrstuhls der Philosophie. Und diese Zustellung, meinte mein Bruder in sinniger Weise, werde wohl nicht in Rauch aufgehen, wie das Kistchen Pariser Einzugszigarren, das er mir ein paar Wochen früher gesandt hatte als Erwiderung auf meinen vom Sedaner Schlachtfeld aus geschriebenen Glückwunsch zu seinem Geburtstag am 1. September.

Wer wenigstens das Mißliche und vielfach mehr vom Glück als Verdienst Abhängende bei akademischen Berufungen kennt, wird die hohe Freude würdigen, mit welcher mich eine derartige Fügung meines Schicksals in jungen Jahren und die unerwartet rasche Erfüllung meines lebhaften persönlichen Wunsches nach einer solchen Lebens- und Berufsstellung erfüllte. Ein lieberes Geburtstagsgeschenk hätte mir in der That nicht zu Teil werden können.

Aber freilich, was sollte ich sagen, was antworten? Stand ich nicht an einem Posten, dessen an und für sich ja gewiß bescheidene Bedeutung durch die Größe der Zeit und Lage in der Verantwortlichkeit mitgehoben war? Die Person des Arztes z. B. konnte bei gleicher Geschicklichkeit im Fach ruhig wechseln; es schadete der Sache wenig oder gar nichts, wer das Geschäft besorgte; und ebenso war es schließlich bei den meisten Berufsstellungen im Heer, nur gerade nicht beim Geistlichen, zumal nicht bei dem protestantischen. Hier hing vielmehr fast alles eben an dem gemütlichen Vertrauen, welches sich nur durch längeres persönliches Zusammensein und gemeinsames Durchleben von Leid und Freud besonders auch beim gemeinen Mann erwerben und erarbeiten läßt.

Konnte und durfte ich all dies wertvolle, in dessen Vollbesitz ich mich allmählich fühlte, für den Posten, den ich bisher vertreten hatte, um persönlichen ob auch lockendsten Vorteils willen verloren gehen lassen; sollte ich vor dem Schluß, mochte er nun früher oder später kommen, fast wie ein Mietling mich verziehen, während die Kameraden ausharrten, vielleicht der eine und andere mit entsprechenden Opfern in eigener Sache? „Pro publica salute quilibet civis miles est; im öffentlichen Dienste ist jeder Bürger Soldat," kein Wort bei Leibniz hat mir stets so gefallen wie dieses; und so fühlte ich vollends im Felde und als ehrlicher Soldatenpfarrer, was es heißt: auf dem Posten stehen und ihn, den freiwillig übernommenen, um nichts in der Welt freiwillig verlassen, ehe die Stunde der berechtigten Ablösung geschlagen hat. Ich hätte mich sonst vor meinen eigenen Predigten und Reden schämen müssen.

Im Heerlager besaß ich nur sehr wenige, mit welchen ich über die für mich so schwerwiegende Frage genauer sprechen konnte; mit der brieflichen Erbittung von Ratschlägen zu Haus war es auch so eine Sache, da ich von allem andern abgesehen niemanden in ganz anderer Lage zumuten konnte, sich wirklich genau in meine Lage mehr hineinzufühlen, als bloß hineinzudenken. Zu allem, was Zeit und Umgebung ohnehin schon brachte, und bei der immer größer werdenden Ungewißheit über die mutmaßliche Dauer des begonnenen zweiten Kriegsabschnitts haben mich daher derlei Gedanken und Erwägungen in den folgenden Wochen gar lebhaft und ernstlich umgetrieben. Als ich endlich zu dem Entschluß kam, den Ruf zwar mit aufrichtigem Dank anzunehmen, aber erst für die Zeit, da der Feldzug zu Ende sei, konnte ich mir natürlich selbst sagen, daß dies so gut wie ein Verzicht auf das dargebotene sei. Es war ein unblutiges und doch nicht leichtes Kriegsopfer im kleinen, von dessen Darbringung ich hier erzählt. Und so wird es auch der unbefangene Leser verzeihen, wenn ich dieses persönlichste Stück aus meinen Kriegserlebnissen nicht unterdrücken konnte.

Zunächst freilich war es nur Freude und ein stolzes Hochgefühl — warum soll ich es anders ausdrücken? — was mich in der That bei diesem hübschen Zusammenklang von persönlichem, wenn schon andersartigem Erfolg mit den glänzenden öffentlichen Erfolgen und Siegen der ganzen Nation erfüllte. So predigte ich diesmal recht eigentlich auch für mich und aus mir selber, wie ich absichtlich an diesem Nachmittag des 12. Oktober den am Sonntag zuvor wegen Schanzarbeiten ausgefallenen Gottesdienst nachholte. Und die heimische Perikope desselben machte es mir leicht; denn sie handelte davon, daß „noch eine Ruhe vorhanden ist dem Volke Gottes". Etwas schwerer dagegen machten es uns die Franzosen, welche durch unsere Musik aufmerksam geworden mitten während meiner Rede eine Granate über die Versammlung weg ins hinten liegende Ackerfeld jagten. Und zur weiteren Ironie des Schicksals ergoß sich auch noch ein tüchtiger Regen auf den Feldgottesdienst, wozu freilich der stellvertretende Brigadekommandant, ein grundbiederer Reitergeneral, auf mein nachheriges Bedauern lachend bemerkte: „Ach was, das schadet nichts; das Zeug sind wir von den Vogesen her gewöhnt."

Dies war aber nur so ein Vorspiel für unsere Hinausbombardierung aus Chennevières, mit welcher gleich der nächste Morgen begann. Wir lagen noch zu Bett, da saust die erste Granate, welche unser Dorf von Paris erhielt, heulend und schmetternd herüber und schlägt gleich in das Haus des Stallhasenmalers, von welchem ich früher erzählt und dem wir dies nachher öfters im Scherz als berechtigte Rache der gekränkten französischen Nationalehre vorhielten. So ging es nun aus

zwei Sechsunbbreißigpfünbern vom Barackenlager bei Vin=
cennes her ben Tag über fort, vormittags noch mit reichlich
bemessenen Vesperpausen, welche bie Franzosen sich unb uns
gönnten, nachmittags aber in ungeschwächter Kraft unb Aus=
bauer. Da hatte sogar unser Sanitätszugskommanbant ein
Einsehen unb spenbierte einen Kaffee nach bem Essen, was er
sonst meist für verwerflichen Luxus im Felb unb spartanischer
Kriegsmänner nicht für würbig erachtete.

Weil es gar nichts bienstlich zu thun gab, versuchte ich
es unter bas Zischen unb Heulen ber Geschosse hinein mit bem
Studium ber nächsten Prebigt, muß aber gestehen, baß mir bie
Gebanken boch zu oft abrissen, wenn wieber unsere Kanone
trachte; benn von ihrer, hörbar etwas abstehenben Genossin
hatten wir balb los, baß sie einen anberen Teil bes Dorfs
besorgte. Besser ging es mir mit Briefschreiben. Enblich gegen
Abenb schlug eine ber letzten Granaten zwanzig Schritte vom
Haus in unseren Garten, ba man feinblicherseits bie an uns
vorbei abziehenbe Artillerie bemerkt hatte. Von biesem An=
benken, bei bessen Zerspringen unser Quartier in ben Grunb-
festen erzitterte, grub ich mir gleich nachher bie Zünbschraube
aus, um in Zukunft friebliche Briefe bamit zu beschweren.

Alles in allem war ber beutsche Schaben von bieser ein=
tägigen Beschießung merkwürbigerweise so gut wie Null, ba
nur ein Pferb etwas verletzt wurbe, währenb allerbings bie
französischen Häuser unb Gärten bes sehr weitläufig gebauten
Dorfs ganz gehörige Löcher aufzuweisen hatten.

Aber angenehm war bie Sache bennoch keineswegs für
bie vollkommen Stilliegenben unb Unbeschäftigten, was wir
biesmal alle waren. Das gestanb ich auch einem unserem
Offiziere ganz offen, als er am anbern Morgen bei unserem
Abzug mich lachenb fragte: „Nun, Herr Pfarrer, wie hat Ihnen
bie Geschichte gestern behagt?" „Ich kann mir entschieben an=
genehmere Lagen benken", war meine Antwort, worauf ber=
selbe, zugleich einer unserer allertüchtigsten Offiziere, zu meiner
großen Befriebigung bemerkte, ich habe ganz recht; so gehe es
auch jebem Offizier, bis man sich baran gewöhne. Wer anbers
rebe, sei eben ein Schwinbler unb Maulhelb.

Die schlimmste Folge ber Sache war leiber bie, baß bas

ſchöne Chennevières bei jetziger Stimmung der Franzoſen ſich
damit als ſehr ausgeſetzter Vorpoſtenort erwieſen hatte, aus
welchem alle entbehrliche Mannſchaft nach weiter rückwärts
liegenden Orten, und ſo auch wir nach dem etwa 1/2 Stunde
entfernten La Queue kommandiert wurden. Bloß ein Bataillon
der Achter blieb, weil es ja doch Vorpoſtendienſt hatte und
ſogar ein granatengefährdetes Quartier dem angebotenen ge-
ſicherteren Biwakieren weit vorzog.

Und ſo marſchierten wir denn am 14. Oktober morgens
ab; trüb war das Wetter und trüb die Stimmung; denn der
erſte, ob auch vernünftigerweiſe kommandierte Rückzug in dieſem
Feldzug ſchmeckte uns eben doch recht bitter; wie mag es
da vollends in ernſteren Fällen geſchlagenen Truppen zu
Mute ſein!

In genanntem La Queue lagen wir mit einem unſerer
Infanterieregimenter vom 14. Oktober bis 8. oder mit einer
kurzen Unterbrechung bis 17. November. Bald war unſer
Quartier in ſchon gewohnter Art hergerichtet; denn das nötigſte
hatte man in Vorausſicht weſentlich leerer Räume mitgenommen,
da es ja doch herrenlos war, anderes ließ ſich allmählich auch
noch am neuen Platz auftreiben oder wurde einem von ab-
gehenden Bekannten vermacht — eine merkwürdige Güterwirt-
ſchaft! Sogar mit etlichen Haustieren konnte ſich die altger-
maniſche Tierfreundſchaft den Schein der Häuslichkeit vermehren;
mancher hatte einen herrenloſen Hund an ſich genommen; mich
ſelbſt betrachteten ein paar Wochen lang zwei heitere Katzen,
eine alte und eine niebliche junge als ihren rechtmäßigen Herrn.
Freilich konnte alles den Vergleich mit Chennevières nicht aus-
halten, ſondern Einrichtung und Lebensweiſe nahm mehr und
mehr die trübere Färbung auch des Himmels in der zweiten
Oktoberhälfte und im November an.

Unſer Quartier im beſonderen lag im oberen Vordorf,
welches eigentlich La Pompe hieß und an welchem die prächtige
Hauptſtraße von Lagny nach Verſailles vorbeiführte. Neben
uns war als große Ausnahme noch die Wirtſchaft im Gang,
bei welcher in beſſeren Zeiten der Omnibus nach Paris ſeine
Einſtellung hatte. Meiſter Guillaume, der ihr ſchwunghaft
und mit großem Gewinn trotz babyloniſcher deutſcher Münzen-

vermengung vorstand, mußte seine Weinvorräte allezeit auf der Höhe der Lage zu erhalten, wiewohl seine Ausfahrten zum „Weinkauf" meist nächtlicherweile geschahen und deutlich verrieten, wie rasch er vom Feinde das „Rekurrieren" bei den eigenen geflohenen Landsleuten gelernt hatte. Und wer konnte ihn eigentlich darum tadeln? Jedenfalls hatte es das Gute, daß wir dort immer einen ordentlichen Wein erstehen konnten, während die eigenen deutschen „Findungen" in der durchsuchten Gegend immer seltener und der gelieferte Trank immer zweifelhafter wurde, das Essen aber wenigstens in unserem engeren Kreis nachgerade völlig auf den — Hammel als alltägliche und ausschließliche Nahrung gekommen war. Die Wirtschaft selbst zu besuchen ging unsererseits nicht wohl, weil ihre etwas ärmlichen Räume von den Soldaten der eigenen oder fremden Abteilungen stets dicht besetzt waren. Offiziere von letzteren, welche im Vorbeimarsch öfters darnach fragten, riefen wir ebendeshalb vielfach zu uns herauf und bewirteten sie so gut es ging, was uns manche kameradschaftlich herzliche Beziehung zu anderen deutschen Truppen verschaffte. Auch sonst war es nicht uninteressant, gerade an dieser Hauptheerstraße zu liegen, auf welcher namentlich die Proviant= und Munitionskolonnen endlos vorbeizogen. Manchmal wurden da die Bayern, unser linker Flügel der Seine zu, mit ein paar zum voraus begütigenden Zigarren durch die scherzhafte Frage an ihre Granatenfuhrwerke aufgezogen, ob sie da wieder einen „Knödelwagen" bringen und noch nicht genug haben.

Im übrigen trat man bereits einigermaßen in die Zeit ein, von der für immer das klassisch=kurze Wort des großen Hauptquartiers fortlebt: „Nichts neues vor Paris". Um so bringender machte sich daher von jetzt an das Bedürfnis geltend, außer der leiblichen Versorgung auch geistige Nahrung zu beschaffen, d. h. auf Unterhaltungs= und Lesestoff für die Truppen bedacht zu sein. Diese Aufgabe fiel vor allem uns Geistlichen zu und hat denn auch während der ganzen Belagerungs= und Okkupationszeit gewiß mit allem Recht neben der eigentlich religiösen Thätigkeit einen sittlich wertvollen, mehr allgemeinmenschlichen Hauptteil unserer Wochenarbeit gebildet.

Sonst ist das ja nur ein bekanntes Erfordernis für die

Spitäler mit ihren Kranken und Verwundeten, um ihnen die langen öden Stunden rascher verlaufen zu machen. Bei den eigentümlichen Verhältnissen dieses Kriegs aber machte sich die Notwendigkeit nicht minder bei den Gesunden geltend. Lesen können ja unsere Leute zum Glück alle; und wenn sie es zu Haus oft nicht gerade stark wollen, so war es damit im Feindesland anders. Denn mündliche Unterhaltung mit Fremden gab's hier nicht, diejenige mit den Kameraden aber geriet natürlich auch bald aufs trockene, wenn man so Tag für Tag nur umeinander war. Wie erwünscht kam da ein ordentliches Buch, eine Zeitschrift oder Zeitung, an der sich lange herumstudieren ließ. Das waren gute Freunde in der Wachtstube, falls das Kartenspiel nicht für alle reichte und auf die Dauer auch langweilte; das waren willkommene Unterhalter an den langen Abenden im Quartier vor Paris, wenn abwechselnd der Dienst Ruhe ließ, ja sie dienten schließlich als Tröster sogar im Arrest, ob für letzteren ganz ordonnanzmäßig oder nicht, weiß ich allerdings nicht. Jedenfalls erschien mir in der einen oder anderen Lage ein vernünftiges Lesen als vortreffliches Mittel gegen Langeweile und öden Müßiggang, welcher nur im Heimweh und anderen Gedanken niederzudrücken oder im bloßen Trunk zu verwildern drohte.

In Sachen dieses geistigen Nahrungsstoffs ließ sich aber natürlich weder mit Requirieren noch mit Finden etwas machen, da die vorhandenen französischen Bücher und Schriften für den gemeinen Mann gar nichts, jedoch auch für den Offizier auf die Länge nicht viel heißen wollten. Sittengeschichtlich war es indessen immerhin merkwürdig, dieselben ein wenig zu mustern, wenn man welche fand. In den vielen Schlössern und Schlößchen gehörten z. B. sehr oft Prachtschränke aus solidem Eichenholz zur standes- oder besitzgemäßen Zimmerausstattung; und darin standen herrlich gebundene, vielfach mit Bildern versehene Exemplare der französischen und englischen, jedoch fast nie der deutschen Litteratur; ob zur Benützung oder nur als gebildete Schaugerichte, war uns freilich oft zweifelhaft. In den gewöhnlichen Häusern dagegen fiel mir wiederholt der bezeichnende schroffe Gegensatz von Geist und Fleisch auf, wornach sich zwar sehr viele religiöse Erbauungsschriften vom schwersten Schlag vorfanden, aber dicht daneben auch bedenklichste Romanlitteratur in Wort und Bild, u. a. vielfach der Dekamerone; aber äußerst selten war ein gediegener Mittelstand von Büchern.

So war man für gesunde geistige Nahrung ganz auf Sendungen von zu Haus angewiesen, die denn auch von Einzelnen wie von Vereinen in der dankenswertesten Weise erfolgten, sobald wir das steigende Bedürfnis kund thaten. Die Lücken, welche hiedurch in manchen häuslichen Bücherschrank gerissen wurden, haben dafür draußen im Felde manche öde und leere Stunde ausfüllen helfen.

Allerdings verbanden sich mit der Zusendung zuweilen Wünsche, welche sich in die Feldverhältnisse nicht recht hineindenken konnten, wenn z. B. um Rücksendung der Bücher nach dem Gebrauch oder um ganz besondere Ueberweisung an die jeweiligen Gemeindeangehörigen oder auch Verwandten des Absenders unter den Truppen ersucht wurde. Ebenso war man namentlich im Anfang mit dem Inhalt und Gegenstand der Lesesachen nicht immer ganz glücklich. Vom Beginn des Feldzugs an und in wiederholter Nachsendung wußte nämlich der rühmliche Eifer der heimischen Feldprobstei unsere Soldaten in religiöser Hinsicht genügend durch uns zu versehen, indem jeder, der nur wollte, ein neues Testament, sowie das noch beliebtere, weil handlichere und heimisch verständlichere Gebetbüchlein mit seiner trefflichen Auswahl unserer besten Kirchenlieder bekommen konnte.

Und wirklich war das Verlangen darnach ein sehr lebhaftes und sogar vielfach ein wiederholtes, wenn der marschierende oder biwakierende Soldat sein erstes Exemplar verloren hatte. Dazu kamen die früher erwähnten und gleichfalls sehr dankenswerten Wochenschriften von halb geistlicher, halb weltlicher Haltung, welche uns reichlich zur Verteilung verfügbar waren.

Hiemit dürfte jedoch im wesentlichen das Bedürfnis nach religiösem Lesestoff ausreichend befriedigt gewesen sein, während daneben auch noch unhandliche Gebet- und Predigtbücher oder manche allzusüßliche Traktatlitteratur zum mindesten für den gesunden Soldaten im Feld mir als wenig passend erschienen. Der Mensch lebt eben doch auch nicht vom geist-

lichen Wort allein, was gar manche Sendungen aus pietistischen Kreisen zu wenig beachtet haben dürften. Denn das
muß man denselben hierin wie im Punkte reeller Gaben unbedingt laffen, daß ihre opferwillige Werkthätigkeit überhaupt
wie im Frieden, so auch in der Zeit des Kriegs weit vornean
stand.

Bei der weltlichen Lektüre nun freute es mich immer
sehr, wenn ich durch Bekannte und Freunde zu Haus in den
Stand gesetzt war, auch dem höheren Anspruch des gebildeten
Offiziers mit einer dankbar aufgenommenen Gefälligkeit ent-
gegenzukommen. Und eine gewiß verzeihliche persönliche Befriedigung gewährte es mir dabei, wenn ich mehreren höheren
Offizieren auch mein eigenes Buch über den Patrioten und
Staatsmann Leibniz geben durfte, auf das sie durch eine Zei-
tungsanzeige aufmerksam geworden waren. Denn ohne Zweifel
war ja als weltlicher Lesestoff bei dem Mann mitten im Dienst
für Vaterland und Staat besonders eine geschichtlich-poli-
tische Schrift am zeitgemäßen Platz.

Ganz dasselbe, nur natürlich in volkstümlicher Form,
schien mir aber auch für niedrigere Rangstufen bis herunter
zum gewöhnlichen Soldaten zu gelten. Sehr willkommen waren
daher bei ihnen unsere bekannten deutschen Wochenschriften mit
Bildern in ihrer namentlich damals fast ganz politisch-patrioti-
schen Haltung, ebenso beliebt die schönen, vaterländisch-warmen
und sittlich-religiös gesunden Schriften von Caspari, Pichler,
Horn und anderen volkstümlich glücklichen Verfassern. Darin
liegt ein wertvoller Wink auch für den Frieden und seinen
Schulbetrieb, wie für die Einrichtung der so wichtigen Volks-
bibliotheken. Was helfen uns doch die maßlos gründlichen
geschichtlichen und länderbeschreibenden Fahrten in's graue Alter-
tum oder in entlegenste Fernen, über denen das Nahe und
Eigene jammervoll zu kurz kommen muß? Dem großen persönlichen Opfer, das mit der allgemeinen Wehrpflicht dem
Volke auferlegt wird, entspricht als ernste Pflicht des Staats
eine frühzeitige und fortgehende geschichtlichstaatliche Volks-
bildung als wesentlicher Teil der Schulung überhaupt. Denn
im Unterschied vom geworbenen Söldner, der gleichgültig gegen
die Sache heute für dies, morgen für jenes ficht, hat ein aus

dem Volk genommenes und wieder in dasselbe zurücktretendes
Heer wie namentlich unser deutsches das Naturrecht, trotz allen
blind unbedingten Gehorsams im Augenblick der Entscheidung
vorher einen mehr oder weniger klaren geschichtlichen Ein- und
Umblick zu erhalten. Es soll menschenwürdig wissen, um was
es sich eigentlich wenigstens im großen Ganzen eines Kriegs
handelt, was sein Volk von anderen Völkern schon erlebt und
erlitten hat und darum wieder erleiden könnte, wenn nicht die
Jugendblüte des Volks mannhaft für des Ganzen Wohlsein
und Ehre einsteht.

So wollte es mich in der That zuweilen verbarmen, be-
stätigt zu finden, was ich freilich schon vorher so ziemlich
wußte, mit wie armseligem nationalem Verständnis gar manche
unserer Leute in den Kampf und Tod gingen. Ohne Zweifel
hat auch hierin der große Krieg von 1870 selbst am besten
Wandel für die Zukunft geschafft, und die gemeinsam erkämpfte,
erinnerungsreiche Gründung des Einen Reichs für alle Glieder
des Volks läßt wohl nie mehr jene trübe und matte Geschichts-
losigkeit aufkommen, welche sogar im Feldzug noch mannigfach
zu spüren war. Denn unverkennbar waren darin die Preußen
uns Süd- und wohl auch sonstigen Deutschen voraus, eben
weil sie die den Geschichtssinn ausbildenden Güter in ihrem
engeren Bezirk schon viel länger besaßen. Bei uns anderen
glaubte ich vielfach eine etwas einseitig privatrechtliche oder
spießbürgerliche Kirchturmsauffassung des Feldzugs durchzu-
fühlen und herauszuhören. „Wenn die Kerle zu uns gekommen wären!" war der gewöhnliche Ein- und Ausdruck bei
einem Schlachten- und Gefangenenbild mit schwarzen Turkos
und anderem Volk, oder der Trost bei einer Requisitionsszene,
bei einem erregenden Zerstörungsanblick. Nun ist ja jener Gedanke und seine rasche Wendung aufs eigene ganz berechtigt,
aber schließlich doch nicht das Ganze. Als Gegensatz hiezu
war mir einmal der Ausspruch eines Preußen höchst bezeichnend. Es galt nämlich, schon im tiefen Winter eine zertrümmerte Zimmerthüre für uns herrichten zu lassen, bei welcher der
Bediente des Kaplans, obwohl seines Zeichens ein Zimmermann, die Unmöglichkeit der Heilung erklärte. Aber zum Glück
waren pommerische Pioniere unten im Haus, von denen ich

einen zu Hilfe holte. Als richtiger Preuße, der sogar in
Berlin als Zimmermann arbeitete, meinte er natürlich sogleich:
„Nun, es wird ja gehen". Und richtig brachte er es auch
ganz befriedigend zu stand, nur daß im Verlauf des Geschäfts
an der Thüreinfassung ein ziemlicher Schaden mit dem Beil
angestellt werden mußte. Aber auf meine einigermaßen be-
dauernde Bemerkung, wie viel doch überall die zurückkehrenden
französischen Zimmerleute zu thun finden werden, antwortet
mein Pommer ganz ruhig: „Ja, und ihr Nationalhochmut
wird auch gedemütigt". Sprach's und verzog sich freudestrahlend,
mit einer handvoll Zigarren und einem tüchtigen Stück Fleisch
für seine That wie für sein markiges Wort beschenkt. Eine
solche Antwort, die unter allen Umständen eine geistig freiere
und höhere Auffassung des Kriegs verriet, hätte ich damals
von einem unserer gemeinen Soldaten nie erhalten. — In dieser
festbegründeten Ueberzeugung von dem hohen Werte einigen geschichtlichen Wissens und Fühlens namentlich auch im Feld
war ich für meinen Kreis immer angelegentlich darauf bedacht,
die geschichtliche Saite kräftig und mannigfach anzuschlagen.
Bald geschah es in gelegentlichen Privatgesprächen mit den
Soldaten, z. B. bei einem Schloß und Park des Marschall
Oudinot zu Lisle en Rigault, oder namentlich mit Hineingreifen
in die Tage Ludwigs XIV.; bald erlaubten meine Feldreden
ein derartiges Streiflicht auf vergangene Tage, und endlich
diente demselben Zweck ganz besonders die eben geschilderte
Sorge für vielen und anregenden Lesestoff aus dem geschichtlich-
politischen Gebiet.

Bei der Verteilung der verschiedenen Sachen erschien es
mir stets als das Richtigste, sie wenn irgend thunlich selbst
vorzunehmen. Denn die Abgabe durch den Bedienten war mir
offen gestanden gemütlich zu kalt und vornehm, zu geschäfts-
mäßig und wenig herzlich. Nur wo in entlegenen Orten die
Zeit und Gelegenheit zur persönlichen Besorgung nicht reichen
wollte, waren nähere Bekannte unter den Soldaten selbst zur
Vermittlung willkommen. Ganz besonders gedenke ich in dieser
Hinsicht freundlich und dankbar mehrerer sehr wackerer Volks-
schullehrer in meiner Brigade, deren ich mich bei ihrer etwas
zweifelhaften Stellung innerhalb der Truppe stets besonders

annahm und dafür durch das freundlichste und persönlich wohl-
thuendste Entgegenkommen bei verschiedenen Anliegen belohnt
wurde. Denn wie die zwei Kirchen, so übten auch Kirche und
Schule im Krieg den so heilsamen Frieden und die ersprießlich
zusammenarbeitende Eintracht unter einander.

In anderen Fällen zog ich wie gesagt die Selbstverteilung
des gerade Verfügbaren vor. Für das Geistliche war namentlich die Zeit nach dem Gottesdienst geeignet, außerdem nahm
ich dasselbe und anderes immer in den Satteltaschen mit,
welche ich mir weniger schön als praktisch aus starkem Zwilch
hatte fertigen lassen und mit deren stattlichem Inhalt ich dann
bei auswärtigen und abgelegenen Abteilungen manche Freude
machen konnte, wenn ich dieselben aus Anlaß eines Gottesdienstes oder auch nur so besuchte. Mehr in der Nähe dagegen hing ich mir ein mehr oder weniger gefülltes Reisetäsch-
chen um und suchte die Mannschaft auf, sei es am Wachtfeuer
des Biwals, wo ich manche Stunde mit ihnen verweilte, sei
es auf der Stationswache, auf dem Repli oder in den Quartieren selbst. So hatte ich es schon von Anfang an und
während der Märsche gehalten, jetzt aber war vollends die
eigentliche Zeit gekommen, um diese Seite unseres Dienstes mit
allem Eifer zu entwickeln. Denn es lag mir eben stets daran,
auch in dieser fortwährend möglichen halb amtlichen, halb
kamerabschaftlichen Weise den Leuten nahe zu treten und ihr
volles persönliches Vertrauen zu gewinnen.

Sehr vornehm und hochkirchlich mag es sich freilich nicht
gerade ausgenommen haben, wie ich in diesem Geschäft oft aus-
ritt oder namentlich zu Fuß mich umtrieb; und wenigstens
im Anfang mußte ich nicht nur bei der Mannschaft auf eine
kühl verwunderte Aufnahme, sondern auch bei manchen Offizieren, welche zusahen, auf ein etwas spöttisches Lächeln und
Witzeln gefaßt sein. Aber was schadet das dem, der seines
vernünftigen Zwecks mit innerem Stolze sicher war? Mochte
man mich also immerhin zuweilen für einen Kolporteur ansehen und schätzen, wie es einmal ein preußischer Unteroffizier in
La Queue wirklich und buchstäblich that. Es war an einem stürmisch-
regentrüben Sonntag der letzten Oktoberwoche, daß ich in tiefer
Unbefriedigung über das Vereiteltwerden aller mühsamen Gottes-

dienst- und Abendmahlsbestellungen einigen Ersatz suchte und
daher noch spät abends in der oben geschilderten Weise mit
vielen Schriften für meine Leute im Ort auszog. Da
kommt jener Unteroffizier zufällig dazu, wie ich allerdings
harmlos und gemütlich mit den Truppen verkehre, und hält
mich wegen meiner langen Stiefel, des einfachen grauen Man-
tels und sonstigen minder salbungsvollen Aussehens im unvermeidlichen Regen und Schmutz richtig für einen gewöhnlichen
Kolporteur, von dem er daher ohne weiteres in ziemlich bar-
scher Weise und recht von oben herunter auch für sich etwas
fordert. Hierauf mußte ich ihm nun zwar schon meiner Leute
wegen, die umherstanden, zunächst den Standpunkt klar machen,
was ich auf Verlangen auch ganz gut verstand, im übrigen
jedoch und zugleich in rascher Erinnerung an die große Freundlichkeit, welche mir gerade preußische Unteroffiziere bei Sedan
erwiesen, nahm ich die Sache doch nicht zu krumm, sondern
lud den Mann nach geschehener Aufklärung zu mir aufs Zimmer ein, daß er sich und sein strammes Herz erwärmen konnte,
gab ihm Wein und Zigarren auch für seine Kameraden und
verabfolgte ihm schließlich mehr als nur die gewünschte Schrift,
also daß zuletzt der mehr an Förmlichkeiten gewöhnte preußische
Unteroffizier und der volkstümlich freier denkende schwäbische
Soldatenpfarrer als die besten Freunde von einander schieden.

Ganz zufällig fügte es sich, daß ich am selbigen Abend
noch eine zweite erfreuliche Erfahrung in diesem Dienstzweig
machen durfte. Traf ich doch auf unserer verkehrsreichen Hauptstraße unter anderen den württembergischen Fourier einer Munitionskolonne, welche auf dem Weg nach Villeneuve St. Georges
war. Aber mit seinen Leuten naß, durchfroren, hungrig und
ohne gehörige Unterkunft bei uns angekommen, fluchte und
wetterte der Mann nicht übel in den regengrauen Sonntagabend
hinein. Da hielt ich es in Anbetracht der ganzen Lage für
völlig angemessen, nur mit dem weltlichen Ohr mitfühlend zu
hören, daß es ihm eben herzlich schlecht zu Mute sei, und nahm
ihn statt einer unzeitigen Strafpredigt zu mir hinauf, wie vorher seinen preußischen Kollegen, um ihn ordentlich versorgt,
gestärkt und getröstet zu entlassen. Auch ihm hatte ich außer
Stofflicherem etliche Schriften mitgegeben und freute mich herz-

lich der kleinen, später öfters wiederholten Leistung auch für
diese Nomadenabteilungen, als er mir nach einiger Zeit von
seinem Quartier an der Seine dankend schrieb und mit der
Bitte um weiteres hinzufügte: „Seit Sie mir die Bücher gegeben haben, bleiben meine Leute auch daheim und sitzen nicht
den ganzen Tag nur im Wirtshaus."

Dem eigentlich kirchlichen Dienst wurden in diesen
Wochen durch die Witterung wie durch die Franzosen manche
Hindernisse bereitet, sofern die ungewöhnlich starken Herbststürme,
welche um die Zeit der Ergebung von Metz wüteten, den Gebrauch des Freien vielfach unmöglich oder doch sehr zweifelhaft
machten, die besten Kirchenräume aber durch die begonnene Auf=
raffung der Pariser und ihre rege gewordene Schießlust in
Wegfall kamen. Ganz ungestört waren wir nur in der Kirche
zu La Queue, die jedoch für die übrigen Abteilungen der Bri=
gade minder geschickt lag. Dagegen war namentlich die schöne
gothische Kirche in Chennevières unbrauchbar geworden, weil
sie, hart hinter dem weiten Replihof gelegen, der reinste Kugel-
fang für Granaten und Gewehre gewesen wäre. Noch lagen
vom 13. Oktober her mächtige Quader- und andere Steine vor
ihr, welche aus der gegenüberlaufenden Mauer und den Häusern
oder dem Pflaster herausgeschlagen worden waren. Deshalb
mußte, wenn es dienstlich ging, die Mannschaft dieses Orts
nach dem nächsten. rückwärts liegenden Dörfchen Ormesson zum
Feldgottesdienst hermarschieren, was sie mit ihrer Musik wiederholt that.

Eher machte es sich noch mit Coeuilly, obwohl auch hier
die schöne Allee seit dem Abfallen des deckenden Laubs nicht
mehr zur Benutzung gestattet war, sodaß wir uns auf das
ärmliche Marktplätzchen des traurigen Gehöfts zurückzuziehen
hatten und auch die prächtige Jägermusik zu ziemlichem Piano
angewiesen wurde. Uebertrieben war diese Vorsicht jedenfalls
für eine größere und dichtgedrängte Versammlung keineswegs, das
sah ich außer der kleinen Vorprobe am 12. Oktober, wo die
Granate genau über uns weggegangen war, bei meinen öfteren,
namentlich sonntäglichen Hinreiten. Die Reiterschildwache, welche
hinter einem Baum nicht gar weit vom später blutig bekannt
gewordenen Jägerhaus aufgestellt war, meinte da einmal ganz

freundlich und gemütlich mitten in meine stillen Gedanken für
die Predigt hinein: „Reiten Sie auch ein bischen schneller, Herr
Pfarrer, wenn Sie weiter vorkommen; es gibt wirklich alleweil
gleich Granaten, und Ihr Schimmel scheint so weit". Jene
Warnung galt nun ganz besonders von den Sonntagen, wenn
die Franzosen drüben auf der Feldschanze St. Maur oder den
Redouten Gravelle und Faisanderie Damenbesuch hatten, dem
zu Ehren sie dann auf uns knallten. Gefährlich war die Geschichte jedoch für den einzelnen Mann durchaus nicht; denn
auf solche Entfernung war das Getroffenwerden von einer Festungsgranate noch erheblich unwahrscheinlicher, als das Er-
schlagenwerden bei einem Gewitter. Wenn es also drüben auf-
blitzte, sobald namentlich ein Reiter in Sicht kam, mußte man
höchstens das Pferd schärfer in den Zügel nehmen, da wenigstens
bei meinem mutwilligen Tier die Hauptgefahr im Durchgehen
bei einer etwas näheren Entladung bestanden hätte. Im übrigen
ging es in die Art, wie nun eben einmal die Franzosen und
ihre Freundinnen den Sonntag feierten.

Trotz alledem gelang es meines Hauptquartierkollegen
und meinen vereinten Bemühungen, nach mehreren vergeblichen
Anläufen noch in diesem letzten ruhigen Monat für so ziemlich
alle Abteilungen der Brigade an verschiedenen Orten teils in
der Kirche, teils im Freien Gottesdienst mit Abendmahlsfeier
zu halten, wobei wir beide uns abwechselnd in Predigt und
Ansprache teilten und allmählich auch die fürs Feldleben erforderliche liturgische Gestaltung der Handlung besser verstanden.
Bei der ziemlichen Zerstreuung der Brigadetruppen, welche
in der jetzigen Aufstellung sich noch stärker geltend machte, als
schon in Chennevières, konnten die täglichen, Leib und Seele
erfrischenden Ritte fast ausnahmslos zugleich dienstlichen Zwecken
gewidmet werden, was mir immer weit befriedigender war, als
bloßes Spazierenreiten, sei es des Pferds, sei es der eigenen
Person wegen. Vorerst waren auch die Straßen noch meist
vortrefflich, wie selten bei uns zu Haus, wenn nur mein
Schimmel nicht die böse Unart gehabt hätte, vor jedem Stroh-
wisch oder Heubündel wie vor gar nichts anderem auf dem
Weg zu scheuen; und gerade diese harmlosen Andenken hatten
die vielen Kolonnen immer in großer Zahl zurückgelassen. Frei-

lich gegen den Winter hinein waren wie so vieles auch diese
Musterstraßen durch endlose Benützung mit schwerstem Fuhrwerk schlimm zugerichtet oder durch Schnee und Glatteis mißlich, so daß man einmal eine Zeit lang die Reiter vielfach zu
Fuß und das Rößlein „am Zaume nachführend" sehen konnte.
Wenn ich nun so im Brigadebezirk hinausritt, nachdem
ich mir die Verlegungstafel der Mannschaft auf der Feldpost
zur vorläufigen Belehrung angesehen, gab dies zur Schriftenverteilung und der steten Berührung auch mit entfernteren Abteilungen Gelegenheit. Auch diente es mir dazu, die einzelnen
Quartierorte zum Behuf etwaiger Gottesdienste selbst einzusehen,
ob eine Kirche oder sonst ein brauchbarer geschlossener Raum
zur Stelle sei und wo sich nötigenfalls ein Platz im Freien
eigne. Denn darnach auszuschauen konnte man natürlich dem
anderweitig vielbeschäftigten Militär nicht zumuten. Ebenso
lernte ich die genauen Entfernungen von meinem Orte dabei
kennen, weil ja für einen verstatteten und anberaumten Gottesdienst (oder eine Beerdigung) in dieser Feldlage mehr als sonst
auf strengste Pünktlichkeit zu halten war, um nicht begründeten
Verdruß und Unlust für ein andermal zu erwecken. In der
Art war ich hier und später verhältnismäßig rasch mit meinem
Dienstgebiet im reinen und wußte durch persönlichen Augenschein mehrfach früher als durch amtsgenössische Benachrichtigung
aus dem Hauptquartier, wo eine meiner Abteilungen vielleicht
etwas abgelegen und verborgen steckte.

Waren aber diese nützlichen Vorkenntnisse einmal gesammelt, so unterlag es keinem Anstand, am Samstag Mittag
oder sonst vor einem Gottesdienst den Bedienten zur Bestellung
mit einem Briefchen an den gleichfalls erkundeten Ortskom-
mandierenden zu schicken, während ich selbst in einiger Ruhe
die Predigt studieren konnte.

Schon aus allen diesen triftigen Gründen verließ ich sehr
selten und dann meist nur mit halber Befriedigung den eigenen
Brigadebezirk, in welchem es schließlich so oder anders immer
etwas zu thun gab. Einige Besuche in den weiter entfernten
Sammelspitälern zu Noisiel und Lagny · werde ich später erwähnen. Aber sonst kam ich sogar zu meinen lieben früheren
Schülern und vielfach zugleich Tübinger Bundesbrüdern in der

1ten Brigade bloß ein einziges Mal während dieser Zeit nach Villiers, wo sie alle lagen und wohin sie mich brieflich bringend eingeladen hatten. Das war nun freilich ein herzerfreuendes kurzes Zusammensein: kameradschaftlich und studentisch, um es ehrlich zu sagen, wie in früheren Tagen und zu anderen Zeiten. Und als schon vier Wochen nachher verschiedene davon die fran= zösische Erde deckte, war es mir fortan ein wohlthuender Ge= danke, sie doch noch einmal gesehen und mit den nächst Be= kannten vor ihrem frühen Tod ein ernstfröhliches Schmollis getrunken zu haben.

Sonst machte ich beim Ueberschreiten des eigenen Brigade= kreises, wo die persönliche Bekanntschaft aufhörte, gar viel= fach die Bemerkung, daß Mann und Pferd unter den eigenen Landsleuten ziemlich stark in der Fremde seien und mit ihrer Aufnahme oder Unterkunft mehr oder weniger Mühe hatten. Vor dem bloßen Amte als solchen hatten nun einmal unsere Schwaben wenigstens damals nur mäßigen Respekt und sahen lediglich auf den Mann, wie sie ihn kannten — eine Gesin= nung, die mir an und für sich eigentlich nicht so ganz un= sympathisch war, auch wenn ich sie einmal minder angenehm zu empfinden hatte. Anders die Preußen und auch die Bayern, bei welch' letzteren jeder schwarze Rock kurzweg der „Feldpater" hieß und mit höflicher Freundlichkeit behandelt wurde.

Zu dieser Erschwerung auswärtiger Besuche oder auch dienstlicher Unternehmungen trug ein Umstand bei, welcher viel= leicht dem einen und andern Leser schon in meinen früheren naturgetreuen Schilderungen aufgefallen ist. Warum besorgte denn ich dann und wann das Pferd selbst und holte ihm Heu aus einer Scheune, wie bei Sedan, oder band es wie z. B. in Wörth bei einer preußischen Schildwache an mit der Bitte, es gelegentlich vor Requisitionsversuchen mitzuhüten, bis ich wieder von den Kranken komme; oder was es sonst in dieser Beziehung zu sorgen und zu besorgen gab? Warum versah das alles nicht der Bediente? Einfach deswegen nicht, weil wir drei jüngere Feldgeistliche bei den Brigaden in höchst unprak= tischer Weise (übrigens ganz ohne Schuld unserer kirchlichen Behörde) keinen berittenen Bedienten hatten, also in gar vielen Fällen lediglich auf uns selbst und die eigene Hilfe an=

gewiesen waren, sobald wir uns zu Pferd einen Schritt von der marschierenden oder im Quartier liegenden Abteilung entfernten und der zu Fuß gehende Bediente nicht nachkommen konnte. In baldiger Erkenntnis dieses schweren Uebelstandes hätte ich zwar noch im Elsaßlothringischen um ein paar, der Form halber zu zahlende Franks mir ein zweites Pferd aus der Wörther Beute eben für den Bedienten erstehen können und besaß schon den ausweisenden Schein dafür. Aber ich hatte bereits sattsam erfahren, wie manchen ärgerlichen Quengeleien ich bei der Unterbringung und richtigen Ernährung meines amtlich mir zustehenden Rößleins begegne, natürlich immer nach dem alten Liede: „wie die Herren, so die Knechte". Daher zog ich es vor, jenen Kauf zu unterlassen, welcher in den genannten Beziehungen, wie sich denken läßt, das Uebel nur ärger gemacht hätte.

Doch genug mit dieser Bemerkung über ganz besondere örtliche und gewiß auch bloß für damals zutreffende Verhältnisse! Ich erwähnte sie eigentlich nur, weil es für manches Frühere und Spätere zum vollen Verständnis meiner und unserer Lage notwendig war. Denn allerdings sehr erschwert, auch erheblich gefährdet ist unser Dienst dadurch worden, wenn man in so vielen Fällen seine Ritte durch eine fremde Gegend völlig allein zu machen hatte und sich dabei ab und zu auch ganz ordentlich verirrte oder wenn das gelangweilte Pferd z. B. beim plötzlichen Anruf einer nächtlichen Schildwache auf Dummheiten verfiel, welche es neben einem Kameraden unterlassen hätte. —

In die etwas öden und trüben Spätherbstwochen, bei deren Schilderung ich stehe, leuchtete wenigstens für uns weiter Zurückliegende in La Queue der eigentliche Krieg mehr nur gelegentlich und von außen herein. So ging z. B. als ziemlich heiteres Zeichen, wie enge es allmählich denen in Paris auf ihrem heiligen Erdboden wurde, wiederholt ein Ballon über uns weg, in welchem wenigstens mit den Fernrohren der Artillerie deutlich Menschen bemerkbar waren. Ob sich wohl am Ende gar Gambetta bei seiner kühnen Luftfahrt drinnen befand? Daß die nachgesandten Schüsse nicht hinaufreichten, zumal die Bedrohten alsbald Ballast auswarfen, war gewiß nur erfreulich. Denn zu was schließlich die paar Leute elenbiglich zu Fall bringen?

Aber von einer zweiten ebenso hart wie Paris belagerten Feste, von Metz her kam dafür in diesen Tagen die schon länger erwartete stolze Kunde, daß die bisher Unbesiegte sich enblich doch ergeben. Und bald erschienen hinter und zwischen uns Fransecky's dort freigewordene stattliche Pommern, um fast immer eilmarschierend fortan überall einzutreten, wo es in der Einschließungslinie eine schwache Stelle gab. Der 2. Dezember weiß in rühmlichster Weise von diesen „Lückenbüßern" zu er= zählen, wie wir sie öfters in dankbarem Scherze nannten, wenn sie plötzlich bald da, bald dort auftraten.

Indessen kam während dieser Zeit doch auch wenigstens ein Teil meiner Brigade bereits zum ernstlicheren Handeln. Eine größere Requisitionstruppe von uns war bei Grandpuits überfallen worden, wovon wir eines Tages die Gefangenen und Verwundeten zu sehen bekamen. Deßhalb und auf die sichere Kunde, daß sich im Rücken größere Massen von Franktireurs und Mobilgarden gesammelt haben, wurde plötzlich in der Nacht unser 3. Infanterieregiment (oder das 2. Bataillon des= selben?) mit einer Batterie gegen sie entsandt, um bei dem von 1815 her gerade uns Württembergern dem Namen nach wohl= bekannten Montereau und Nogent sur Seine gegen eine ziem= lich große und gut verbarrikadierte Uebermacht ein nicht un= blutiges Gefecht zu bestehen. Dasselbe soll namentlich als Straßenkampf in Nogent durch die allgemeine Beteiligung der Bürgerschaft männlichen und weiblichen Geschlechts peinlich ge= wesen sein. Ich selbst erfuhr das alles nur von Dritten, weil man zu meinem Bedauern versäumt hatte, mir die leicht er= teilbare Benachrichtigung von der Seitenunternehmung des Regiments zu geben. Sonst wäre ich gerne mitgezogen, da es an Ort und Stelle gerade wenig zu thun gab.

Umsomehr war es mir Bedürfnis, alsbald die nach einigen Tagen glücklich zurückgekehrten Truppen zu begrüßen, welche freilich ihre Toten und schwerer Verwundeten außer den Cf= fizieren nicht bis zu uns hatten mitbringen können. Dafür durfte ich ihnen allen zu Ehren am gleich darauffolgenden

Sonntag den 30. Oktober zu Pontault als dem Sitz des meist=
beteiligten Bataillons und seines schlimmverwundeten liebens=
würdigen Oberstleutnants eine sehr dankbar aufgenommene kleine
Toten- und Siegesfeier halten. Der stellvertretende Komman=
dierende war so erfreut, daß er diesmal sogar die Glocken
läuten ließ, welche sonst immer schwiegen, weil die französische
Geistlichkeit mit aller Zähigkeit sich gegen ihren Gebrauch
wehrte.

Zum Text hatte ich gewählt die Stelle Jes. 40, 6. 7
verbunden mit ihrer bekannteren Ausführung in 1 Petr. 1, 24. 25:
„Es spricht eine Stimme: Predige! Und er sprach: Was soll
ich predigen? .... Alles Fleisch ist wie Gras und alle Herr=
lichkeit der Menschen, wie des Grases Blume. Das Gras ist
verdorret und die Blume abgefallen, aber des Herrn Wort
bleibet in Ewigkeit.“

An der Hand dieser markigschönen Bibelworte Alten und
Neuen Testaments war es bei solchem Anlaß natürlich leicht,
von der Freitreppe des Schlosses zu Pontault und mit dem
Blick hinein in den herbstlichen Park zu einer Mannschaft zu
reden, welche eben aus dem Kampfe zurückgekehrt und deshalb
doppelt empfänglich war. Nicht bloß der eherne Mund der
schon lange nicht mehr gehörten Kirchenglocken, sondern auch
der Nachklang der letzten Erlebnisse rief ja an diesem wieder
friedlichen Sonntag Morgen: Predige! Und die absterbende
Natur umher in ihrem Spätherbstgewande vereinigte ihre stumme
Sinnbildsprache mit der Erinnerung an unsere zurückgelassenen
Toten und Verwundeten, sowie an die bisherigen Opfer des
Kriegs aus der Jugendblüte des deutschen Volks überhaupt, um
an der Hand des obigen Textes auch die Frage zu beantworten:
Was soll ich predigen?

Nach der im Freien gehaltenen Rede wurde sodann in
die nahe Kirche gezogen und dort unter sehr großer Teilnahme
des Regiments die Abendmahlsfeier begangen, welche ich andern
Tags auch in den zwei Pontaulter Abteilungsspitälern bei den
zahlreichen schweren Typhuskranken desselben Regiments jedes=
mal mit einer kurzen hiefür passenden Ansprache wiederholte.

In den nachfolgenden noch ruhigen Tagen, deren abscheu=
liches Regenwetter jede andere Arbeit unmöglich machte, schrieb

ich meine freundlich aufgenommene Toten- und Siegesprebigt
ab und sandte sie einem Bekannten nach Haus, um sie vereint
mit der früheren Rede vor Paris drucken zu lassen. Ich wollte
in dieser unverfänglichen Weise dem immer noch gar bring-
lichen Verlangen nach geistlichen Lebenszeichen aus dem Feld
und besonders den heimischen Angehörigen der Gefallenen mit
einem Andenken entgegenkommen, weshalb ich denselben nach
vollendetem Druck durch ihre Pfarrämter je ein Exemplar zustellen ließ. Letztere hatte ich schon vorher vom Tode ihrer
Gemeindeangehörigen benachrichtigt mit der Bitte, derselben in
der Kirche zu gedenken, durfte aber auch für die nachherige
Predigtsendung herzlichen Dank erfahren. Denn an einer recht
lebenbigen und gemütlich teilnehmenden Verbindung zwischen
denen zu Haus und im Feld lag ja auch mir ein Großes.

Schließlich möchte ich noch ein merkwürdiges Beispiel
aus der Einzelseelsorge berichten, welches gleichfalls in diese
Zeit fällt und mit den soeben erwähnten Kämpfen meines 3ten
Regiments in innerlichem Zusammenhang steht. Da kommt
nämlich eines Tags ein Feldwebel jenes Regiments mit einem
am ganzen Leib zitternden bärtigen Landwehrmann angerückt,
richtet mir eine Empfehlung des Obersten aus und ich solle
den Mann „herrichten". Gut, sage ich, und entlasse den Feldwebel, um mit dem offenbaren Delinquenten allein zu sein.
Da bringe ich nun aus dem jämmerlich Heulenden allmählich
heraus, daß er sich habe ertränken wollen und schon im Schloß-
teich gelegen, aber von den nacheilenden Kameraden wieder
herausgezogen worden sei. Und warum das? Sein Feldwebel
sei wegen einer Kleinigkeit so grob gewesen, da habe er gegen
ihn das Gewehr geladen, aber gewiß gleich wieder in die Ecke
geworfen und sei dem Wasser zugesprungen. Aber er wisse
eigentlich gar nicht mehr recht, wie alles zugegangen, und er
wolle es wahrhaftig nicht mehr thun. Er habe aber seit dem
Ueberfall von Grandpuits, wo er als Nachgesandter zum ersten
Mal dabei gewesen, immer so arg Angst, seine Leute zu Haus
haben nichts zu essen und seine Schwester sei so krank. Nach
diesen Mitteilungen merkte ich bald, daß ich einen in der
Hauptsache ganz ehrlichen und ordentlichen, aber ziemlich beschränkten Menschen vor mir habe, den eben wie so manchen

andern fogar höher Veranlagten die allzuvielen und ftarken Erfchütterungen der Kriegszeit aus der Faffung gebracht und durch ihr gehäuftes Zufammentreffen geiftig umgeworfen hatten. Nachdem ich ihn zuerft gehörig darüber heruntergemacht, daß ein fo baumftarker Menfch mit viel längerem Bart, als ich befaß, immer Angft haben möge, ließ ich ihm fürs andre keinen Zweifel, daß nach klarem Kriegsrecht und einem viel fchwächeren Beifpiel, das in einer andern Brigade noch zu Knielingen vorgekommen, auf feinem Vergehen gegen den Unteroffizier der Tod ftände, wenn fein Oberft nicht in dankenswerter Rückficht Schonung geübt und ihn bloß mir zum „Herrichten" zugefchickt hätte. Hierauf konnte ich dann aber auch daran gehen, ihn wegen feiner häuslichen Bekümmerniffe zu tröften und ihm zu verfprechen, daß ich deshalb fogleich eindringlich an fein heimifches Pfarramt fchreiben werde. „Aber nicht wahr, Herr Pfarrer, ja nicht, daß ich mich habe erfäufen wollen", meinte er bereits halb beruhigt mit wiedererwachendem Ehrgefühl. Schließlich gab ich ihm aus der uns zur Verfügung ftehenden Kaffe noch 20 Fr. zur unmittelbaren Sendung an feinen alten bedrängten Vater, und fo zog er wieder ganz gefaßt und das Befte verfprechend ab, um mir am folgenden Tag freiwillig den Poftfchein der Heimfendung vorzuweifen, „daß Sie nicht meinen, ich habe das Geld verfoffen". Denn verlangt hatte ich diefen Ausweis abfichtlich nicht, um die eben gefunden wollende Seele nicht durch Mißtrauen zu drücken.

Bei feinem Oberft aber, dem ich fofort Bericht abftattete, fprach ich den lebhaften Dank aus für die gnädige Behandlung, welche er einem offenbar vorübergehend Unzurechnungsfähigen habe zu Teil werden laffen, ftatt nach dem ftarren Buchftaben des Gefetzes zu verfahren. Auch verfprach ich, den Mann fortan feft im Auge behalten und fo gewiffermaßen für ihn bürgen zu wollen. Daher fah ich befonders um die Weihnachtszeit öfters nach ihm, weil hier eine Wiederkehr des Heimwehs und Sorgendrucks am eheften zu befürchten ftand, durfte jedoch zu meiner großen Freude von dem Manne wiederholt hören, daß er jetzt wieder ganz gerne lebe und auch keine Angft mehr habe. Im ftillen Herzen aber dachte ich damals und fpäter bei der Erinnerung an diefen eigentümlichen Fall, wie an die früheren Selbstmorde im gleichen Regiment, daß meine bei letzteren bewiesene Haltung mit ihrem sachgemäßen Wechsel von Ernst und demonstrativer Milde nun doch auch noch nachträglich ihr Gutes gehabt. Denn neben anderen Gründen dürfte wohl eben sie die rettende Zuweisung jenes verzweifelnden Menschen an mich als in der Sache Erprobten anstatt der Stellung desselben vor ein Kriegsgericht veranlaßt haben. Und damit war dem Krieg wenigstens Ein vermeidliches Opfer entrissen worden.

Wenn so in den letzten Wochen der eigentliche Kampf mehr nur aus der Ferne sich für uns spürbar gemacht hatte, hieß es jetzt allmählich gleich dem Anruf der Schildwachen: Näher heran! Das zeigte sich zunächst in den ganz unerhörten Verschiebungen von Quartier zu Quartier, welche nunmehr begannen, sowie in der stärksten Häufung der Alarmierungen.

Ging es doch für uns und entsprechend für die andern Abteilungen am 8. November von La Queue nach Grandval, am 9. nach Boissy St. Leger, am 10. wieder zurück nach Grandval, am 12. nach La Queue, am 17. endlich definitiv wieder und für etwas längere Zeit nach Boissy, lauter Orte im Südosten von Paris zwischen dem Marnebogen und der Seine. Die sehr triftige Ursache aber für dies ermüdende und höchst unerquickliche Hin und Her lag in dem Abzug der Mecklenburger auf unserem linken Flügel, welche gegen Orleans den Bayern zur Hilfe entsandt worden waren. In ihre Lücke mußten wir unter Dünnerziehung des Belagerungsrings einstweilen eintreten, bis Fransecky's Pommern ganz zur Stelle waren und wieder etwas mehr Seßhaftigkeit Platz greifen konnte.

Ein niedliches Zigeunerleben mit gleichzeitigem Beginn des Vorwinters! Man kann sich denken oder wer nicht mit dabei war, auch nicht denken, wie es da für den Mann und den Dienst, weltlich und geistlich zuging und wie alles weit stärker als auf den früheren Märschen aus der Ordnung und annähernden Regelmäßigkeit kam.

Thunlichst mit Sack und Pack noch weit mehr als früher pilgerte man hin und her, in der sicheren und meist völlig gegründeten Voraussicht, daß die Vorgänger es genau ebenso gemacht und uns für das naßkalte und bereits schneedrohende Novemberwetter nur leere Räume hinterlassen haben. Als wären wir die Kinder Israels in der Wüste, sah man da auf die Wagen oder auch Pferde die nötigsten Bettstücke und dergleichen aufgepackt, daß es zum Lachen oder auch Erbarmen war. Auf diesen geradezu oft abenteuerlichen Wanderschaften kam meine eigene Abteilung auch einmal in ein Schloß zu liegen, das mir aber als Greuel der Verwüstung und Musterbeispiel für das vielbesprochene Zerstören des Kriegs in unvergeßlicher Erinnerung geblieben ist. Als der Brigadeadjutant uns mit verdächtigem Lachen die bisher noch nie vorgekommene Kunde zurief, daß wir ein „Château" zum Quartier kriegen, dachte ich gleich an des alten Virgil klassische Warnung vor den Danaergeschenken. Und wirklich, wie sah es in diesem Schloß Grandval (nahe bei Sucy-Boissy) aus, das im vorigen Jahrhundert dem bekannten deutsch-französischen Baron Holbach, Verfasser des materialistischen „Système de la nature" gehört, und wo er mit seinen Gesinnungsgenossen wohl manches Esprit- und Witzfeuerwerk hatte sprühen lassen. O Freund Holbach, könntest du heute in dein Schloß hereinsehen, das materialistische Schwärmen für die rohe geistlose Masse würde dir vielleicht beim Anblick vergehen!

Da war gleich am Eingang die eine Thonstatue verschwunden, die andere halb zerschlagen und der Rest höhnisch mit Kleiderfetzen herausstaffiert. Drinnen im Schloß selbst fehlten meist die Scheiben, teilweise durch Granaten von Charenton eingedrückt, welche schon längere Zeit im Schloßpark einzuschlagen beliebten. Aber auch die Spiegel völlig zertrümmert, Kommode und Kästen aufgebrochen und durchwühlt, Seidenstoffe, Kleider, Weißzeug, Vorhänge, Glas, Porzellan, Bücher und Schriften fußhoch auf dem Boden verstreut, daß man drin waten mußte.

Aber gerade bei diesem greulichsten Zerstörungswerk habe ich die hohe Genugthuung, mit strengster Wahrheit sagen zu dürfen, daß wir Deutsche es nicht gethan hatten. Denn wir erfuhren auf baldige Erkundigung bei ganz zuverlässigen Franzosen selbst, daß wir die erste fremde Abteilung in dem Schlößchen waren und daß vielmehr nach der Flüchtung der vornehmen

und reichen Besitzer das umwohnende französische Gesindel
wie eine Räuberbande hereingebrochen sei, um solche Arbeit zu
machen. Wie sich dasselbe aufs Zerstören verstehe, weß Geistes
Kind es in Paris und Umgebung überhaupt sei, das hat es
ja allerdings sehr bald in den Leistungen der Kommune bewiesen! Es ist nicht zu zweifeln, daß sich die Sache auch noch
in manchen anderen Fällen ziemlich ebenso verhielt, wie hier
in Grandval.

Damit soll natürlich keinen Augenblick geleugnet werden,
daß im allgemeinen und großen Durchschnitt dennoch die Zerstörung, Ruinierung und Ausräumung namentlich in den
Vorstädten und Dörfern bei Paris, von welchen natürlich
die meisten hierauf gehenden Klagen und Schmähungen stammen, überwiegend von uns deutschen Belagerungstruppen herrührten.

Und so wären wir also wirklich die teutonischen Barbaren gewesen, welche gleich einer wilden Horde in dem schönen
Frankreich hausten und wenigstens in diesen Stücken aller
Bildung oder Gesittung Hohn sprachen? Die Mannszucht von
seiten des Kommandos, die sittlich-religiöse Arbeit und Bemühung auch von uns Geistlichen wäre für nichts gewesen oder
hätte in leeren wirkungslosen Worten bestanden? In der That,
für alle Beteiligten und schließlich für die deutsche Nation als
solche ein schmutziger Flecken, den auch die glänzendsten Siege
nicht zudecken würden — falls er nämlich irgend in dieser
Form vor der Wahrheit stand hielte!

Halten wir uns nach briden Seiten nüchtern und unbestechlich an die letztere, so ist ohne weiteres zuzugeben, daß
von den deutschen Truppen auch mutwillig und vermeidbar zer-
stört worden ist. An den prächtigen Kaminspiegeln z. B.,
welche als üblicher Hauptschmuck der Zimmer den französischen
Volkscharakter bezeichnen, glaubte ich dann und wann die Spur
eines absichtlich zerstoßenden Bajonetts oder des zerschlagenden
Gewehrkolbens bemerken zu müssen. An ihnen hatte sich wohl
zuweilen der Grimm, welcher bekanntlich sogar „Wände hinaus-
schlagen" möchte, schmetternd wie es der Zorn bedarf ausge-
lassen. An ihnen hatte sich die Erbitterung des Soldaten ge-
rächt, der sich in endlos langem, überbeschwerlichen Winter-

felbzug vom eigenen bescheidenen, aber heimischen Herde fern-
gehalten und einem Feinde gegenübergestellt sah, welcher selbst
vielfach weit reicher und glänzender als wir eingerichtet, doch
noch stets auf neue Eroberung hatte ausgehen wollen. Am
Ende war auch mancher klirrend zerschlagene Spiegel, manches
zertrümmerte Fenster oder Schmuckstück als ein Totenopfer anzusehen, welches die naturwüchsig unmittelbare Gefühlsaufwallung
einem eben gefallenen lieben Kameraden an des Feindes stolzer
Habe darbringen zu müssen geglaubt hatte. Denn was gilt
jedenfalls dem auflobernden Zorn zumal des minder Gebildeten
jene völkerrechtliche Unterscheidung von feindlichem Heer und
Bürgertum!

In engem Zusammenhang damit kam es jedenfalls während
der Pariser Belagerung wie an ähnlichen Plätzen ohne allen
Zweifel öfters vor, daß in den von den Bewohnern verlassenen
Quartieren etwas eingesteckt wurde, was in keiner Weise mehr
unter den Begriff der zulässigen und berechtigten Requisition
gehörte, sondern dessen Mitnahme nur als Diebstahl zu bezeichnen war. Sogar in dem vielbeschrieenen Punkte der Pendülen
sah ich es einmal selbst mit an, wie ein fremder und mir daher
völlig unzugänglicher Militärangehöriger ein Uhrwerk ausbrach,
um wenigstens das zierliche Gehäuse in der Satteltasche ver-
schwinden zu lassen. Und ähnlich erging es namentlich auch
manchen vorgefundenen Bildern. Denn alles konnte auch das
Kommando nicht verhindern, obwohl es sogar in dieser Zeit
rühmlich bei uns darauf bedacht war, Zucht und Ordnung zu
wahren, z. B. den Soldaten und Offizieren die Sendungen nach
Haus einigermaßen zu überwachen. Daher erschien eines Tags
ein mir bekannter Soldat und bat mich, von mir aus an seine
Braut den Seidenstoff laufen zu lassen, welchen er für sie ge-
kauft habe. Letzteres war nun natürlich höchst unwahrschein-
lich; denn wo sollte der Mann Gelegenheit dazu gehabt haben?
Vielmehr hatte er die Seide eben sicherlich „gefunden", weshalb ich auch das Ansinnen ablehnte, seine Heimsendung durch
die unverdächtige geistliche Flagge zu decken.

Mit alledem ist jedoch erst der kleinste Teil des „Zerstörens" und „Ausraubens" oder Ausleerens erklärt, wie es
sich am Schlusse der Pariser Belagerungszeit als trauriges Ge-

famtergebnis herausstellte und allerdings einen schneidenden
Gegensatz zwischen dem Vorher und Nachher darbot.

Schon mehrmals im Verlauf habe ich auf die hohe Schön=
heit der Pariser Umgebung hingewiesen. Wie viele alte und
neue Schlößchen meist im zierlichen Renaissancestil liegen im
Kreise umher, wie viele Landhäuser zum Sommeraufenthalt
über die heiße Zeit, im steten Anblick der geliebten Hauptstadt
und jederzeit so leicht mit ihr zu vertauschen! Wie freundlich
nehmen sich die Häuser aus, welche vielfach ein wenig von der
Straße hineingerückt in einem hübschen geschlossenen Hof oder
Vorgarten stehen, nur zugänglich auf schmalen geschlängelten
Fußwegen! Auch viele förmliche Gärtnereien sind damit ver=
bunden, reichen Gewinn bringend durch die Nähe des vielver=
zehrenden Paris, schwunghaft eingerichtet mit Gewächshäusern,
Frühbeeten und einer Masse von Glasglocken zum Schutz der
zärteren Pflanzen.

Ich glaube es herzlich gerne: wenn die geflohenen Be=
wohner nach einem Halbjahr zu ihrem früheren Besitz zurück=
gekehrt sind, den sie in französischer Sauberkeit und Zierlich=
keit verlassen, so muß ihnen das Herz geblutet haben und sie
mochten mit begreiflich bitterem Groll auf die Trümmer und
Ueberbleibsel starren, welche im schreienden Widerspruch zum
früheren Stand nun plötzlich vor ihren entsetzten Blicken lagen,
auch wo keine Beschießung durch eigene oder fremde Kanonen
und daran sich knüpfende Brände ein Trümmerfeld geschaffen.

Ging es doch zuweilen uns selbst nicht viel anders, wenn
wir vor Paris nach Monaten wieder einmal in einen Ort der
schönen Herbstquartiere kamen. Im traurigen Wintergewand,
in dem allmählich fast unausrottbar angesammelten Schmutz
und faulen Stroh, in der jetzigen Leere und Nacktheit erkannten
wir die alte liebgewesene Stätte wie z. B. unser prächtiges
Chenneviéres kaum mehr. Und doch waren die Quartiernach=
folger durchschnittlich völlig dieselben Leute, wie ihre Vorgänger,
und sowenig zuchtlose Barbaren, als diese.

Denn in der That, von dem unverhältnismäßig größten
Teil dieser Geschichten läßt sich wirklich nur mit dem sonstigen
Lieblings= und Schlußtrost der Franzosen selber sagen: C'est
la guerre, so ist's mit dem Krieg. Wer seine thatsächlichen

Verhältnisse aus eigenem Erleben kennt und seine vielfach eben naturnotwendigen Vorgänge mit durchgemacht hat, der wird vieles, wo nicht das meiste von den angeblichen deutschen Unthaten zurechtzulegen wissen.

Man versetze sich doch einen Augenblick recht lebendig in die Umstände hinein; man bedenke jene ungewöhnlich schöne Umgebung von Paris! War sie nicht im Interesse der immerhin sonst wünschenswerten Schonung des feindlichen Besitzes so ziemlich das Ungeeignetste, was sich denken ließ, um dem großen zur Einschließung erforderlichen Heere während eines langen schweren Winters Quartier und Unterkunft für Menschen und Pferde, diese treugepflegten Begleiter, zu geben? Hier wäre im befreundetsten Land und auf eigenem Boden gleichfalls mehr als genug zu Schanden gegangen. Die französischen Einwohner aber waren mit oder ohne Grund zum größten Teil fort, hineingeflohen in das schützende Paris. Und doch hätte ihre Anwesenheit ganz natur- und gesetzesgemäß jedem, auch dem Ungebildetsten viel Zurückhaltung und Schonung auferlegt; sie hätten für dieses und jenes Bedürfnis die richtige Bezugsquelle angeben oder schaffen können und hätten bei etwaigem Quartierwechsel oder zeitweisem Leerstehen für die nötige Säuberung sorgen mögen, ohne welche schließlich alles rettungslos verkommt.

In solcher Lage war neben etwaigem mutwilligem Zerstören und verwerflichem Stehlen zur weit überwiegenden Hauptsache, nämlich zu einem sehr entschuldbaren Wegnehmen und namentlich zum völlig unvermeidbaren Zugrunderichten mehr als genug Anlaß, wo nicht zwingende Nötigung vorhanden.

Von den Speise- und Trankfindungen rede ich gar nicht mehr; sie gehören ohnehin in ein ganz anderes Kapitel. Auch den amtlich mit Recht erlaubten Ersatz der abgenützten eigenen Ausstattung aus den gefundenen Ueberbleibseln in den verlassenen Orten habe ich ebendaselbst schon erwähnt. Aber wo lief denn nun da die scharfe Grenzlinie? Was war wirklich nötig, was in allerlei noch bevorstehenden schwierigen Lagen jedenfalls wünschenswert? Sollte schon halb Zerstörtes und bei berechtigtem Suchen z. B. nach Speise und Trank Mitaufgestöbertes liegen bleiben, bis es der Nächste vollends ganz zerstörte oder seinerseits mitnahm? denn dem rechten Besitzer blieb es doch nicht aufbewahrt. Was war endlich harmloses An- denken ohne irgend welchen Geldwert, in Engländerweise mit- genommen zur Erinnerung an eine besonders denkwürdige Stätte oder ein durch langes Wohnen liebgewordenes Quartier? Wo fing dagegen die verwerfliche und gemeine Bereicherung an? Diese Frage konnte sich offenbar nur noch eine tiefere Bildung und gewissenhaft peinliche Vorsicht beantworten, nachdem offen gestanden schon durch das amtliche und kriegsrechtlich erlaubte Requisitionswesen der Eigentumsbegriff im Allgemeinbewußtsein schwankend geworden war.

Endlich ist ja auch noch das schon mehrfach erwähnte, völlig berechtigte und unvermeidliche Verschleppen von Haus zu Haus oder sogar von Ort zu Ort in Anschlag zu bringen, wodurch jedenfalls die ursprünglichen Eigentümer gleichfalls um das Ihre kamen. Daher wir schon damals und vor den Tagen der Kommune einen Bürgerkrieg der Franzosen im kleinen be- sonders unter den Hausfrauen voraussahen, wenn aus dem all- mählich entstandenen babylonischen Gewirr jedem das Seine wieder ausgeschieden werden sollte.

Und was im Punkte des Zerstörens von allem einzelnen abgesehen rundweg die unschuldige Hauptschuld an dem trau- rigen Endzustand unserer Pariser Belagerungsquartiere trug, das war schließlich etwas sehr einfaches und doch tief einschnei- dendes, nämlich ganz kurz gesagt die Heizungsfrage und der dadurch gegebene starke Holzverbrauch, welcher nicht bloß den oft so feinen und geschmackvoll kostbaren französischen Möbeln, sondern auch den sonstigen Geräten, Nebenhäusern, Schuppen und Parken allerdings zum Teil bös mitgespielt hat.

Denn während diesseits der Vogesen der allmählich wieder beginnende kleine Ofen bereits eine deutsche Spur ist, herrscht im eigentlichen Frankreich der Kamin, sehr hübsch mit seiner Konsole und dem Spiegel darüber als Zimmerschmuck und Platz für leichte Plauderei, aber wenig praktisch und durch- schlagend für einen kalten Wintertag, wie es deren 1870/71 bekanntlich mehr als einen gab, wenig geeignet in den zwar gefällig, aber oft ziemlich ungebogen gebauten französischen Häusern mit ihren hohen Fenstern und Thüren. Auch waren

die Kamine wenigstens bei mangelnder Fürsorge für ihre Rei-
nigung und unter unsern ungeübten Händen von bedenklicher
Feuergefährlichkeit und haben namentlich manchen schönen Parket-
boden in ihrer Umgebung übel zugerichtet. Man nahm daher
diese Brände allmählich als etwas kaum Vermeidliches ziemlich
leicht, zumal auch die Franzosen auf ihrem Gebiet in der
gleichen Hinsicht kurzen Prozeß machten. So brannten sie z.
B. auf der Halbinsel La Varenne gegenüber von Chennevières
uns ab und zu ein Haus vor der Nase ab, wenn es ihnen
militärisch ungeschickt oder sonst im geringsten lästig war; vielleicht sollten es auch nur Späße der Mobilgarden sein, gleichwie ihr kindisches Feuern auf uns.

Bei diesen Kaminen nun fiel es natürlich zunächst niemand ein, falls ein gehörig ausgestatteter Holzstall da war,
sich anderswohin zu wenden. Wenn aber nicht, wenn alle
darnach Ausgesandten leer zurückkamen? Hausbewohner waren
keine da, um etwa bei ihnen nachzufragen; selbst aber war man
müde, hungrig, durstig und durchfroren angekommen, beispiels-
weise nach stundenlanger Alarmstellung auf hartgefrorenem
Ackerfeld. Da helfe, was helfen mag! So ging es unter anderem
ganz genau uns, als wir am Spätabend zu Grandval einrückten. Aus dem Wust der umherliegenden Trümmer war
allerdings bald soviel altes zerbrochenes Holz und Papier zusammengefunden, daß es wenigstens für den ersten Abend zu
einem ordentlichen Feuer reichte. Wie aber am folgenden Tag,
wie, wenn andre in ähnlicher Lage später nachkamen? Von
den zuerst aufgebrauchten Holztrümmern zu den vereinzelt
noch vorhandenen und unzerstörten, zuerst kleineren, dann größeren Möbeln war dann nur noch ein Schritt, den die bittere
Not sich natürlich nicht zu machen scheute. Und das war in
der That noch lange kein unsittlicher Vandalismus, wenn man
nicht gerade aus zarter Schonung für das doch nicht mehr zu
rettende Eigentum der Franzosen erfrieren oder wenigstens
krank werden wollte. Denn zum Tod oder zur Krankheit bot
sich ohnehin schon genug unvermeidliche Gelegenheit. So drückte
in seelisch sehr begreiflicher Weise die verhältnismäßige Wert-
losigkeit des eigenen Lebens und Wohlseins vollends das tote
Gut des Gegners im Preise weit herunter.

Als es tiefer in den Winter hineinging und die an
manchen Orten immerhin vorhandenen Brennholzvorräte sich
erschöpften, nicht aber die Kälte, da wurde wohl gar viel Holz
gemacht, also den ganzen Tag gesägt und gespalten, indem das
Kommando gegen unnötiges Zerstören mit Recht fortwährend
streng war. Unseren Bedienten z. B. bekam diese kräftige Bewegung sehr gut und hielt sie von manchem anderen ab, das
besser unterblieb. Allein mit grünem rauchendem Holz etwa
aus den Parken brachte man kein Feuer in Gang und Stand,
am wenigsten der Soldat, welcher in seiner Kochzeit oft so
knapp bemessen war. Darum ist bei dem Massenbedürfnis
allmählich freilich allerlei ins Feuer gewandert, dem das nicht
an der Wiege gesungen war und dessen verdächtiger Lackgeruch
noch aus dem Kamin heraus an seine bessere Vergangenheit
erinnerte: schon vorher beschädigte Möbel, z. B. Kommoden,
bei welchen es zuerst an die Schublaben gegangen war und
dann an den Hauptkörper, oder namentlich Zwillingsstücke, von
denen das eine fehlte, ferner überflüssige Läden, Schranken und
Zäune, Räder zertrümmerter Karren, selbst Dachsparren und
Balken leerstehender Nebenhäuser. In unserem Dezember-Ja-
nuarquartier zu Champs war ein solches schuppenartiges Hinter-
haus im Laufe der Wochen eben einfach nach und nach verschwunden, soweit es brennbar war.

In dieser Weise mag es sogar manchem Prachtmöbel gegangen sein, nachdem es zuerst vielleicht in gleichfalls harm-
loser Weise seinen Schaden weg hatte. Nicht sehr selten fand
sich, unter anderm zu Chennevières in unserem Gartensalon, das
französische Lieblingsstück, das Billard. Zunächst spielen die
Soldaten unschuldig und ordentlich darauf, und wer konnte oder
wollte ihnen das wehren? Allein bald stößt diese oder jene
plumpere und schwerere Neulingshand ein Loch hinein, das sich
bald zum klaffenden Riß erweitert und Nachfolger bekommt.
Jetzt ist das zersetzte Tuch doch unbrauchbar, wie jeder weiß,
und dient zu guter Letzt dazu, den auf saubere Haltung bedachten Jägern neue grüne Streifen an ihre verblaßte Uni-
formen zu liefern, was bei einem heilen Billard keinem einge-
fallen wäre.

Das spätere Schicksal des geschilderten Möbels konnte ich

nicht mehr verfolgen, möchte aber nicht dafür stehen, ob nicht
im Laufe des harten Winters die Hand der Not auch an seinen
Holzkörper gegriffen hat; und ähnlich ist es vielleicht einem dabei
stehenden Klavier trotz des darauf geklebten Zettels mit dem
Ersuchen um Schonung gegangen, besonders wenn etwa in den
Schlachttagen eine einschlagende französische Granate die nötige
Vorarbeit gethan hat.

Eben in Grandval habe ich selbst bei der zweiten Anwesenheit ein recht bezeichnendes Beispiel dafür erlebt, wie
namentlich im Zusammenhang mit der Heizungsnotwendigkeit
ohne eine Spur von bösem Willen übler Schaden angerichtet
werden konnte. Mein „Bett", das mir zwei Tage zuvor bei
dem ersten Aufenthalt die findigen Bedienten recht ordentlich
zurechtgemacht und das ich beim neuen Einrücken unerwarteter
Weise noch antraf, hatte ich einem kranken Fähnrich, zugleich
Sohn eines meiner Obersten, in Menschlichkeit und Klugheit
überlassen. So sah ich mich mit einem befreundeten Soldaten,
der im Frieden ehrsamer Gymnasiallehrer in Sachsen war, zum
Nachtlager auf dürftigem Stroh und in einem Zimmer mit
meist fehlenden Fensterscheiben angewiesen, wo es auf einer Seite
beim Schmelzen des erstgefallenen Schnees recht hübsch von der
Decke tropfte. Da blieb keine Wahl, als der liebenswürdigen
Granatennachbarschaft von Charenton wegen die Läden zu
schließen, daß man die Helle nicht sah, dann aber ein tüchtiges
Feuer für die Nacht anzumachen. Allein das tannene Holz
aus den Möbeltrümmern des Schlosses spritzte bald dergestalt
einen knisternden Funkenregen gegen unser Strohlager, daß
wir uns schon vor die Wahl gestellt glaubten, zu verbrennen
oder jämmerlich zu frieren, bis unser Blick auf das einzige
Möbel des Zimmers fiel, einen Tisch mit gedrehtem Fuß und
runder Schiefer- oder vielleicht auch Marmorplatte. Ihn
stülpten wir daher als Rotofenschirm gegen das gar zu mit-
teilsame Feuer um. Am andern Morgen war er leider mitten
durchgesprungen. Wohl hatten wir im Halbschlaf den Knall
gehört, waren aber nicht so weit klar geworden, um zu erkennen, ob derselbe von einer benachbart einschlagenden Granate
oder sonst woher rühre. Und jedenfalls hatten wir teutonischen
Barbaren an diesen tragischen Ausgang ebensowenig gedacht,

als ihn gar vollends beabsichtigt, sondern verzogen uns stillschweigend von der Stätte des Verbrechens.

Immerhin diente die nächtliche Gedankenverbindung von
Knall und Granate am Morgen dazu, uns einige Erholung
des Gemüts unter den peinlichen Eindrücken von Grandval zu
verschaffen. Als wir nämlich im Park herumstrichen, um nach
niedergegangenen und geplatzten Geschossen zu suchen, fanden
wir außer ihnen noch etwas viel Heitereres. Es war ein ziemlich großer Kinderballon mit einem Pariser Briefpacket, welcher
hier den Absendern zunächst nicht ganz erwünscht, weil zu früh,
gefallen war. Aber vor uns gab es kein Briefgeheimnis, daher wir das Päckchen mit seinen etwa 20 bis 30 Briefen auf
dünnstem Papier öffneten und dieselben eifrig studierten. Meist
waren es für uns bedeutungslose Privatmitteilungen über Leben
und Wohlsein des in Paris eingeschlossenen Schreibers. Nur
einer blieb mir durch seinen bezeichnenden Witz in Erinnerung.
Da wurde denen draußen vermeldet, man habe von den Forts
aus gesehen, daß „par un obus français a été tué un officier
prussien de marque; plût à Dieu, que ce fût Mr. de Bismarck;
durch eine französische Granate sei ein höherer, markierter,
preußischer Offizier gefallen; wollte Gott, es wäre Herr von
Bismarck gewesen“.

Schon um dieses vergeblichen frommen Wunsches in ordentlicher Witzform willen, aber auch aus sonstigem Anstand
machten wir die harmlosen Briefe, nachdem sie gelesen waren,
wieder zusammen und übersandten sie an die Post in Genf als
neutrale Vermittlungsstelle für die französische Weiterbeförde-
rung. Denn zu was sollte man den Angehörigen der Belagerten solche Lebenszeichen vorenthalten?

Wenn ich mich nicht irre, so erwischten wir im gleichen
Briefpacket oder vielleicht auch in dem Innern von Grandval,
aber jedenfalls am selbigen Tag noch ein anderes überaus
heiteres Blatt, das vor allem dem zweiten unter den großen
Paladinen König Wilhelms galt. Es war eine Nummer des
Univers, wie ich mich noch ganz genau entsinne, und in dieser
stand ein wutschnaubender Leitartikel, welcher die Damenwelt
von Paris und Umgebung hoch und teuer beschwor, sich an
Frau Judith im Alten Testament ein lehrreiches Beispiel zu

nehmen und das heilige Frankreich von dem feindlichen Feld-
obersten zu befreien. Da mußten wir nun allerdings herzlichst
lachen, wenn wir uns unsern Moltke dachten, gleich trefflich
als Mensch und Feldherr, und hier lasen, wie ihm Rolle und
Schicksal des schwarzbärtigen Holofernes, weiland grimmen
Feldhauptmanns der Assyrer in listigem Blutdurst zugedacht war.
Von ganz anderer Art war ein seltsames Erlebnis, das
wir vier Tischgenossen vom Sanitätszug eben in diesen Tagen
hatten und welches lose Zungen zuerst wenigstens in einige entfernte Verwandtschaft mit derartigen französischen Damenaus-
flügen bringen wollten. In Wahrheit jedoch erwies es sich
rasch als ein geradezu tragisches Beispiel, wie furchtbar unter
Umständen der Krieg in das Leben und Ergehen der Familie
einschneiden kann. Es war am 16. November, dem letzten
Abend unseres Aufenthalts in La Cueue; wir hatten bereits
unser bescheidenes Abendessen verzehrt und saßen spät noch plaudernd
bei einer Zigarre zusammen. Da wird unser Arzt hinausge-
rufen und kommt nach einiger Zeit kopfschüttelnd zu uns mit
der Meldung zurück, drunten vor unserem Quartier an der
Hauptstraße stehe eine französische Frau und bitte um Aufnahme. Ob wir sie annehmen wollen oder nicht? Was war
da im Zweifelsfall anders zu machen, als ja zu sagen! So
erschien sie denn, eine junge elegant gekleidete Dame, aber
zitternd vor Nässe und Frost, müde und hungrig, also daß
sogar unsere schrecklichen Hammelfleischklöße, die wir noch übrig
hatten, alsbald willkommene Aufnahme fanden. Doch konnte
ich glücklicherweise die Ehre der deutschen Nation vor der Angehörigen eines so hervorragend kochverständigen Volks durch
einiges heimische Backwerk notdürftig wahren, das ich ihr als
Nachtisch anbot. Während sie sich so allmählich erholte und
stärkte, erfuhren der Arzt und ich als Führer der Unterhaltung,
wer sie denn eigentlich sei, woher sie komme und was sie wolle.
Sie stellte sich als Frau eines französischen Majors vor, der
in Dresden verwundet und gefangen liege und von dessen Besuch sie herkomme. Ihre Kinder seien nach Brüssel geflüchtet,
ihre Mutter in Paris eingeschlossen, ihr Vater in dem benachbarten Boissy St. Leger wohnhaft; daher sie uns bitte, ob
wir sie nicht noch in dieser Nacht dorthin bringen lassen könnten.

Offen rühmte sie, daß in schmerzlichem Unterschied von der Zu-
dringlichkeit französischer Offiziere um Metz sie bei den deutschen
Etappenkommando's auf dieser für eine Frau bitterbösen Reise
allezeit ein tabelloses und würdiges Entgegenkommen gefunden
habe, weshalb sie ohne Theaterpathos in ruhiger Bestimmtheit
schloß: „Les Français haïssent les Allemands, mais moi non;
die Franzosen hassen die Deutschen, aber ich nicht.“

Was dies nun alles Wahrheit oder Dichtung? Wer
konnte es wissen! Abenteuerlich genug nahm es sich jedenfalls
im ersten Anhören aus, obwohl bei näherem Nachdenken doch
auch wieder viel, wo nicht mehr für die wesentliche Richtigkeit
der gemachten Angaben sprach. Unter allen Umständen aber
wollten gerade wir nicht hinter den rühmlich erwähnten deutschen
Etappenkommando's zurückbleiben, nachdem uns ungesucht diese
Rolle und damit für den Fall der Wahrheit die Aufgabe zugefallen war, einer wahrhaftig bedauernswürdigen und zugleich
achtungswert opfermutigen Frau vollends am schwierigsten Schluß-
teil ihrer Irrfahrt durch die deutsche Belagerungsarmee zu
ihrem Vater durchzuhelfen. Also mußte der Bediente des Kaplans anspannen und die Französin an den gewünschten Ort
bringen, der ihm und uns vom ersten kurzen Aufenthalt her
einigermaßen bekannt war und wo er sie denn auch gegen Mitternacht glücklich bei ihren Angehörigen ablieferte. Es versteht sich,
daß wir dem verständigen Burschen eindringlich eingeschärft
hatten, wie wir mit unserer eigenen Ehre für die Dame ein-
zustehen haben.

Ein erster erfreulicher Beweis, daß wir mit unserem
Glauben und Vertrauenschenken doch nicht fehl gegangen, war
schon andern Morgens die Meldung des Bedienten, daß sich
die Angaben der Frau mit ihrer Wohnung in Boissy, ebenso
mit ihrem Vater als richtig erwiesen und daß ihn letzterer mit
einem reichlichen Trinkgeld entlassen habe. Aber wir durften
den Sachverhalt sogar alsbald selbst sehen und hören, wie wir
andern Vormittags im selbigen Boissy einrückten. Denn da
begegneten wir beim Umhergehen auf der Straße vor der
Quartierherrichtung eben unserer Französin mit ihrem Vater,
der allerdings in seiner modischen Kleidung mit einem Brotlaib
unter dem Arm sehr komisch, jedoch ganz den Verhältnissen

11*

entsprechend aussah. Beide statteten uns den wärmsten Dank
für die gestrige Hilfe ab. Und so verstummten sehr bald auch
die Witze in der Brigade, wo natürlich ein solches Abenteuer
gar rasch herumgekommen war, und die zuerst bespöttelte gut-
mütige Leichtgläubigkeit und naive Harmlosigkeit der „Zivilisten",
namentlich aber der „Pfarrer" erhielt ihre volle Genugthuung,
da sich bei längerem Verbleib an jenem Ort die Wahrheit der
Aussagen jener Majorsfrau zu ihrer und unserer Ehre zweifellos herausstellte.

Verglichen mit solchen Schicksalen einer einsamen und
verlassenen Frau in der Fremde mußte uns das eigene dermalige
Zigeunerleben fast wie eine Vergnügungsreise erscheinen, so sauer
es uns sonst wurde und so viele Schwierigkeiten es namentlich
auch für jede Art und Form unseres Dienstes zur unvermeidlichen Folge hatte. Was machte mir da doch die Unterbringung und Beförderung schon der verschiedenen, allmählich
ansehnlich angewachsenen Lesesachen und Schriften für Not!
Wenn alle Augenblicke wieder ein unerwarteter Aufbruch oder
auch nur einer der vielen Alarme kam, so strömten die Leute
von allen Seiten herbei und brachten das Entliehene zurück,
daß ich es einpacke und mitnehme. Denn für ein andermal
wußte ich wohl, wie angelegt und willkommen es wieder sein
werde, sobald eine halbwegs ruhigere Zeit gekommen. Einen
eigenen Wagen hatte ich nicht und war daher auf den guten
Willen der Unteroffiziere beim Sanitätszug angewiesen, welcher
freilich bei schlechtem Wetter und sonstigen vielfachen Widrigkeiten der wenig beneidenswerten Abteilung nicht immer so ganz
Stand halten wollte. Von denselben Leuten, welche ruhig
liegend herzlich froh an etwas zum Lesen von mir waren, konnte
ich nicht bloß einmal hören: „Wir müssen auch noch dem
Pfarrer da seine ganze Bibliothek nachschleppen." Und doch
war nicht ein einziges Buch für mich darunter, wozu ich schon
gar keine Zeit gehabt hätte, sondern lauter Sachen für die
Mannschaft der verschiedenen Grade. Vielleicht unnötig spät
erwirkte ich mir daher nach einiger Zeit beim stellvertretenden
Brigadekommando den ausdrücklichen Befehl, daß der Sanitätszug diese Lesesachen von mir unweigerlich zu befördern habe,
sobald er nicht von Kranken und Verwundeten besetzt sei, was

ja meistens auf den Märschen nicht der Fall war. Von da
an hatte ich wenigstens in diesem Punkte Ruhe.

Einigemal kam es auch vor, daß die Schriften in einer
offenen Kiste bei sorgloser Verladung naß oder beschneit wurden
und ich sie sofort nach Ankunft nur rasch zu trocknen hatte.
Ober hatte ich öfters den Vorrat für richtige Verteilung an
die einzelnen zerstreuten Glieder der Brigade bereits schön und
weise sortiert, da warf der plötzliche Abmarsch alles wieder
zusammen und durcheinander.

Noch mit größeren Schwierigkeiten durch Wandern, Wetter
und die mit Recht sich steigernden Schanzarbeiten hatte der
eigentlich geistliche Dienst zu kämpfen. Als sehr charakteristisches
Zeit- und Stimmungsbild jener ganz absonderlichen Tage will
ich aber doch eine Rede kurz erwähnen, die ich Mitte November zu La Queue und Pontault hielt und welche man im
Feldzug vielleicht nicht erwartet. Während wir vor des Feindes
Hauptstadt fast kampflos, ob auch in einer seltsamen Art von
Frieden lebten, bis die letzte Entscheidung fallen konnte, bereitete
sich ja in unserer engern Heimat eine andere freilich unblutige
Art von Kampf vor, ich meine den Kampf um die Frage,
wer auf eine Reihe von Jahren, wer namentlich in den nächsten
entscheidenden und grundwichtigen Wochen mit seiner Stimme
uns zu Haus vertreten, wer in unser aller Namen abge-
ordnet werden sollte zur Beratung unserer Landes-, unserer
Vaterlandsfragen. Zwar wollten und durften wir hoffen, daß
der große Gang der Zeit ein Großes und Neues auch zu Haus
gewirkt, daß die Begeisterung, welche als mächtiger Widerhall
dem Donner der siegreichen deutschen Schlachten gefolgt war,
nicht verlodernd zusammensinke als eitles Strohfeuer. Wir
durften erwarten, daß die, welche ruhig zu Haus geblieben,
nicht in starrem Eigensinn und hartnäckiger Verblendung verderben werden, was wir alle, die wir Leben und Gesundheit
eingesetzt, schon jetzt für unser gemeinsames deutsches Vaterland
errungen.

Nach diesen einleitenden Worten erlaubte ich mir, in
sachgemäßer Auswahl die lebensvoll anschauliche Stelle 1 Kor.
12, 4—27 zu Grund zu legen, welche in geistlicher Wendung
so ziemlich die Gedanken des weltlichen Gleichnisses bei dem

alten Menenius Agrippa enthält, als derselbe im Streit der
Patrizier und Plebejer letzteren warnend von dem Streit der
Glieder mit dem Innern des Leibs sprach. Ich wies darauf
hin, wie unser gegenwärtiges deutsches Heer als wohlgefugter
Körper mit vielen und vielerlei, aber einheitlich unter einem
Haupt zusammenwirkenden Gliedmaſſen sein Großes eben durch
solche willig vernünftige Einheit erreicht habe und noch erreichen werde. Die Deutſchen der vorigen Jahrhunderte dagegen waren nicht minder tapfer, und doch erzielten sie so
selten etwas und so wenig bleibendes. Denn da hieß es ja
leider meist, wie in unserem Bibeltext: „Das Auge sprach zu
der Hand: Ich bedarf dein nicht, und wiederum das Haupt
zu den Füßen: Ich brauche euch nicht." Im jetzigen deutſchen
Heer hatte sich die schärfere und kältere Thatkraft des Nordens
wirkungsvoll verschwistert mit dem wärmeren und weicheren
Gemüt des Südens. Wie herrlich, wenn das Blut der gemeinsam gefallenen deutſchen Heldensöhne nicht um Rache zum
Himmel schreien mußte wider die, so das Werk nachträglich
verderben würden, und wenn es gefloſſen war als deutſches
Bundesopferblut. Darum sprach ich als schließlichen Wunsch
aus, daß das Vorbild von der Einheit des deutſchen Volks-
heeres im guten Sinn des Worts auch unserem ganzen Volk
und Vaterland zu Haus zur Mahnung und zum Heile sein
möge. Alsdann würde unser Deutſchland aus dieser blutigen
Saat auferstehen als ein neuer schönerer Leib und dann erst im
stande sein, auch den andern Nationen als geachtetes und ge-
ehrtes Völkerfamilienglied sich anzuschließen und als das Herz
Europas in der Mitte aufzunehmen, was im Ganzen sich gutes
und schönes findet, um es verjüngt und erneut wieder auszu-
strömen in alle Lande. —
Ich glaube kaum, daß ich mit dieser bewußt absichtlichen
Wahlrede, wie ich sie ruhig nennen will, in den bewegten
Tagen einer Neuwahl unserer württembergischen Abgeordneten-
kammer die Grenzen meiner selbgeistlichen Berechtigung überschritten habe, wenn mir gleich ein Angehöriger einer unserer
schwäbiſchen Hauptdemokratenfamilien alsbald darob einen Vor-
halt machte. Aber wenn es nach diesen Leuten gegangen
wäre, würden wir ja überhaupt nicht Seite an Seite mit dem

deutschen Norden im gemeinsamen Kampf ums Vaterland gestanden sein und hätten auf die deutsche Einigung bis zum
jüngsten Tage warten können. In allem Vernünftigen und
Berechtigten wußte ich mich mindestens so gut wie sie demo-
kratisch, das heißt humanvolkstümlich gesinnt, im Nationalen
aber hieß es bei mir rundweg damals und für immer: Ihr
habt einen andern Geist! Und darum möchte ich bei vielen
scheinbar gleich aussehenden Anschauungen dieser meiner Schrift
mit jener Richtung nicht verwechselt werden, da ich jedenfalls
nur einer bisher noch nicht als Partei vorhandenen National-
demokratie einigermaßen zuneigen würde.

So nahm ich denn auch nicht den geringsten Anstand,
gleichzeitig mit obiger Rede in mehreren Leitartikeln unserer
deutschgesinnten schwäbischen Blätter dieser Gesinnung als
Bürger kräftigen Ausdruck zu geben, von welcher ich als Soldatenpfarrer wußte, daß auch die überwiegende Mehrzahl der
Truppen sie teile und in Briefen nach Haus ausspreche.

Keiner geistlich war allerdings die Feier, welche mir
wenigstens zu Valenton auf unserem äußersten linken Flügel
am 27. November zu halten vergönnt wurde. Fiel doch auf
diesen Tag der erste Advent und der Beginn des neuen Kirchen-
jahrs, mit welchem sich die Reihe der altvertrauten christlichen
Hauptfeste eröffnet. Freilich mochte man billig fragen, was
deren freundliche Reihe uns hier im Felde solle, wo uns ja
unter den Wirren des Kriegs und der Fremde sozusagen das
Feierkleid fehlte, sie ruhig und würdig zu begehen. Darauf
gaben jedoch die beiden Texte unserer heimischen Perikopen-
ordnung willkommene und höchst treffende Antwort, wenn es
in dem ersten Luk. 17, 20—25 unter anderem hieß: „Das
Reich Gottes kommt nicht mit äußerlichen Geberden; man wird
auch nicht sagen: siehe, hier oder da ist es, denn sehet, das
Reich Gottes ist inwendig in euch." Der zweite Text, Römer 14,
17—19 fügte ebenso zeitgemäß hinzu: „Das Reich Gottes ist
nicht Essen und Trinken, sondern Gerechtigkeit, Friede und
Freude in dem heiligen Geist."

Sehr erfreulich und auch persönlich tief befriedigend war,
daß ich denselben Adventsmittag den drei preußischen Spitälern
an unserem Stationsort Boissy widmen durfte. Ich hatte die-

selben schon ein paar Tage zuvor gefunden und mit einiger Schüchternheit auf die Gefahr kühler Aufnahme als Unbekannter betreten, wurde aber in dieser Erwartung aufs angenehmste enttäuscht. Sowohl die Verwundeten und Kranken, als auch die darin arbeitenden mecklenburgischen Diakonissinnen unter einer ganz vortrefflichen Oberschwester waren hocherfreut, daß endlich auch wieder ein Geistlicher nach ihnen sehe. Ich konnte ihnen sogleich von unseren Neuen Testamenten welche geben, worauf sie nachher noch um mehr ersuchten. Auch andere Schriften für die leichter Verwundeten und Wiedergenesenden waren willkommen, und endlich zeigten sich die Hamburger und Bremenser, was sie meist waren, auch für die lang entbehrten Zigarren sehr dankbar, obwohl sie zu Haus wahrscheinlich bessere gewohnt waren.

Auf das Adventsfest selber nun vereinbarte ich mit der leitenden Diakonissin einen richtigen Gottesdienst für ihre Pfleglinge an drei verschiedenen Orten und reichte im Hauptsaal denen unter ihnen, welche es begehrt hatten, das heilige Abendmahl — eine ungewöhnlich ergreifende Feier bei den vielfach sehr schwer Verwundeten, teilweise Amputierten, an deren Bett mich die Schwester herumführte. Vorher hatte ich ihr einige kleine liturgische Bedenken und Sorgen ausreden müssen. So fragte sie mich schüchtern, ob sie nicht nach norddeutsch-lutherischer Sitte Lichter auf dem Abendmahlstischchen anzünden dürfe, indem sie mich wohl für einen streng Reformierten hielt, und ob es denn angehe, weißen Wein zur Feier zu verwenden, weil sie keinen anderen zur Verfügung habe. Unter Hinweisung auf unsere oben erwähnten Adventstexte konnte ich sie aber leicht in ihrem Sinn beruhigen und so mit ihr und ihren Genossinnen samt den Kranken des wahrhaft erhebenden Mittags mich freuen. Es war ein dienstlich schöner Lichtpunkt in diesen Wochen der beständigen Verschiebungsmärsche und der kaum weniger in Anspruch nehmenden gehäuften Alarme.

Letztere hatten nämlich schon die Einleitung unserer Zeit zu La Queue gebildet, indem hintereinander welche am 17., 18., 19. und 20. Oktober stattfanden, um dann wieder unter die Märsche hinein am 14. und 16. November und vollends ganz ernsthaft vom 29. November an sich fortzusetzen. Manchmal,

namentlich früher mögen es mehr nur Uebungsalarmierungen
gewesen sein, für welche der Sammelplatz vorausbestimmt war.
Doch meine ich mich zu entsinnen, daß es auch an diesen Tagen
meistens in größerer oder geringerer Ferne von den französischen Forts her blitzte und krachte. Später war es jedenfalls
wirklicher Ernst, bei dem jedoch wenigstens nach der Behauptung mancher Offiziere die Bayern auf unserem linken Flügel
uns weniger zur Bereitschaft riefen; „denn diese machen ja
ein paar Divisionen Franzosen eifersüchtig allein ab." Ein
eigenes Urteil habe ich natürlich nicht darüber.

Unter allen Umständen aber waren diese Alarmierungen
etwas sehr Ermüdendes und Angreifendes. Häufig ging es in
aller Morgenfrühe weg, alles gepackt und gerüstet, als käme
man nicht mehr zurück; zuweilen geschah letzteres schon nach
ein paar Stunden wieder, öfters aber erst gegen Abend nach
stundenlangem Stehen auf dem gefrorenen oder naßkalten Ackerfeld. Nur einer einzigen wirklich schönen, um nicht zu sagen
poetischen Alarmstellung kann ich mich entsinnen, es war diejenige am Morgen des 24. Dezember bei Menier's sonstiger
Schokoladefabrik in Noisiel, welche jetzt als Spital diente. Die
Bäume waren duftig beeist, strahlend ging die Wintersonne
auf und mächtig loderten in der bitteren Kälte die holzstoß-
artigen Feuer der Mannschaft. Da erhielt ich, was ich mir
in meinem Leben nicht hätte träumen lassen, am Vortag von
Weihnachten zum ersten Frühstück an der festgefrorenen französischen Marne einen silbernen Becher voll deutschen Rhein-
weins und zwar sogar von einem tapferen Artillerieoffizier aus
dem minder weinberühmten Reutlingen kredenzt, damit die
Zahl der Gegensätze voll sei. Nachher holten mich freundliche Offiziere (ehemalige Tübinger Studenten und zwar Korps-
burschen, mit denen sich im Feld sogar ungewöhnlich gut auskommen ließ) auch noch zu einem wärmenden Glühwein an
ihr Regimentsfeuer; denn der Geist des 24. Dezember hatte
offenbar trotz allen Gegensatzes unserer Lage die Herzen weich
und mitteilsam gestimmt. — Sonst dagegen waren die Alarmstellungen eine schwere Geduldsprobe und Uebung im Ertragen
der Langeweile. Denn zu thun gab es da für niemand
etwas Ernstliches, auch nicht für uns Geistliche mit Ausnahme

von etlichem Privatgespräch mit Mannschaft und Offizieren
umher. Und dennoch hielt ich mit meinem katholischen Amtsgenossen grundsätzlich darauf, jebesmal mit auszuziehen; das
einzigemal aber, wo wir es unterließen, hatte ich den ganzen
Tag ein äußerst unbehagliches Gefühl, um nicht zu sagen ein
böses Gewissen. Denn wer hätte den zu Haus gebliebenen
Geistlichen rechtzeitig benachrichtigen wollen oder können, wenn
es nun doch angegangen wäre? Und gerade je beschwerlicher
die Sache war, zu der ja auch die Aerzte stets mit ausrückten,
ohne gleichfalls meist ein eigentliches Geschäft zu finden, um
so weniger mochte ich mich ihr schon des Beispiels halber ent-
ziehen, um in keiner Form unserer Predigt und Mahnung zur
Ausdauer und Gedulb durch das persönliche Verhalten einen
Eintrag zu thun. Das war dann nach meiner ehrlichen Ueberzeugung so viel oder mehr wert, als wenn ich die durchs Weg-
bleiben allerdings erheblich ersparbare freie Zeit zu Haus an
greifbarere Arbeiten gerückt hätte.

Selbst die leichte Gefahr oder wenigstens Unbehaglich-
keit, welche jedenfalls zuweilen und an ausgesetzteren Plätzen
das Alarmstehen mit sich brachte, mochte ein Fernebleiben minder
rätlich machen. In einer solchen Lage befanden wir uns z. B.
am Nachmittag des 21. Dezember, als die ganze Brigade in
einer leichten Thalmulde hinter dem schwergefährdeten Noisy le
Grand stand und jeden Augenblick ein Ausfall gegen unsere
Stellung bei Chelles-Gournay an der Marne unter dem drohenden Feuer des kanonengespickten Mont Avron erwartet
wurde. Unsere drei Feld-Batterien wenigstens waren schon am
frühen Morgen dieses Tags im heftigen, aber höchst ungleichen
Feuer gegen die Festungsgeschütze gestanden. Ging es da wirklich
im größeren Maßstab los, so war es wohl in dieser höchst ungün-
stigen Stellung um die Brigade geschehen. Jedenfalls zischten
die Granaten schon recht ordentlich gegen das unweit von uns
gelegene Vordorf Noisy und man konnte keinen Augenblick wissen,
wenn bie eine und andre auch uns einen Besuch abstatte, zu
dem es ihr vom Avron aus ganz gut gereicht hätte. Wie da
einer meiner Soldaten etwas ängstlich, aber gutmütig gegen
mich meint: „Herr Pfarrer, Sie müssen nicht daher stehen; es

ift gefährlich", konnte ich ihm in bienftlich beftem Gewiffen
antworten, daß ich in meiner Art fo gut ein Soldat fei, wie
fie; und wo fie vor Beginn des eigentlichen Kampfes ftehen,
gehöre ich auch hin.

Kam dann endlich einmal wirklich der Ernft, fo konnte
die Mitarbeit des gleich anwefenden Geiftlichen ganz natürlich
und felbftverftänblich einfetzen, ftatt anbernfalls am Ende boch
den Eindruck zu machen, als ob ein frembartiger und gewiffermaßen unheimlicher Gaft zu den Truppen herbeieile, wie es
das in einer anberen Brigabe einmal vorgekommene Witzwort
der Offiziere bei einer folchen Gelegenheit anbeutete: Das Opfer
liegt, die Raben fteigen niebcr!

In bem oben genannten Falle am 21. Dezember, wie
in den meiften anberen verliefen die Alarme allerbings ohne
in einem Kampf zu enden, und geftatteten gegen Abenb wieber
die ruhige Rückkehr nach Haus. Aber wer konnte das namentlich als Laie irgenb einmal mit Beftimmtheit wiffen? Das eine
Mal und befonbers mehr im Anfang marfchierten wir aus mit
dem mehr ober weniger feften Glauben, es gehe an. Zum
Beifpiel erinnere ich mich an den 18. Oktober, wo wir noch
weniger in der Gebulb geübt früh morgens um 6 von La Queue
in der Erwartung gegen Chennevières-Ormeffon vorrückten,
eine Feier der Leipziger Völkerfchlacht von 1813 hier vor Paris
zu erleben. Denn die Lofungen der umliegenden Tage hatten ben
Naiven geäfft und ihm wie ein ausplauberndes Programm des
großen Schweigers im Hauptquartier geklungen, wenn es ba
fo ungefähr gelautet hatte: Noch nicht! Nur Gebulb! Balb!
Jetzt! Schieß los! Viktoria! (18. Oktober).

Später waren wir ergebener in unfer Schickfal des Wartens
und zogen mit der Ueberzeugung aus, baß es natürlich wieber
nichts werbe, wenn auch die Kanonen von Charenton gegen
Ende des November in mehr als nur gewohnter Weife blitzten,
übrigens einigemal mit fo fchwachem Knall, baß wir fchon
damals auf den Gebrauch eines abfonberlichen Pulvers rieten.

Genau in biefer ahnungslofen und abgeftumpften Weife
gefchah benn auch unfer Ausmarfch in der Morgenfrühe
des 30. November, welcher boch für unfere Division, ins-

besonbre für beren bisher kaum barangekommene 1te Brigade auf dem rechten Flügel ein unvergeßlicher Schlachttag werden sollte. Wir auf bem äußersten linken Flügel ber Württem- berger bezogen von Boissy aus zunächst bie Alarmstellung des vorigen Tags über bem Dörfchen Brevannes, gegenüber von bem Mont Mesly unb weiterhin von ber Vorstabt Créteil mit bem Fort Charenton.

Allmählich brach bie Sonne zu einem hellen Wintertag burch bie Morgenbünste, unb bas Feuer ber Festungsgeschütze nahm unverkennbar an Lebhaftigkeit zu. Sollte heute boch etwas Ernstliches los sein? So fragt unter uns einer ben an- bern, unb mit gespanntester Erwartung lauschen wir, ob nicht auch bas Kleingewehrfeuer sich balb vernehmbar mache als Zeichen, baß bie Gegner an einanber seien. Da setzt es wirk- lich mit seinem Diskant in ben begleitenben Brummbaß ber Kanonen ein, heftig unb hartnäckig, uns ein hocherfreulicher Beweis, baß unsere Dreier als Vorposten auf bem Mesly ge- treulich ber voraus gegebenen Weisung folgen unb sich nur sehr langsam zurückziehen. Aber jetzt entwickelt sich von links her eine bunkle geschlossene Masse Infanterie unb zieht biesseits bes Mesly ben Berghang hinauf unter heftigstem Gewehr- feuer, bas wir beutlich blitzen sehen, aber nicht recht verstehen können, wem es eigentlich gelte. Sind es unsere eigenen Achter, bie bort marschieren, sind es Franzosen? Man streitet barüber hin unb her, bis plötzlich bie Artillerie, welche hart unter unserem erhöhten Standort am Hügelabhang hinter Büschen versteckt gelegen unb absichtlich seither stumm wie bas Grab gewesen, mit einem konzentrischen Schnellfeuer eingreift. Da alle Entfernungen bie Tage zuvor abgeschritten unb mit Zeichen an ben Bäumen bemerklich gemacht waren, schlagen sogleich bie ersten Granaten mit furchtbarer Genauigkeit mitten unter bie vorne marschierende Infanterie ein, baß sie rasch versprengt unb etwas eilig ben Berg hinaufläuft; nur ber Offizier an ber Spitze ritt auf seinem Schimmel wirklich ganz ruhig unb rühmlich gleichmäßig weiter. Jetzt wissen wir sicher, baß es Franzosen sind, obgleich sogar ein Adjutant bes Divisionsgenerals zu ben Artilleristen herangesprengt kommt unb ruft, sie schießen ja auf bie eigenen Leute. Aber ein Blick burchs Fernrohr des kommandierenden Artillerieoffiziers zeigt ihm alsbald die roten Hosen unter den dunkelgrauen Mänteln.

Nach einiger Zeit zog sich nun unser Sanitätszug in das Dorf Brevannes hinunter und richtete hinter und in einer kleinen Kapelle am Eingang den Verbandplatz zum voraus ein. Besonders glücklich war der Platz von dem Kommandanten des Zugs nach unser aller Urteil freilich nicht gewählt, da unmittelbar daneben die Reservemunition der Artillerie lag, während ab und zu eine Granate von dem jetzt französischer-seits eine Weile besetzten Mont Mesly durch den Ort sauste.

Aber kaum hatten wir ein Glas Wein und ein Stück Brot zur Stärkung fürs Kommende zu uns genommen und die vereinzelten Verwundeten, welche gebracht wurden, versorgt, so erscheint der Generalarzt und beordert den Sanitätszug aufs Schlachtfeld vor. Und das war uns in der That viel lieber, als das Warten in so schlechter Nachbarschaft.

Wie wir am andern Ende des Dorfs an unserer Reserve-artillerie und einem Reiterregiment vorbeikamen, gab mir der Kommandant des Letzteren die Weisung, nach einigen töblich Verwundeten vorne am Waldeck zu sehen, während der Sanitäts-zug links abbog. Dem verdankte ich es, daß ich an diesem für uns Württemberger alle so denkwürdigen Tag an einen vorgeschobenen Verbandplatz kam, wo ich äußerst willkommen erschien und auf mehrere Stunden dankbarste Arbeit fand. Allerdings war der Ritt hinaus, allein über das Ackerfeld und Wiesenland nicht ganz gemütlich, wenn gleich sachlich minder gefährlich. Denn nicht bloß von vorn, namentlich von Cha-renton und Créteil her kamen Granaten, sondern auch von der linken Seite lieferten die gepanzerten Seinekanonenboote ab und zu einen ihrer Zuckerhüte; was oder wohin sie eigentlich treffen wollten, weiß ich nicht. Bei ihnen besonders spitzte mein gutes Tier die Ohren tüchtig und zog auch das Kreuz spürbar ein, trabte aber im übrigen stetig seines Wegs. Dachte es auch wie sein Herr, daß uns die Reiter und Artilleristen hinten zusehen und genau aufpassen, ob der Pfarrer wie in der Predigt so auch hier nicht stecken bleibe? Ich gestehe offen, daß ich in solchen Lagen wie bereits bei Sedan außer der an sich schon deckenden Weisung durch einen höheren Offizier und

durch die zweifellose Dienstlichkeit des Unternommenen auch
den entschiedenen seelischen Wert des Korpsgeists und solba=
tischen äußeren Ehrgefühls erfahren habe. Das wirkt schließ=
lich im Moment des Bedarfs fast kräftiger und lebensfrischer,
als das bloße innere Pflichtgefühl oder der lediglich physische
Mut.

Auf jenem Verbandplatz nun im Niederholz traf ich eine
ziemliche Anzahl meiner Achter, die den Mesly gestürmt
hatten: Sterbende, schwer und leichter Verwundete durcheinander.
Sie zeigten sich aber über mein Kommen sehr erfreut, weil
ich außer einem äußerst wackeren Unterarzt der einzige Unver=
wundete unter ihnen war, während die Träger kamen und gingen,
um neue traurige Last zu bringen.

Verargen konnte man es den schon genügend Getroffenen
wahrlich nicht, wenn es ihnen in dieser wirklich oder auch mehr
nur scheinbar ausgesetzten Lage äußerst unbehaglich war. Die
Granaten schlugen im dichten Buschwerk, übrigens wohl hin=
reichend von uns entfernt und daher nur hörbar ein, die Mi=
trailleusen von Créteil schnarrten und ihre Ladung schwirrte
wie ein Flug Tauben, jedoch viel zu hoch über uns weg durch
die Lüfte. Auch meinem Schimmel, den ich am Gartenzaun
des kleinen Häuschens angebunden, wurde die Sache für seinen
Pferdsverstand zu dumm, so daß er den Halfterstrick abriß
und zu unserer Artillerie zurückgaloppierte. Natürlich meinte
nun diese, wie ich nachher erfuhr, halb bedauernd, halb spöt=
tisch, es sei mir selbst als Menschen oder Reiter etwas passiert,
bis einer auf den abgerissenen Strick verwies.

Meine Verwundeten aber baten bringend, daß man sie
doch fortschaffen möchte, sonst würden sie auch noch von Gra=
naten erschlagen oder gar gefangen genommen, was nach der
Tageszeit und unserer ausgesetzten Stellung bei einem etwaigen
neuen Vorstoß der Franzosen allerdings sehr wohl möglich ge=
wesen wäre. Gegen letzteres tröstete ich sie einigermaßen durch
die Versicherung, daß ja wir zwei Unverwundeten uns natür=
lich mitgefangennehmen lassen und sie treulich nach Paris
begleiten würden.

Inzwischen half ich dem Unterarzt, der allein nicht hätte
fertig werden können, im Unterbringen und ersten Verbinden

der Getroffenen. Und die Blutflecken, welche mein schwarzer
Rock dabei erhielt, waren für ihn keine Beschmutzung. Für
die einigermaßen Versorgten wurden kurze Notizen nur geschwind
vorne in mein Gesangbuch zu Briefen an ihre Angehörigen aufgenommen; anderen, die noch schreiben konnten, riß ich von
den Tapeten des schon halb zerstörten Häuschens ein Blatt
Papier herunter, daß sie den Ihrigen selbst Nachricht gaben,
die ich nachher zur Post beförderte. Denn sogar auf so rohem
und absonderlichem Stoff geschrieben war ja schon die eigene
Handschrift denen zu Haus ein beruhigender Trost.

Unter solche Hilfeleistungen hinein ließ sich mit den armen
Burschen auch ein gutes Wort reden, mit den einen mehr,
mit den andern weniger je nach ihrer Lage. Besonders war
ich lange im ernsten Gespräch mit einem unserer sogenannten
„Stundenleute", der sich trotz seines schlimm durchschossenen
rechten Ellenbogens äußerst wacker und achtungswürdig hielt
und mit dem ich von da an in bleibender herzlicher Verbindung
stand. Zusammen suchte ich ihnen auch einige Lieder vorzulesen;
aber viel war es damit nicht, da im Kommen und Gehen der
Verwundetenträger und all den sonstigen Störungen und Ab-
lenkungen dieser Lage weder bei ihnen noch bei mir eine rechte
Sammlung zu Stande kommen wollte. Alles in allem machte
ich eben auch hier wieder die Erfahrung, daß der Geistliche
zwar alsbald äußerst wertvoll ist auf dem Verbandplatz, und
auf einem kleineren, wo es an helfenden Leuten fehlt, vielleicht
mehr als auf dem Durcheinander eines großen. Aber dabei
darf er nicht meinen, bloß und ausschließlich als Geistlicher
in rein geistlichen Verrichtungen sich bewegen zu müssen. Denn
den Getroffenen und Verstümmelten ist es mit Recht der Zeit
nach zuerst um leibliche Hilfe zu thun. Haben sie diese gefunden und zwar eben auch unter allgemeinmenschlicher
Mithilfe ihres Pfarrers, der ihnen ohnedem gemütlich näher
steht und dem diese Arbeit als einem Gebildeten auch ohne
Schulung nicht so schwer fallen kann, dann mag er mit dem
geistlichen Amt als solchem einsetzen, sei es auf dem Verbandplatz selbst, sei es namentlich als dankbar begrüßter
Freund und Diakon vom Tag vorher am andern Morgen
im Spital.

Der wahre selbstlose Eifer, welcher für die Armen so
gerne recht viel thun möchte, muß sich deshalb mit Takt und
ohne Drangfalieren die zeitgemäße Art seiner Bethätigung suchen,
ja unter Umständen dem eigenen Beruf sogar zunächst Ent-
haltung aufzuerlegen wissen. Sonst droht auch hier wieder
jenes pastoralparabierende Theaterspielen, welches ich bei einem
verwandten früheren Anlaß als ernstlichst zu meidende Verirrung bezeichnete.

Als es gegen Abend auf unserem Verbandplatz und in
der Umgebung ruhiger wurde, kam der Oberfeldwebel der Abteilung und schrieb sich die Verwundeten und Toten auf: mir
aber versprach er in ungeschminkt soldatischer Anerkennung zur
Belohnung für den Aufenthalt bei seinen Leuten ein erbeutetes
Chassepotgewehr, das ich noch heute als weltliches Andenken
an jene in jeder Hinsicht unvergeßlichen Stunden besitze. Nun
ging ich weiter, nach anderen Verwundeten und dem Sanitätszug zu suchen, von dem ich meinen bisherigen Pfleglingen bei be-
ginnender Abendkälte die nötigen Wagen zur Abholung zu
schicken versprach. Mein Weg führte mich gegen die berüchtigt
gewordene Ferme de l' Hôpital, bei unseren Leuten schlechtweg
Ferme Lumpenthal genannt, weil sie die Tage zuvor und namentlich in der Nacht vom 29. auf den 30. November für
die Jäger ein ganz greuliches „Granatenviertel" gewesen war.
Bald traf ich hier um einige Strohleimen gebettet, aber schon
versorgt eine Reihe von Verwundeten: Württemberger, Franzosen und auch einige Preußen durcheinander, mit württembergischen und preußischen Aerzten. Mein Bedienter hatte mich
mit dem eingefangenen Pferd gerade glücklich getroffen und
übermittelte mir den eben gefaßten Wein. Von ihm bot ich
auch einigen verwundet daliegenden französischen Offizieren an;
der eine nahm ihn mit Begierde und Dank, der andere wies
mich in verbissenem Grimm zurück — ein armer Mann, schwer
verwundet und geschlagen, gefangen! Ein Landsmann aber,
dem ich mich nun mit herzlichen Worten zuwendete, sagte
schmerzlich bewegend bloß: „O, decken Sie mir nur den Mantel
über das Gesicht, Herr Pfarrer, daß ich sterben kann; es friert
mich so."

Von hier ging ich mit dem Bedienten und Pferd noch

weiter nach dem Wäldchen unter dem Mesly, wo zuerst unsere
Reiter vergeblich angeprallt waren, wie wir am Morgen von
unserer Höhe über Brevannes deutlich gesehen, dann die Artillerie in furchtbarer Wirksamkeit gearbeitet hatte und endlich
wieder die Reiter mit der stürmenden Infanterie siegreich vor-
gegangen waren. Verwundete aber lagen keine mehr umher,
sie waren bereits von den Deutschen geholt. Dagegen Tote
da und dort: ein schöner Preuße mit einem Schuß ins Herz,
noch warm, wie ich ihn seines gar nicht toten Aussehens wegen
untersuchte; er lag mitten in einem seltsamer Weise blühenden
gelben Repsfeld oder dergleichen. Nicht weit davon kamen eine
Reihe französischer Gefallener, teilweise entsetzlich zugerichtet
von unseren Granaten oder den abgerissenen Aesten des Wäld-
chens. Ihnen waren beim jähen Sturz die Tornister aufgebrochen und der reichliche Vorrat an Zwieback und Zucker
herausgefallen, den sie offenbar für den Fall des glücklichen
Durchbruchs auf mehrere Tage miterhalten hatten. Hungrig
wie wir selber waren, aßen wir in Gottesnamen davon, und
auch mein Pferd schnupperte eifrig nach dem Zucker am Boden.
Jenseits des Mesly und Créteil zu lagen allerdings, wie
wir hörten, noch französische Verwundete; aber es war weder
thunlich, noch zum ernstlichen Leidwesen unseres gar kühnen
und thatendurstigen Sanitätsoffiziers vom Kommando gestattet,
nach ihnen zu sehen, da von Charenton während des ganzen
Abends die Umgegend noch scharf beschossen wurde, für uns
diesseits des Hügels Stehende allerdings zu kurz und immer
auf reichlich ein paar hundert Schritte Entfernung ins Ackerfeld hinein.
So ritt ich denn mit Einbruch der Dunkelheit allein
nach dem alten Quartier in Boissy zurück, wohin wir wieder
kommandiert waren: ein tiefernster und trauriger Abend! Die
Forts blitzten noch immer durch die Nacht; drüben über der
nahen Seine brannten zwei Dörfer; die Kolonnen auf dem
Heimweg drängten sich; an mir vorbei trug man den uns
allen wohlbekannten Spaßmacher und Volksredner des 3. Regiments, der im Tode noch den Arm ausgestreckt hatte, als hätte
er eben eine seiner lustig derben Reden gehalten!
Daheim aber traf ich bereits eine Reihe von Verwundeten

in allerlei Notspitälern untergebracht, unter ihnen den einzigen Tübinger Bundesbruder von mir, der in meiner Brigade den Kampf mitgemacht. Ihn hatte, übrigens noch vor der Linie die tadelnswerte Kugel eines verwundet am Boden liegenden Franzosen in die Schläfe getroffen. Da er Katholik war, versorgte ihn mein Kaplan (ebenso wie den jungen oberschwäbischen Grafen, dem der Fuß abgeschossen war), ich aber reichte dem halbbewußtlosen Ersteren nur als Freund schmerzlich bewegt die Hand. War es doch genau Tag und Stunde, wo die Kameraden zu Haus in Tübingen das Bundesfest unserer Gesellschaft noch ohne Ahnung von unserer Lage feierten!

Und wie mag es da gar vollends auf unserem rechten Flügel bei Coeuilly-Villiers-Champigny aussehen, etwa zwei Stunden von uns entfernt? Bereits war ja die sichere, aber noch in allen Einzelheiten unbestimmte Kunde zu uns herüber gedrungen, daß dort der Hauptstoß und die eigentliche Schlacht gewütet habe. Bei uns dagegen war es, wie man erst im Laufe des Tags mit Sicherheit merken konnte, mehr nur Seitenstoß und Demonstration gewesen, welche über den wahren Punkt des Durchbruchs täuschen und die verfügbaren Streitkräfte zersplittern sollten. Immerhin war es auch hier eine ganz ansehnliche Uebermacht, welche aus Paris gegen die zwei württembergischen Brigaden vorbrach, während auf dem rechten Flügel unsere erste und eine ebenso starke Abteilung Sachsen gegen einen so vielfach stärkeren Feind stand. Und überdies traf der Angriff uns auf dem linken Flügel in günstigerer Stellung, soweit der Laie so etwas beurteilen kann, und auch vielleicht besser vorbereitet, während die 1te Brigade ohne Schuld von irgend Jemand gerade in einem höchst störenden, wahrscheinlich von Spionen erkundeten Quartier- und Postenwechsel mit den Sachsen begriffen war, als der Aus- und Ueberfall geschah. Sobald unser Hauptquartier am Feldtelegraphen im Mittelpunkt der weitgestreckten Divisionsaufstellung die Sachlage erfaßt, waren alsbald schon früh mittags alle irgend verfügbaren Kräfte von unseren beiden Brigaden den mit Erdbrücken bedrohten Unsrigen im Eilmarsch zur Hülfe entsandt worden. Mit tiefer persönlicher Bewegung hatte ich mich z. B. von meinen Jägern verabschiedet, wie sie freudig gehobenen Sinnes von

Brevannes nach ihrem früheren Coeuilly den Kameraden zur
Unterstützung fort eilten. Ob sie und die gleichfalls abkom-
mandierten Bataillone der Achter und Dreier zum Kampf gekommen, wie es bei ihnen und unseren Landsleuten allen aussah
jetzt an diesem Abend des 30. November, wer von ihnen gefallen war oder noch lebte, wie es unter andrem namentlich
auch mit meinen persönlichen Freunden, Schülern und Bundes=
brüdern aus der Tübinger Normannia in der 1ten Brigade
stand? Mit diesen schmerzlich schweren Fragen, im Innersten
erregt und doch tobesmatt nach den obschon so viel kleineren
eigenen Erlebnissen des Tags gings zur Ruhe.

Am folgenden Morgen war es, wie kaum anders möglich
nach einer zudem im ganzen noch unentschiedenen Schlacht.
Zuerst hieß es, wir kommen nach La Grange hinter Boissy
auf der Strasse nach Versailles; dann verlautete wieder, dort
seien die Pocken und wir haben zu bleiben, endlich aber kam
der Befehl zum Beziehen der früheren Alarmstellung nahe bei
Valenton. Nachdem wir also rasch noch nach den Haupt-
verwundeten am bisherigen Ort gesehen, ging es dorthin zu
einem langen ermüdenden Tag des peinlichen Wartens und
Stehens auf dem Ackerfeld. Doch war es dazwischen hinein
möglich, ein wenig ins Dorf hineinzugehen, an dessen unterem
Ende die Artillerie verbarrikadiert und für alle Fälle mit ein=
gespannten Pferden, ab und zu auch von einer Granate heimgesucht stand. Im Schlößchen lagen Verwundete, meistens
Franzosen, welche jämmerlich über die „coups de sabre allemands" oder deutschen Säbelhiebe vom Mesly her klagten,
aber meistens schlimmer zugerichtet aussahen, als sie es im
Ernste waren. Einer freilich bat mit leiser röchelnder Stimme:
„O mon Dieu, plus haut, plus haut; o Gott, höher!" Wie ich
ihn endlich verstand und über die anderen vorsichtig weg zu
ihm gestiegen war, ihn auf seinem Stroh höher zu legen, kam mir
über die Hände ein heißer Blutstrom aus seinem Mund: der
arme Mensch hatte einen tödlichen Schuß durch die Brust und
starb so gut wie vor meinen Augen.

Als ich am Abend mehr seelisch niedergedrückt und tief-
matt, als leiblich erschöpft nach Boissy zurückgekehrt war und
eben mich ausruhen wollte, kam die Meldung, ich solle nach

12*

Brevannes zur Beerdigung unserer Toten kommen. Da lagen
nun auf dem beabsichtigten Verbandplatz des Tags vorher
neben der kleinen Kapelle die Gefallenen von der dortigen Ab=
teilung auf dem Stroh, in Reih und Glied nach ihrem Rang,
ein schauerlicher Anblick bei Fackellicht und bleichem Schein
der Mondsichel. Da der Boden hart gefroren war, brauchte
es noch eine volle Stunde, bis das Sammelgrab fertig war.
Dann wurden die Leichen einfach in der Uniform, auch ein
einzelner abgeschossener Arm mit darunter, hinabgelegt und
zuerst mit Stroh bedeckt, ehe später die Erde darauf kam.
Aber furchtbar schwer ist mir die kurze Rede und Einsegnung
nachts um 9 Uhr geworden, während die harten Soldaten
über ihren gefallenen Kameraden zusammenschluchzten. Zum
Glück sah ich den folgenden Abend noch nicht voraus.

Der Anbruch des berühmten 2. Dezember rief uns
schon in erster Morgenfrühe nach 5 Uhr bei Stockdunkelheit
und bitterer Kälte wieder hinaus zum Alarm bei Limeil noch
jenseits von Valenton. Sehr erwünscht und angebracht war
es daher, bei einem Marketender unterwegs zufällig einen
kleinen Vorrat Kognak für den Tag erstehen zu können, wirk=
lich mehr für die Nerven, als für den Magen! Denn mit dem
ersten Sonnenstrahl begann ja rechts drüben bei Cocuilly wieder
das stärkste Artilleriefeuer, welches wir von unserm heutigen
Platz aus einigermaßen auch sehen konnten. Wie peinlich
bange war es uns da allen für die vielen Bekannten und Freunde
zu Mut, welche wir drüben wußten, peinlicher und nieder=
drückender, als wenn wir selbst hätten dabei sein können. So
aber standen wir den ganzen Tag durch den Befehl an unsre
Stelle auf dem äußersten linken Flügel gebannt. Man konnte
ja allerdings durchaus nicht wissen, ob die Franzosen nicht doch
auch auf unsre so erheblich geschwächte Linie einen neuen Aus=
fall unternehmen würden, gegen den wir auf dem Posten zu
stehen hatten.

Statt dessen begnügten sie sich freilich, den ganzen Tag über
nur je und je eine Festungsgranate von Charenton herüberzuschicken,
namentlich sobald an einem weiterhin sichtbaren vorderen Punkt
des Hügelabhangs sich jemand zeigte. Es wurde deshalb später
ein gedeckte Schildwache dorthin gestellt, um Unbefugte abzu=

weisen. Im übrigen muß wirklich der betreffende Kommandant in Charenton an diesem Tag schon einen voreiligen
grünblichtiefen Siegestrunk gethan haben; denn anders konnten
wir uns sein hartnäckiges Zukurzschießen um ein paar hundert
Schritte an einem sonnenhellen Tag nicht erklären, da eine
Masse bei uns umherliegender französischer Granatsplitter von
den vorigen Tagen die vollkommen ausreichende Tragweite der
Geschütze schlagend bewiesen.

Spät am Abend hatten wir endlich unsere erste Tages-
mahlzeit, bestehend aus Käs und Brot, sowie eine Flasche Wein
zu uns genommen und zu Limeil uns aufs Stroh zur Nachtruhe niedergelassen, da kommt noch um 9 Uhr der Befehl vom
Brigadekommando an den Sanitätszug, sich sofort nach dem
3 Stunden entfernten Champigny zu begeben und dort Verwundete nach rückwärts abzuholen. So freudig bereit wir
nun gewiß den Tag über gewesen wären, mit dabei zu sein, wo
es vollsten Ernst galt, kam uns allen dennoch offen gestanden
dieser Auftrag zu einer voraussichtlich mehr als abenteuerlichen
Fahrt in die Mitternacht eines Schlachtfelds hinein sehr überraschend und dem natürlichen Menschen minder willkommen.
Wir zwei Geistliche insbesondere konnten bei einem derartigen
überwiegenden Beförderungsgeschäft in der Nacht, wo es an
Leuten durchaus nicht fehlte, kaum eine ersprießliche und not-
wendige Arbeit für uns voraussehen und hatten zugleich leider
auch statt eines runden und klaren, wenngleich vielleicht un-
zweckmäßigen Befehls nur eine zweideutige und schwankende
Anweisung für unsere Person erhalten. Trotzdem sagten wir
uns beide: viel lieber tot — was unseren allmählich doch zu-
sammengearbeiteten Nerven diesmal allerdings nicht so unwahr-
scheinlich erschien — als entfernt die Verdächtigung der Feig-
heit, wo die andern ja auch gehen müssen!

So zogen wir denn mit, zuerst wegen der Dunkelheit und
Müdigkeit fahrend, vorbei an der Ormessoner Mühle, die eben
ihre zerstörenden Granaten durch die offene Lücke des Geländes
von Charenton her erhielt, vorbei an dem nächtlichen Biwak
unserer Achter auf dem Schneefeld bei Ormesson, vor bis zum
Jägerhaus, das wir von Chennevières' schönen Herbsttagen her
ja so gut kannten. Hier stiegen wir aus und gingen mit un-

ferem Arzt an die Spitze des Sanitätszugs vor, den gepflasterten
Weg nach Champigny hinab.

Aber wie sah es da aus! Im fahlen matten Mondlicht
lagen die todesmutigen Jäger vom Stuttgarter Bataillon gleich
einer Holzbeuge zusammen am Jägerhof; Tote nicht minder
den ganzen Straßenrand hinab, Schwaben, Sachsen und Pommern
durcheinander; wir schütteln sie: Guter Freund, wir wollen
euch ja holen! Keine Antwort mehr. Dazwischen lagen eine
Menge ungeplatzter Granaten auf dem Weg, den unsere schweren
Wagen und Pferde zu machen hatten, wir jeden Augenblick
gewärtig, daß eine durch den Stoß sich entlade. Andere hatten
tiefe Löcher in das Pflaster geschlagen; und da lag gar vollends
der Ueberrest einer Mitrailleusenprotze mit vier zerrissenen
Pferden; eine württembergische Brandgranate als letzter Bestand der eben ausgehenwollenden Munition hatte sie wohl von
der Parkallee bei Coeuilly aus getroffen und gezündet. Schließlich waren jeden Augenblick neue französische Festungsgranaten
beim dumpfen Rollen unserer Wagen zu erwarten, welche dem
Feind ganz wie anfahrende Artillerie klingen mußten.

Unten wird Halt gemacht und der Kommandant geht vor,
um nach der Einfahrt ins Dorf zu sehen. Da traten einige
Offiziere hinter den ersten Häusern heraus, welche zur Rechten
der Straße glücklicherweise weiter als links heraufreichten, und
erklärten mit bündigster Kürze: Machen Sie so schnell als
möglich, daß Sie fortkommen; halb Champigny ist ja noch in
französischen Händen! Ohne diese Warnung wären wir im
nächsten Augenblick zwischen zwei Feuer hinein Spießruten gefahren. Denn jetzt erst erfuhren wir, daß nur über die Straße
hinüber die Deutschen rechts, die Franzosen links sich vorerst
noch in den Besitz des Dorfes teilten.

Und wirklich hatten uns diese letzteren bereits gehört,
so daß uns alsbald die Chassepotkugeln über die Köpfe pfiffen.

Natürlich wird unter sothanen Umständen gewendet
und den Berg hinauf langsam, wie es allein ging, zurück-
gefahren. In Chennevières brannte es hellauf und die Feldschanze St. Maur sandte zur Verstärkung immer noch neue
Granaten hinein, namentlich einer Proviantkolonne nach, welche
auf der Ormessoner Straße durch die Mitternacht rasselte. Von

uns dagegen merkten oder wollten sie drüben unerwarteter
Weise nichts. Als wir zur Ormeſſoner Schmiede am Hauptweg kamen,
lag dieſelbe allerdings gedrängt voll mit Verwundeten. Aber
wie wir geahnt und gefürchtet, war für uns zwei weder geiſt-
lich noch in Diakonenweiſe irgend etwas zu thun möglich.
Denn es galt nur, mit der eingeſchulten und hier mehr als
reichlich verfügbaren Sanitätsmannſchaft die Verwundeten aus
ihren übervollen Räumen, zudem peinlich genug vielfach aus
dem Schlaf in die Sanitätswagen überzuladen und ſo in mög-
lichſter Schnelligkeit durch Abführung nach Pontault für weiteren Nachſchub Raum zu ſchaffen.

Mit dieſer Fahrt hatten wir zunächſt auch nichts zu
ſchaffen, und ſo machten wir Geiſtliche uns nach der gründlichen Ueberzeugung von der völligen Nutzloſigkeit unſeres Mit-
dabeiſeins etwa zwiſchen nachts 2 und 3 auf den Weg nach
dem nahen und wohlbekannten La Queue. Ein unheimlicher
Gang! Durch die Erfahrung in Champigny waren wir nicht
ohne Grund ſtutzig geworden hinſichtlich der Geſtaltung, welche
infolge der Schlacht die deutſchen und franzöſiſchen Stellungen
ſo nahe beim Hauptkampfplatz eigentlich erhalten haben. Der
ſonſt nicht immer angenehme Anruf einer deutſchen Schildwache
wäre uns Muſik geweſen; aber keiner erfolgte an den wohlbekannten ſonſtigen Standorten der Poſten. Wie wir endlich
in das Dorf kamen, war es ſo gut wie leer und verlaſſen,
wenigſtens erſchien es uns ſo in ſeinem vorderen und oberen
Teil. Allmählich fanden wir jedoch bei unſerem alten Bekannten und Nachbar, dem Wirte Guillaume, noch eine Aufnahme, obwohl er uns teils ſo ſpät in der Nacht und aus
dem Schlaf heraus, teils als Franzoſe nach zwei blutigen
Schlachten in nächſter Nähe entſchieden minder liebenswürdig
und zuvorkommend als früher erſchien. Immerhin gab er uns
Geld noch eine Flaſche Wein her, welche uns in einer ſolchen
Mitternacht gut bekam und mit der mein Kaplan nach dem
ſchwerſten gemeinſamen Erlebnis nicht umhin konnte, als der
Aeltere mit mir „Du" zu machen. Das Stroh aber, das wir
zum Nachtlager erhielten, brauchte uns nur für 2 Stunden zu
beherbergen.

Denn schon um 6 Uhr weckt uns der Bediente, da vorne bereits wieder das stärkste Gewehrfeuer den Morgen eingeleitet hatte. In dieser Weise habe ich es während des ganzen Feld= zugs nicht gehört; es war, wie wenn in einem ganzen Dorf Haus um Haus im schnellsten Takt gedroschen würde. Galt es doch für unsere abermals darangeschickte 1te Brigade und die Pommern, die Franzosen vollends aus Champigny hinaus und mitsamt ihrem lebendig besiegten Führer Ducrot endgültig über die Marne hinüberzuwerfen, obwohl derselbe zu Paris bekanntlich verkündigt hatte, daß er nur tot oder als Sieger von diesem Ausfall zurückkehren werde.

Im Schneegestöber eilte ich nun dem Schießen zu, zu= nächst auf den gestrigen Biwakplatz meiner Achter, den ich jedoch bereits verlassen fand. Dabei erschrak ich, auf Grund wochenlanger dortiger Ortskunde an den weggeworfenen Chasse= potpatronenkreuzchen deutlich zu sehen, wie weit die Franzosen, wohl am 30. November, bereits vorgedrungen waren, ehe sie der verzweifelte Flankenstoß des 2. Jägerbataillons von Chenne= vières aus wieder zurückgetrieben hatte.

Zum Glück sah ich heute in der Ferne mein 1. Jäger= bataillon marschieren und ging ihm nach, um wenigstens seinen Arzt, einen liebenswürdigen Universitätsfreund einzuholen und mich für diesen Tag an ihn anzuschließen. Freundlich teilte er mit mir beim Pachthof Les Bordes ein Scheibchen Brie= Käs, und das war außer einer Hand voll Kaffeebohnen, die ich meist als eisernen Bestand mit mir führte, bis nachts ½12 Uhr mein Frühstück, Mittag= und Abendessen. Wir begaben uns nun miteinander an den Platz, welcher hier im Park von Coeuilly schon längst und noch während unserer eigenen Anwesenheit in der Gegend für den Fall einer Schlacht als Verbandplatz und Sammelpunkt fest vorausbestimmt war. Aber vorne wurde es bald wieder ganz ruhig und niemand kam zunächst, als eine Granate um die andere, welche sich in dem großen Parkwald genügend Raum zum unschädlichen Ein= schlagen suchen mochte. Einige Zeit nachher erfuhren wir, daß die Franzosen in Paris das ganze Gehölz voll mit unseren „Reserven" vermutet und namentlich deswegen nicht gewagt haben, weiter vorzudringen. Diesen Reserven galten also

die schönen und teueren Granaten, mit denen sie am 3. Dezember über die weiter vorne liegenden Abteilungen weg den
Park und Wald bedenken zu müssen glaubten. Denn an einen
einzigen Arzt und Pfarrer hätten sie die Mühe und das Geld
sicherlich nicht verschwendet!

Endlich gegen Abend kam der Sanitätszug von seiner
Verwundetenbeförderung zurück und waren wir wieder alle bei-
sammen, um auf Reisigbüscheln und ein wenig Stroh die Nacht
zu verbringen.

Der folgende 4. Dezember war nun zwar ein Sonntag;
aber entfernt nicht sonntäglich sah die ganze Lage aus. Die
Truppen und unter ihnen auch die anwesende Hälfte unserer
Brigade standen teils in fortwährender Gefechtsbereitschaft, teils
war es namentlich auch zeitweiser Waffenstillstand, um die
beiderseitigen Toten zusammenzuholen. Daher erbaten wir
uns in tiefer Unbefriedigung über eine so gut wie nutzlose Anwesenheit die Erlaubnis, in die verschiedenen unmittelbar rückwärts liegenden Dörfer und Höfe zu gehen, welche nunmehr
alle voll Verwundeter lagen. An diesen ließ sich etwas vernünftiges thun. Denn sie waren ja in der ersten Zeit höchst
notdürftig versorgt und teilweise arg verlassen. Und zudem
lagen diese Orte, wo uns von früher her Weg und Steg bekannt war, so nahe hinter der Kampflinie, daß letztere im Fall
des Bedarfs sogleich und unfehlbar erreicht werden konnte;
man brauchte ja nur die Ohren aufzuthun, um das etwaige
Schießen zu hören, so wußte man, daß es Zeit sei, wieder
vorne am bekannten Platz zu sein.

Ohne Zweifel war dieser unser Entschluß das ganz Richtige, wodurch uns vom 4. bis 9. Dezember eine wirklich reiche
und sehr ersprießliche Arbeit ermöglicht wurde. Wir ließen
uns also im nächstgelegenen alten La Queue als geeignetem
Mittelpunkt der württembergischen Verwundetenunterbringung
häuslich nieder, wo wir gelegentlich bemerkt gleich am ersten
Morgen auch einen großen Trupp französischer Gefangener
trafen, aus deren Mitte heraus ein langer Elsässer neugierig
fragte: Wohin ins Deutschland bringt man uns? — Der Maire-
Adjunkt von La Queue nun, mit dem wir den früher erwähnten
Handel mit dem gefundenen Gelde gehabt hatten, war offenbar

infolgedeffen fogleich gegen uns alte Bekannte fehr entgegen=
kommend; im übrigen hatten wir felbft bereits im Krieg foviel
von der freiwilligen Selbfthilfe gelernt, daß wir uns für unfer
merkwürdiges Privatleben, losgelöft von jedem Abteilungsver=
band, rafch einzurichten wußten. Eine Kohle aus dem Kamin
und damit ans Haus angefchrieben: Zwei württembergifche
Feldgeiftliche, zwei Bediente und zwei Pferde — damit war Be=
fitz ergriffen, den auch die gutmütigen pommerifchen Pioniere
in der Umgebung ganz ordentlich achteten, wenn fie je und je
angeftolpert kamen, um fich nach einem Platz umzufehen.

Für die Verköftigung aber wandten wir uns an den
benachbarten württembergifchen Proviantkommiffär in Emerain=
ville mit der Bitte, uns für diefe Zeit zu übernehmen, und
wurden denn auch von dem äußerft wackeren Mann trefflich
verforgt, daß wir Unverwöhnten nicht wußten, wie uns gefchah.
Ich weiß nicht mehr, ob unfer Koftherr aus diefen Tagen ein Pro=
teftant oder Katholik war; allein faft vermute ich letzteres. Denn
fo wenig ja das religiöfe Bekenntnis eigentlich mit einem hal=
ben Zuckerhute gegen den magenangreifenden bittern fchwarzen
Kaffee, oder mit einer Hammelskeule und ähnlichem etwas zu
thun hat, erinnere ich mich doch aus manchen Fällen, daß uns,
natürlich durch die Vermittlung meines Kaplans die ehemaligen
katholifchen Theologen unter den Quartiermeiftern nicht fo ganz
ohne weltlichen Wert waren.

Wenn dann die Bedienten zu Pferd den Proviant im
Rohftoff beigefchafft hatten, wie fie uns in gleicher Weife auch
die Poft beforgten, fo diente eine Handvoll Zigarren dazu, um
unferen rafch wieder ergebener gewordenen Wirt Guillaume zur
franzöfifch meifterhaften Zubereitung zu bewegen.

Damit war wenigftens ich wieder alsbald bei voller
Kraft und Frifche — denn felbft der größte Idealismus braucht
auf diefer Erde nun einmal feine ftoffliche Unterlage, fonft
bricht er zufammen oder wird wenigftens aus eigenem Unbe=
hagen herbascetifch und verliert den namentlich im Feld fo
wichtigen gefunden Lebenstakt! Zu thun und zu arbeiten aber
gab es wie gefagt reichlich und in überaus dankbarer Weife.
Das nächfte war, daß wir wieder nach dem jäh verlaffenen
Boiffy ritten oder fuhren, wo wir nicht nur unfere halbe Bri=

gabe vermuteten, sondern auch jedenfalls die eigenen Verwundeten vom 30. November wußten. Die Freude derselben war
hier und in dem nahen La Grange, wo sich gleichfalls welche
befanden, sehr groß, als sie uns wieder sahen; denn ein solches
Schmerzenslager ist ja in der Fremde die natürliche Haupt-
stätte des Heimwehs; und namentlich meine Pfleglinge vom
damaligen Verbandplatz streckten mir gleich aus ihren Betten
die Hand entgegen. Sie hatten großenteils in dem preußischen
Spital Unterkunft gefunden, wo ich am Advent die vortreffliche
mecklenburger Diakonissin kennen gelernt. Und kaum brauchte
ich ihr jetzt auch meine engeren Landsleute zu empfehlen, da
sie dieselben bereits selbst liebgewonnen hatte und aufrichtig lobte.

Trauriger war im selbigen Boissy ein anderes Geschäft,
zu dem wir auf Ersuchen der preußischen Aerzte unter die
Krankenbesuche hinein kamen. Unsere gesunden Truppen waren
nämlich in Wahrheit abgezogen, und so lagen verschiedene von
unseren Toten allein und verlassen da, denen wir jetzt eine
richtige, wenn auch kurze Beerdigung ermöglichen konnten.
Auch ein Franzose war mit darunter, namentlich aber mein
Bundesbruder, welcher seiner Wunde vom 30. November bald
nachher erlegen war. Der preußische Stabsarzt, den ich nach
ihm fragte, zeigte ihn mir noch vor der Bestattung im Toten-
häuschen neben dem Spital. Sonst wurden die Toten nach
den Schlachten eben vielfach ohne alle Feierlichkeit und Anwesenheit eines Geistlichen der Erde übergeben, da im Drang
der Lage keine weiteren Umstände möglich waren und alle
Sorge sich alsbald wieder den Lebenden und dem Leben zuwenden mußte.

Dienstlich sehr willkommen und auch sonst eine wohlthuende Erfahrung war mir, bei dem Besuch in Boissy die
große Kiste noch in meinem alten Quartier vorzufinden, welche
ich unmittelbar vor den Schlachten von einem besonders thä-
tigen heimischen Sanitätsverein erhalten, aber bei den Alarmen
und dem plötzlichen Abmarsch vor ein paar Tagen in gänzlicher Ermangelung von Beförderungsgelegenheit hatte zurück-
lassen müssen. Doch hatte ich einen Zettel darauf geklebt, auf
dem Eigentümer und Inhalt mit der Bitte an nachrückende
deutsche Truppen um Respektierung geschrieben stand. Und

wirklich befolgten dies die inzwischen einmarschierten Preußen, obwohl sie mir bei meiner Rückkehr lachend gestanden, daß sie einigemal in Versuchung gewesen, die Kiste zu öffnen, deren Besitzer ja vielleicht nicht wieder kam.

Ich darf überhaupt sagen, daß mir ganz besonders aus diesen schweren Tagen und Wochen, wo wir vielfach in enge Berührung kamen, die Preußen, und zwar sowohl Offiziere als gemeine Soldaten amtlich und privatim in sehr freund- licher Erinnerung stehen und alle Achtung abgewannen. Die biederen Pioniere, mit welchen wir in diesen Tagen zu La Queue Quartier und Stall friedlich teilten, habe ich schon er- wähnt; unter ihnen befand sich auch der patriotisch helle Ber- liner Zimmermann, von dessen Kunst im Thürenflicken ich früher erzählt. Ebendaselbst nahmen mich eines Tags ein paar Aerzte und Offiziere fast nur zu sehr in Beschlag, als ich bei ihnen höflich um die Erlaubnis zum Besuch ihres Spitals nachsuchte. Sie thaten es nicht anders, als daß ich mit ihnen zuerst das äußerst stattliche Frühstück einnahm, welches ihnen die amts- genössische Sendung eines Magdeburger Stabsarzts aus dem Krankenurlaub ermöglicht hatte.

Vor allem andern aber ist in ernstester Sache die Hal- tung der Pommern bei Champigny unvergeßlich, deren blutige Opfer ich in jener bösen Nacht vom 2. auf den 3. Dezember brüderlich mitten unter unseren Schwaben und den Sachsen liegen gesehen. Ein solcher Anblick konnte wahrlich jedem aus- treiben, was vom alten Sauerteig eines verwerflichen Sonder- geists noch in ihm steckte. Wie schon früher nach den mit- geteilten Proben, so konnte ich namentlich von jetzt an auf Grund so enger Schlachtgemeinschaft auch diese Seite in der Gesamtpflicht eines schwäbisch-deutschen Feldgeistlichen kräftig und eindringlich pflegen, sei es in öffentlicher Rede, sei es im gelegentlichen Privatgespräch mit meinen Leuten, wo sie am Ende noch lieber auf mich hörten.

Denn darüber durfte man sich ja nicht täuschen, daß selbst während des Feldzugs noch mannigfach eine gewisse Span- nung zwischen Süd- und Norddeutschen herrschte. Es waren beiderseits so viele 1866er dabei, deren Versöhnung wider den gemeinsamen Feind sich wohl im Bild und Gedicht recht schön

machte, während sie in Wirklichkeit noch manches zu wünschen
übrig ließ. Ich hörte das nicht selten aus Aeußerungen der
gemeinen Soldaten; denn nur um diese handelt es sich hier.
Sie waren leicht geneigt, in der wahrlich von jedermann schließlich geübten entschlossenen Selbsthilfe der Preußen, in ihrem
unbeengten Zugreifen, wo es Not that, schnell Ueberhebung,
Rücksichtslosigkeit und dergleichen zu wittern. Dazu mochte ein
gewisses eifersüchtiges Mißtrauen der Minderheit gegen die
Mehrzahl und Hauptmacht kommen, das bei einzelnen vielleicht doch allmählich auch wieder bekenntnismäßig erregt war,
namentlich seit der Abzug der Franzosen aus Rom in den Tagen von Sedan den Sturz der weltlichen Herrschaft des Papsts
zur Folge gehabt. Auf der andern Seite kamen wohl nicht
minder manche Ungeschicklichkeiten und allzu selbstbewußte Reden
vor, wie das besonders im gegenseitigen „Markieren" nach Soldatensprache oder im Aufziehen von einander so üblich ist und
namentlich den Preußen im Blut steckt.

Ja, auch die Franzosen suchten in ihrer schlauen Weise
dem noch nachzuhelfen. Zwar an den Bayern hatten sie den
Geschmack bald gründlich verloren und gaben jede verlorene
Liebesmühe auf. Dagegen suchten sie neben anderen Süddeutschen eben auch uns Württembergern um den Bart zu gehen,
die sie nach dem damaligen, jetzt passenderweise gefallenen
Uniformunterschied Prussiens à bonnet oder manteaux gris,
Mützenpreußen und Graumäntel nannten. Nur in der Okkupationszeit zu St. Maur war es mir einmal ganz unverdächtig
und daher bloß erfreulich, wie meine Ächter, die unabsolvier-
baren milites rapaces oder räuberischen Soldaten nach der
Meinung jenes früher erwähnten Curé von Chennevières, bei
ihrem Abzug vom Maire und Curé durch ein rühmendes
Dankschreiben für gute Haltung beim Kommando geehrt wurden. Freilich hatte St. Maur vorher wochenlang seine französischen Mobilgarden zu beherbergen das Vergnügen gehabt.
Sonst dagegen war es mir immer verdächtig, wenn die Franzosen uns gerne als besonders menschliche und gut beherberg-
bare Leute nicht ohne einen Seitenhieb auf die Preußen zu
belobigen versuchten. Und wir Schwaben waren ja auch wirklich insoweit ganz ordentliche Menschen miteinander, die weder

Kinder umbrachten, noch sonst gegen alle zehn Gebote wüteten. Aber verhielten sich denn die andern Deutschen, insbesondere die Preußen mit ihrer strammen Mannszucht wesentlich anders? Um was sie ohne Zweifel schneidiger und scharfkantiger, um nicht zu sagen rasiermesserartiger waren, um das waren und sind wir, kaum weniger als meine beständigen guten Freunde, die Bayern, unter Umständen gröber und derber. Das kommt dann schließlich für den Betroffenen, insonderheit für den Franzosen mit seinem feineren Formsinn so ziemlich auf eins heraus. Und deshalb hegte ich im Unterschied von manchen etwas gar zu vertrauensseligen engeren Landsleuten meistens den Verdacht, daß jenes Gerede der Franzosen entweder Geschwätz sei, welches sich bei der Anwesenheit anderer Truppen sogleich in sein Gegenteil verwandle, oder daß sie damit namentlich auf die bisherige Uneinigkeit der Deutschen sich Rechnung machten und den alten Keil ins deutsche Heer oder Volk einzutreiben trachteten, welcher die germanische Eiche so lange gespalten.

Gegen alle derartigen Versuche von außen her oder Regungen auch in der eigenen Mitte war gewiß die gemeinsam geleistete Arbeit das beste Gegenmittel. So sollen, wie man öfters las, auch die Bayern mehrmals mit Freuden die Ankunft der „verdammten" Preußen begrüßt haben, wenn sie selber wieder einmal allzu ungestüm und trotz ihrer grimmen Tapferkeit zu ungedeckt angelaufen waren. Daher freute ich mich immer der glücklichen Fügung, daß gerade die wichtigsten bayerischen und alle württembergischen Kämpfe bei Wörth, Sedan und jetzt vor Paris Schulter an Schulter mit den stets rühmlichst anwesenden Preußen gegen den gemeinsamen Feind durchgefochten worden sind. Das läßt sich nie mehr auch im spätern Leben ganz vergessen; und wenn mit mehr oder weniger Grund das engere Stammesbewußtsein sein Haupt über das zulässige Maß erheben wollte oder will, so durfte man nur andere und am Ende auch sich selbst an den gepflasterten Bergweg nach Champigny hinab und an das zusammen geflossene schwäbisch-sächsisch-pommerische Blut erinnern, dann war der böse Geist beschworen.

Aber fast habe ich mit dieser kleinen Abschweifung zur uralten deutschen Volkskrankheit und ihrer durch den großen

Krieg zu hoffenden grundsätzlichen Heilung die Spitäler aus den Augen verloren, bei denen ich stand und wo eben die Opfer der Einheitserkämpfung untereinander lagen.

Mit jener obengenannten Kiste voll Weißzeug nun, vor welcher das „Rekurrieren" in preußischer Zucht Halt gemacht, konnte ich in dem vorläufigen Hauptspital der Verwundeten aus unseren Winterschlachten zu Pontault große Freude machen und sah mich für die tragikomischen Schwierigkeiten in ihrer Beförderung von Ort zu Ort reichlich belohnt. Denn die schönen 30 Flanellhemden, welche sie u. a. enthielt, fanden auch außer bei den thunlichst aufgesuchten Ortsangehörigen der wackeren Absender dankbare und willkommene Abnahme als erste Hilfe, ehe weiteres kam. Das bisherige Zeug der Leute war ja teils zerrissen und blutig vom Kampf, teils hatten auch manche ihre Tornister mit den Ersatzstücken verloren.

Weil in diesem Spital eben ein eigener ständiger Diakon eingetreten war, so suchte ich meinerseits unter seiner Ueberfülle von Verwundeten nur die eigenen Leute und näheren Bekannten auf. Unter letzteren befand sich auch einer meiner, der 1ten Brigade angehörigen Tübinger Bundesbrüder, welche wirklich in unverhältnismäßig starker Zahl ehrenvoll an ihrem Bundesfest und zwei Tage nachher gefallen oder verwundet worden waren. Zu dem genannten war es freilich ein eigentümlich schwieriger Gang, da ich von der Hochschule her wohl wußte, wie der noch ungestüm gährende junge Mann vorläufig sowohl in religiösen Fragen der ganzen Weltanschauung, als auch in politischer Beziehung einer sehr einseitigen und nichts weniger als idealistisch-deutscheinheitlichen Gesinnung huldigte. Um so mehr verbarmte es mich, zu hören, daß gerade einem solchen, bei dem nicht die warm persönliche Ueberzeugung und Begeisterung eine freundliche Trösterin im Unglück war, von einer Mitrailleusenkugel beide Schenkel zerschmettert worden seien. Ich eilte daher sogleich zu dem Armen und traf ihn gerade nach der Abnahme des einen Beins, welcher die des anderen in einigen Tagen folgen sollte, hätte ihn nicht der Tod erlöst. Aber das durfte ich sehen, wie herzlich mein Besuch ihn freute, bei welchem ich nach den früher berührten Grundsätzen in der Weise von 1 Kor. 9, 19 ff. in offener

Verleugnung der Form und ebensogewisser Wahrung des Inhalts ihm zur sichtlichen Beruhigung sogleich erklärte, ich komme als herzlichst teilnehmender Freund und Kamerad und nicht als Geistlicher. Mit wehmütigem Lächeln dankte es mir die stolze Jünglingsnatur und bemerkte, daß andere, natürlich völlig entschuldbar ohne persönliche Vorkenntnisse, ihm ein bißchen lästig gewesen seien.

Beinahe noch nötiger als der Besuch solcher größeren Spitäler erwies sich übrigens das Aufsuchen auch der kleineren und mehr gelegentlichen Plätze, wo in der ersten Not überall unsere Verwundeten einstweilen untergebracht waren. Denn während es dort an Personal nicht fehlte und auch die sonstigen Mittel mir manchmal nichts weniger als knapp vorkommen wollten, mangelte es den unscheinbaren und zerstreuten Stätten des Kriegselends unvermeidbar an beidem. So fand ich es namentlich in den ersten Tagen zu Ormesson im dortigen Wasserschlößchen, ebenso aber auch zu La Cueue, wo außer unserer einst so schönen und friedlichen Kirche samt anstoßender Mairie nicht minder alle Häuser belegt waren und man suchen mußte, um keinen von den Halbvergessenen zu übergehen. Wie ich da einmal einem in Abwesenheit der überbürdeten Unterärzte Umschläge um die fast erfrorenen Füße machte, meinte er mir zur Bestätigung für meine Anschauungen: „Das ist so gut wie gepredigt, Herr Pfarrer!" Das letztere ließ sich jedoch natürlich dazwischen hinein gleichfalls besorgen, so gut wie die Menge von Briefen an Angehörige, welche in diesen Tagen allenthalb bei den Verwundeten notizenartig aufgenommen und dann tief in die Nacht hinein erledigt wurden.

Im übrigen trug diese minder schein- und sichtbare Bemühung ums kleine und kleinste ihren besten Lohn in sich selber, wenn ihrer auch nach außen weder in eigenen noch in fremden Berichten Erwähnung geschehen mochte. Denn die wahre Liebe und Treue ist ja kein tönend Erz und keine klingende Schelle.

Mitten unter alle diese Spital- und Krankenbesuche hinein bekamen wir zwei „Diasporapfarrer" zu La Cueue die Krankheit auch ins eigene Quartier. Den Nerven meines Kaplans waren die Szenen und Erlebnisse vom 30. November bis 3. Dezember denn doch zu stark gewesen, sodaß er in der Mitternacht vom 6. auf den 7. Dezember plötzlich zu delirieren anfing und wegen heftigen Schießens, das er zu hören glaubte, aus dem Bett auffuhr — eine öfters vorgekommene Form von Nervenstörung im Feldzug. Da wir wieder einmal nur ein dürftiges Lager zusammen hatten, so überließ ich es ihm allein, sowohl um seinet- als um meinetwillen, und schickte den Bedienten sogleich nach einem Arzte aus, der sich denn auch glücklich bei einer Reiterschwadron im Dorfe fand und alsbald freundlichst erschien. Natürlich erklärte er die Sache für ein ausbrechenwollendes Nervenfieber und gab uns vorläufig für die Nacht die nötigen Verhaltungsmaßregeln, wobei das Eis und kalte Wasser dermalen ja mehr als bequem zu haben waren. Auch das Wachen bei dem Kranken oder doch Ueberwachen der treubesorgten zwei Pfarrbedienten war mir allerdings ziemlich leicht gemacht, da ich nun mein Lager auf dem Steinboden des Zimmers aufgeschlagen hatte und letzteres keine Thüre mehr besaß. Denn der Kaplan selbst hatte sie den Tag zuvor in Ermangelung des Schlüssels ungeduldig eingetreten, offenbar schon im Beginn der Krankheit. Glücklicherweise, wenn auch unerwartet gelang es jedoch, den Ausbruch eines gefährlichen Typhus im Keim bei unserem Kranken zu ersticken, der sogar das ärztliche Verbot baldiger Spitalbesuche nur wenige Tage einhielt. Aber doch wurde er noch durch lange Müdigkeit an diesen Zwischenfall und damit an die württembergischen Winterschlachten, insbesondere an die Nacht vom 2. auf den 3. Dezember erinnert.

VI.
Blockierung von Paris von Mitte Dezember bis zur Kapitulation.

Unsere Arbeit bei den Verwundeten im Rücken der Brigade war der Hauptsache nach gethan, wir wußten dieselben mehr und mehr wohl versorgt und in guten Händen. So war es Zeit, daß wir am 9. Dezember auch wieder zu der gesunden Mannschaft zurückkehrten, um so mehr als der größte Teil derselben seinerseits bereits seit dem 6. Dezember eine feste und andauernde Stellung zu Champs, etwa ½ Stunde hinter den Vorpostendörfern, insbesondere hinter Noisy le Grand eingenommen hatte.

Zudem nahte am 11. Dezember der Sonntag, der zweite nach den Schlachten, aber doch der erste, an welchem ungezwungener Weise von einem Gottesdienst die Rede sein konnte. Dafür sollte er nun auch nach dem Schwersten, was die ganze Division in diesem Feldzug durchgemacht, in gebührender Weise einer freudigen Sieges- und ernsten Totenfeier gewidmet sein. Als passender Text bot sich mir hiefür die heimische Epistel des nahen 4. Advents Philipper 4, 4—7: „Freuet euch in dem Herrn allewege, und abermals sage ich, freuet euch . . . Sorget nichts, sondern in allen Dingen lasset eure Bitte im Gebet und Flehen mit Danksagung vor Gott kund werden. Und der Friede Gottes, welcher höher ist, denn alle Vernunft, bewahre eure Herzen und Sinne in Christo Jesu".

Gewiß mochten wir in dieser doppelten Aufforderung zur Freude den echten Ausdruck unserer eigenen Stimmung erkennen, nachdem so bedeutungsvolle Tage an uns vorbeigegangen, Tage des heißen Kampfs und ehrenvollen Siegs. Denn je größer und wertvoller der Einsatz, desto größer auch mit Recht die Freude, wenn er gelingt und die Befriedigung, daß die Opfer nicht umsonst gebracht worden sind. Hätten wir doch kaum gedacht, daß so spät noch auch an unsere Schar die blutige Aufgabe herantreten werde. Jetzt hatte es sich doch noch geschickt, daß sie auch in dieser ernstesten Probe des Kriegers mit dem übrigen deutschen Heere wetteifern durfte, und war nicht zu leicht erfunden worden. Der Stamm, dem wir angehören und der in den alten Zeiten unseres Reichs die Sturmfahne vorantrug, wenn die deutschen Kaiser wider die Feinde zogen, er hatte in den blutigen Tagen der vorletzten Woche bewiesen, daß er der Ahnen immer noch wert und nicht gesunken sei an Mut und tapferer Kraft, daß er sich kühnlich sehen lassen könne in dem schönen Reigen der deutschen Volksstämme, daß der Süden unseres Vaterlandes, welcher auf der Alpen Kette hinblickt, ein ebenbürtiger Genosse ist des Nordens, wo des Meeres Wogen an die Küste schlagen.

Darum „freuet euch, Kameraden," rief ich nach solchen
einleitenden Worten den wackern Truppen zu, „freuen wir uns
Alle, indem auch wir, die nicht selbst in den Kampf gezogen,
teilnehmen an der Ehre unserer Brüder. Und abermals sage
ich, freuet euch! Denn nicht bloß der Sieg im Feindes-
kampf gibt uns dazu Grund, sondern auch der Blick auf das,
was im Innern unseres Vaterlands für seine künftige Lage
und Ordnung endlich zu stande gekommen ist: ein einiges
deutsches Vaterland. Ach, wie viele haben es ersehnt, erhofft,
haben gesungen und gedichtet; aber sie haben's nicht erlebt.
Sie mußten zu Grab steigen mit dem Wort: Untröstlich ist's
noch allerwärts; doch sah ich manches Auge flammen und
klopfen hört' ich manches Herz. Wir sind die Glücklichen, welche
in die große Zeit gefallen, wo jenes Hoffen und Sehnen sich
endlich mit einem Schlag erfüllt. — Eine rein weltliche, eine
übermütig trotzige Freude jedoch würde nicht in das Gotteshaus und diese Stunde passen. Darum fügt unser Text als
Weihe und Heiligung derselben alsbald hinzu: Freuet euch in
dem Herrn allewege. Leget in seine Hand, was euch bewegt;
tretet vor ihn und empfanget von ihm geläutert und geweiht
eure Freude zurück.... Aber freilich, eine solche Siegesfreude ist
untermischt mit tiefer Wehmut und herbem Schmerz ob der
schweren Verluste, die wir erlitten. Dem ist ein Kamerad, dem
ein lieber Freund, ein teurer Bruder gefallen, der jetzt schon
schläft in kalter fremder Erde. Oder liegen sie, die armen
Opfer ihrer Tapferkeit auf dem Schmerzenslager, gequält von
körperlichem Weh, geplagt von den bangen Sorgengeistern, die
sprechen: wie soll es in der Zukunft mit dir werden, was werden
wir essen, was werden wir trinken, womit werden wir uns
kleiden? Diese Tapferen, meine Freunde, mit denen der uner-
forschliche Ratschluß Gottes es anders, schwerer, als mit euch
vorgehabt, sie haben in einer Linie mit den glücklich Zurückgekehrten gekämpft und geblutet; so haben sie auch verdient, daß
wir hinwiederum in einer Linie mit ihnen trauern und sorgen,
aber sorgen in der rechten christlichen Weise, welche der Apostel
in dem zweiten Teile unseres Textes angibt. Denn wie die
Freude, so will er auch die Sorge geweiht, geheiligt wissen,
indem wir sie auf den werfen, der für uns sorgt." ... — —

Es war auf lange Zeit das letztemal, daß ich so volle
Töne anschlagen durfte, bei allem Ernst und tiefem Leid, das
wir um die Opfer des Siegs trugen, doch unter den Lebenden
und Gesunden gewiß mit gutem Recht vorwiegend Töne der
Freude und gehobenen Befriedigung über das glücklich Errungene.
Von jetzt an begannen jene endlos langen sieben Wochen der
Blockierung des spröden Paris, von den ersten Dezembertagen
1870 bis 29. Januar 1871; und sie beuchten uns nicht eben
wie einzelne Tage, gleich dem Erzvater Jakob seine sieben Jahre,
welche er um Rahel zu werben und zu bienen hatte. Denn auf
die Sturm- und Hochflut unserer Winterschlachten kam ja nun
fürs Ganze, wie für den einzelnen die Zeit der Ebbe, Tage der
geringen Dinge, wo ein Tag dem andern glich in ödem und
doch schwerem Einerlei, wo es nicht voran wollte zu etwas
Neuem und Zielhaftem, sondern immer fast das Alte sich
wiederholte, ohne wie früher zu aller Beschwer hin wenigstens
das Anregende und Auffrischende der Neuheit zu haben.

So schlich mehr als je der bitterböse Gast trostloser Langeweile durch die Reihen und noch schmerzlicher das tiefe Heimweh, besonders als es gegen die Heimats- und Familienfeste
Weihnachten und Neujahr ging und immer noch entfernt kein
Absehen war, wann es endlich aus der feindlichen Fremde friedlich nach Hause gehe!

Aber gerade damit war für uns Geistliche die Hauptzeit
gekommen, wo wir zu zeigen hatten, zu was wir mit dabei
waren. Und als mich einmal in diesen Tagen ein paar Offiziere in sauersüßem Scherze fragten: „Ist es Ihnen denn noch
nicht entleidet, Herr Pfarrer?" so konnte ich mit gutem Gewissen antworten, daß ich gleich meinen Amtsgenossen von Anfang an nicht zur Kurzweil und Belustigung mitgezogen, sondern
in der sicheren Erwartung, gute und schlimme Tage mit den
Truppen zu erleben; aber das Entleidetsein solle mir im Dienste
nicht vorkommen. Oder jedenfalls wollte ich dabei den Herrn
Offizieren wie überall im Feld den Vortritt lassen.

Mit doppelter Thatkraft und zäher Ausdauer galt es
denn, unsere ganze amtliche Thätigkeit auf jene alles durch-
dringende Stimmung geflissentlich einzurichten. Hatte der geist-

liche Dienst schon in den ruhigen Wochen des Spätherbsts und
Vorwinters ein heimischfriedlicheres Gepräge angenommen, über
welchem aber damals noch der fast poetische Duft einer behag-
lichen Ansässigmachung und Einbürgerung lag, so mußte er sich
jetzt gegen die schlimmen Plagegeister der Langeweile, der un-
mutigen Ungebuld und des Heimwehs zu einem Kultus der
ernsten und gebuldigen Heimatsgesinnung, der zufriedenen Ergebung in eine lange Warte- und Probezeit gestalten.

Zu diesem Zwecke hatte ich uns zunächst den Kirchenraum
selbst zu einer stets zugänglichen Frei- und Friedensstätte zu
erobern. Bei der früher anwesenden Brigade, welcher in besserer
Jahreszeit für den Gottesdienst das Freie zur Verfügung stand,
soll die Kirche in Champs durchaus zu weltlichen, ja sogar
höchst weltlichen Zwecken gedient haben. Auch bei uns wollte
dies, ehe wir Geistliche eintrafen, bereits einreißen und diente
der Raum einfach als Stationswache mit Strohlagern und
Feuern, ja sogar als Gelaß für die Arrestanten. Ein solcher
Gebrauch war natürlich nicht bloß für den jeweiligen Gottesdienst höchst störend, zu dessen Behuf jedesmal vorher hätte geräumt und gereinigt werden müssen, sondern er widerstrebte auch
an sich dem Gefühl.

Weil mein Kaplan nicht gerne an so etwas gehen mochte,
rückte ich also dem im Dorf kommandierenden Oberst ins Haus
und wußte, da er überdem Katholik war, seine anfänglichen
Einwendungen mit einigem diplomatischem Geschick unschwer
zu überwinden. Denn er konnte doch hinter dem Protestanten
und dessen Bekanntschaft auch mit der katholischen Lehre nicht
an Sinn für das kirchlich Geziemende zurückstehen. Infolge
dessen wurde die Kirche endgiltig geräumt und bot uns, unter
Abschließung des Chors zur Schonung der katholischen Anschauungen, fortan den ungestörten Ort für unsere beiderseitigen
Gottesdienste, welche gerade in Champs nach der Lage der
Truppenabteilungen besonders häufig zu halten waren. Zwar
so schön war sie namentlich im Aeußern nicht, wie wir sonst
besonders schon im Lothringischen auffallend viele getroffen hatten.
Aber doch besaß sie im Innern dank dem feineren französischen
Volksgeschmack denselben Vorzug einer weit geringeren Ueber-
ladung, als es oft in katholischen Gegenden von Deutschland,

wahrscheinlich zugleich aus übertreibendem Gegendruck gegen den
Protestantismus der Fall ist.

Und so freute ich mich gar häufig der glücklichen Er=
rungenschaft, wenn ich nicht minder auch an den Wochentagen
bei nicht gar zu kaltem Wetter im Vorbeigehen sah, wie einige
meiner Leute in der Kirche drinnen saßen und deren Ruhe,
verglichen mit dem überfüllten Quartier, zum Briefschreiben
nach Haus benützten oder still etwas lasen, sei es geistliches
oder weltliches, während ein andermal einer unserer Schullehrer
sich an das vorhandene Harmonium setzte und heimische Choräle
spielte, daß bald ein kleiner Kreis sich um ihn sammelte und
wohl auch zuweilen mitsang.

Oft kam mir bei dieser durchaus würdigen Verwendung
des Kirchenraums als allgemein offenstehender Zuflucht unter
dem Lärm und Gedränge des Werktags der fragende Gedanke,
ob es wohl von uns Protestanten daheim notwendig oder weise
sei, daß wir das Gotteshaus die Woche über ängstlich geschlossen
zu halten pflegen.

Zum eigentlichen Gottesdienst war die Kirche in Champs
leider etwas klein, so daß nicht selten eine Anzahl der Zuhörer
noch auf dem freien Platz vor ihr stehen mußte. Und doch
war sie für den größten Teil der Brigade die einzig verfügbare.
Denn in Noisy lag die viel schönere halb in Trümmern oder
war wenigstens von den Forts und dem Avron aus bis zur
Unbrauchbarkeit gefährdet. Dafür wechselten unsere Regimenter
in regelmäßigem Gang alle vier Tage zwischen dem längere Zeit
ebenso gefährlichen als beschwerlichen Vorpostendienst in Noisy
und dem Sitz in dem ruhigen Champs, wobei Ab= und Ein=
marsch in jenem Ort geflissentlich während der deckenden Morgen=
dämmerung vorgenommen wurde. Mit demselben Recht wählte
ich für die gelegentlichen Besuche bei meinen dortigen Leuten,
welche in den gefährlichsten Zeiten daselbst sogar teilweise in
den Kellern kampieren mußten, meist den Spätnachmittag und
die Abenddämmerung, wurde aber dann immer ganz besonders
freundlich aufgenommen.

Für uns Geistliche ergab sich dadurch die entsprechende
Ordnung, daß wir durchschnittlich alle vier Tage, je am Tag
nach dem Einmarsch des betreffenden Regiments und zugleich

mit thunlichster Bevorzugung des Sonntags predigten. Eine versuchte bataillonsweise Trennung der Abteilungen wegen des beschränkten Raumes wollte sich dagegen aus militärischen Gründen nicht machen lassen, so gerne wir uns dafür anboten. Im übrigen stand man allmählich und besonders in dieser bedürftigsten Zeit so gut zusammen, daß mir der stellvertretende Brigadekommandant z. B. einmal vor dem Erscheinungsfest von selbst die Anfrage sandte, ob ich nicht an demselben einen Gottesdienst halten wolle. Mit warmem Dank für das wohlthuende Entgegen-kommen erklärte ich ihm jedoch meine absichtliche Uebergehung dieses im Feld ohnehin kaum recht anbringbaren Festes, da ich ganz derselben Abteilung gerade zwei Tage zuvor die nach-trägliche Neujahrspredigt gehalten hatte. Eine Uebertreibung aber erschien mir im Krieg fast noch mehr als im Frieden gerade so fehlerhaft, als das entgegengesetzte Uebel der Lauheit, was denn auch der wackere Offizier völlig zu würdigen wußte.

An auswärtigen Orten kam ich unter solchen Umständen fast nur über die Hauptfestzeit und mit manchen Schwierig-keiten oder nach einigen zuerst vergeblichen Anläufen zum Gottes-dienst. So unter anderem bei den abgelegenen Reitern in Log-nes, wo ich bei der leidigen Beerdigung eines, durch einen Unfall umgekommenen Reiters an der dortigen Friedhofkapelle ein ziemlich brauchbares Lokal auch für sonst und später ent-deckte. Denn „mitten wir im Leben sind von dem Tod um-fangen" rief uns hier sehr zeitgemäß schon der Ort nicht minder als der aus der Ferne herübertönende Baß der Festungs- und Belagerungskanonen zu. Ebenso konnte ich um Neujahr den Sachsen und einer Munitionskolonne zu Torcy mit Predigt und Abendmahl mich widmen, oder zu Emerainville bei der Proviantkolonne auch einmal wieder vor einer Zivilgemeinde, den Schwarzwaldbauern des Fuhrwesens mit ihren gelben Leder-hosen predigen, was der Kommissär wegen ihrer etwas aus der Ordnung gekommenen Nomadengesinnung und Haltung für sehr erwünscht erklärte.

Auch in der äußeren Form der Feier erschien es eben in diesen Wochen des Heimwehs wertvoll, sich der heimisch vertrauten Gestaltung thunlichst anzunähern. Bei der reich-licher verfügbaren Zeit konnte zum Beispiel jetzt auch der einstimmige Choralgesang seine Stelle finden, nachdem allemal die stets anwesende Musik einen Vers vorgespielt. Und man merkte deutlich, wie diese einzige Mitthätigkeit der Gemeinde in unserer fast reformiert einfachen Liturgie den Truppen sehr nach dem Herzen war. Auch ohne Kunst erklangen die frischen Männerstimmen mit ihrem militärisch raschen Tempo in der That gar kräftig und vielleicht erhebender, als mancher schleppende Gemeinbegesang im Frieden zu einer langsamen Orgel. Insbesondere erinnere ich mich, wie dabei einmal meine Offiziere über das ihnen noch nicht bekannt gewesene schöne Kirchenlied „Mir nach, spricht Christus, unser Held", und noch mehr über das verwandte „Auf, Christenmensch, auf, auf zum Streit!" wegen seiner durch und durch militärisch-religiösen Färbung sehr erfreut waren.

Schon seit der Zeit größerer Ruhe und Muße im Unterschied vom Marsch hielt ich darauf, die Predigt stets gründlich zu studieren und pünktlich niederzuschreiben. Denn ich konnte natürlich bald merken und lernte es namentlich einmal mit Dank beim Anhören einer Predigt meines im praktischen Amt schon viel länger geübten Amtsgenossen vom Hauptquartier, wie mir ohne das und bei einem nur flüchtigen Nachbenken auf dem Pferd oder im Hausgärtchen eines Quartiers die Gedanken sich abnützten und einer nicht mehr anregenden Kriegsallgemeinheit verfielen. Wenn ich dann gleichfalls schon seit länger mich gerne an die heimische Perikope des Sonntags hielt, um die Gemeinschaft im Geiste mit denen zu Haus hervortreten zu lassen, so zeigte sich dies Bedürfnis nunmehr in verstärktem Maß. Der Soldat liebte ohnehin auf die Dauer nicht lauter Texte von ausgeprägtem kasuellem Charakter und namentlich nicht gar zu viele alttestamentliche mit ihrer naheliegenden Gefahr eines religiösen oder vielmehr irreligiösen Chauvinismus; denn man wollte ja gerade im Gotteshaus auch einmal vom Krieg und der absonderlichen Feldlage etwas ausruhen. Aber ebensowenig hielt ich eine völlig allgemeine, von Zeit und Ort ganz absehende Haltung der Predigt in reinster Friedensform für sachgemäß. Wenn auch unter Umständen nur noch schwächer und mehr als Einleitung oder Schluß, mußte doch unsere Ausnahmslage mit hereinklingen. Und das war schließlich bei einiger Gewandtheit und reiflichem Vorausbedenken der so vielseitig fruchtbaren Texte fast immer möglich. So wagte ich es z. B. selbst mit der Versuchungsgeschichte Christi, von welcher meine Amtsgenossen die Brauchbarkeit im Feld bezweifelt hatten. Auch dem schönen, mir stets besonders werten Kinderevangelium am Sonntag nach Neujahr wollte ich nicht ausweichen und glaube, daß dies reine Friedens- und Familienbild durch den wohlthuenden Gegensatz eben auch im Felde fern von der Heimat, und bei den älteren im Heer fern von Weib und Kind sein gutes Recht hatte. Denn solche Gedanken mochten ja wohl gegen manche Gefahren des Kriegslebens die unsichtbaren Schutzengel sein, welche beim Wegfall von mancher sonstigen Schranke als sittlich-religiöse Bundesgenossen herbeizurufen waren. Nebenbei sollten sie auch herzlich gerne den französischen Kindern zu gut kommen, die in der Zeit nach Neujahr immer häufiger aus den rückwärts liegenden Orten recht bleich und kümmerlich aussehend hereinkamen, ein Stück Brot zu erbitten. Die Eltern, soweit noch welche anwesend gewesen, waren allmählich meist wegen Spionierverdacht aus unsern Stellungen verwiesen worden — erbarmungswürdige Karawanen in der Winterkälte mit dem bescheidenen Bündel Habe unter dem Arm! Nun schickten sie die Kinder vor, oder dann und wann brachte eine Mutter auch ein krankes, dessen sich unsere wackeren Aerzte gerne annahmen. Wir konnten doch gegen die kranken wie gegen die gesunden Kinder wahrlich nicht roher sein, als der berühmte hussitische Eisenfresser Prokop vor Naumburg, bloß daß wir ihnen statt Kirschen eben Brot und etliches deutsches Weihnachtsbackwerk als Zeichen der „Freude, die allem Volk widerfahren", verabreichen konnten. Mein Bedienter freilich wollte das übrige Brot u. s. w. in üblicher Soldatensprache den „Lumpenfrançais" durchaus nicht gönnen, sondern alles für meinen Schimmel behalten, der doch in der vielen Ruhezeit zusehends glänzender und unnötig mutwilliger wurde.

In diesen öden Wochen der Langeweile erreichte auch jene früher geschilderte Bemühung um unterhaltenden Lesestoff ihren Höhepunkt; und die Unseren daheim wurden in rühmlichster Weise nicht müde, immer wieder für Ersatz des rasch Abgenützten zu sorgen. Zur Pflege fleißigen Briefwechsels aber mit den Angehörigen in der Ferne erwies es sich bei Gelegenheit der Lesesachen als praktisch, den Soldaten im Quartier oder Spital auch ein wenig für Papier und Umschläge oder für Feldpostkarten zu sorgen. Letztere konnte zwar jedermann leicht erhalten, aber mancher gemeine Soldat kam trotzdem nicht recht dazu, wenn man's ihm nicht brachte. Dieses Verfahren hatte ich mit Dank und Erfolg meinem rühmlichst eifrigen Amtsgenossen in der 1ten Brigade abgelernt.

Gegen Weihnachten häuften sich nun außerdem als Hauptverteilungsgegenstand die gediegeneren Gaben aus der Heimat, welche gleichfalls gar vielfach durch die Hand von uns Geistlichen gingen. Ich sage, daß sie sich häuften. Denn wenn in letzter Zeit von sonst hochangesehener Seite die Behauptung gefallen ist, daß bei den Süddeutschen zu Haus im Unterschied von den Norddeutschen die Begeisterung sich weit mehr im Singen, Reden und eigenen Trinken, als in wirklichen Liebesgaben an ihre Truppen im Feld ausgedrückt habe, so weiß ich ja nicht, wo selbiger Kriegsberichterstatter mit seiner Unterbringung bei einem vornehmen Stab seine Beobachtungen gemacht hat. Bei unserer Division ganz gewiß nicht, und noch viel weniger mitten unter den Truppen drinne, wie namentlich wir süddeutschen Feldgeistlichen. Denn von da aus ist gerade das Gegenteil zu sagen.

Für jene mißliche Anfangszeit noch im Elsaß-Lothringischen konnte ja zu Haus niemand etwas, wo nämlich die Feldpost ein paar Wochen lang rundweg keine Päcke beförderte. Damals sind namentlich wir armen Raucher einer „zigarrenlos schrecklichen Zeit" unterworfen gewesen, weil in Frankreich der Tabak Staatssache ist und als solche vor unserer kriegsrechtlichen Beschlagnahme allgemein geflüchtet war. Infolgedessen galt es damals als das größte und willkommenste Geschenk, das ein Freund oder Gastfreund dem andern überreichen konnte, wenn er ihm zwei oder sogar drei Zigarren spendierte. So ging es z. B. mir bei einem bitterbösen nächtlichen Verirren auf einem einsamen Geschäftsgang in der Pappelalleen-Gegend von Maixe, als ich endlich durch lauter Franzosen durch zur gastlichen Hütte zweier trefflichen bayerischen Genieoffiziere

geriet und diese mir außer sachverständigster Wegangabe wirklich auch drei Zigarren schenkten zum Entgelt für den glänzenden Empfang, welchen sie bei der Durchfahrt in den Krieg
zu Stuttgart gefunden hatten. Ihre liebenswürdige Aufnahme,
einschließlich die Zigarren, bleibt mir schon wegen des Gegensatzes zu jener meiner sehr mißlichen Lage unvergeßlich. Sollten
die damals jungen Männer noch leben und diese Zeilen zufällig zu Gesicht bekommen, so seien sie hiemit herzlichst gegrüßt.

Was nun also insonderheit das edle Rauchkraut im Feldzug überhaupt anlangt, so wurden nach vernünftig baldiger
Aufhebung der Postpacketsperre allmählich solche Massen desselben an uns alle entsandt, sei es von Freunden und Bekannten,
sei es von Vereinen, daß wir fast mit dem Pulverrauch wetteifern konnten. Und gar manche öde, langweilige Stunde ist
uns freundlichst in den Nebelschleiern der allezeit brennenden
Zigarre ungeahnt rasch entschwunden. Die vielen schlechten
und lieblosen Witze über die Beschaffenheit der Liebeszigarren
will ich daher nicht vermehren, schon in Anbetracht des all-
bekannten Sprichworts über die prüfungslos dankbare Annahme
des Geschenkten, das zudem als Feldzigarre vorwiegend den
Beruf hatte, „im Freien geraucht zu werden".

Wie ich von den vielen Vorräten, die mir zur Verteilung an andere zukamen, den entsprechenden Gebrauch gemacht, hatte ich schon früher wiederholt Gelegenheit anzudeuten.
Einmal konnte ich mit einem von den Tübinger Stiftskollegen
mir selbst gesandten Kistchen „Viktoriazigarren" in entschieden
sachgemäßerer Weise zu Pontault einen Feldwebel erfreuen, der
beim Sturm auf den Kirchhof von Nogent s. S. nach dem
Fall der Offiziere, obwohl selbst verwundet, in grimmer Tapferkeit die Kompanie weitergeführt hatte und dafür soeben mit
dem eisernen Kreuz belohnt worden war. Sonst war ich
namentlich auch darauf bedacht, den Unterärzten und Wärtern
an unseren Regimentstyphusspitälern reichlich Zigarren zuzu-
schieben, in denen ich nun einmal, ob richtig oder nicht, ein
Schutzmittel gegen Ansteckung sah.

Aber auch eine Fülle von anderen Gaben, die nicht in
Rauch aufgingen, kamen uns aus der Heimat von allen Seiten
zu, und zwar in einem Maße, daß es mir für ein keineswegs

reiches Land rührend und hochachtungswürdig war. Wenn in sehr vielen Fällen wir Geistliche mit der Vermittlung betraut waren, machte es sich natürlich am bequemsten mit dem uns reichlich zur Verfügung gestellten Geld von einzelnen oder von Vereinen, waren es nun allgemeine Sanitätsvereine oder auch Vereine für besondere Kreise und Berufe, wie Jünglingsverein oder Lehrervereine und dergleichen. Und wirklich konnten die Leute im Feld einen Zuschuß gerne brauchen, weil es mit dem Wein immer knapper und mißlicher wurde, Kälte und Anstrengungen aber nicht nachließen.

Auch für Weißzeug war die teilweise Sendung an uns nicht unpassend, indem wir durch Einzelerkundigung da und dort eine Lücke in der amtlichen Verteilung zu entdecken wußten, welche ja selbst bei voller Ehrlichkeit und Gerechtigkeit der damit betrauten Unteroffiziere nicht unfehlbar sein konnte.

Daß die Sache ihre kleine Kehrseite hatte und das Gabenverteilen durch den Pfarrer ihn bei manchem zum vorwiegend weltlich geschätzten „guten Mann" machen mochte, soll natürlich nicht geleugnet werden. Aber ist es denn im Frieden anders? Oder wer will auf Erden immer das Unkraut und den Weizen säuberlich sondern?

Schließlich möchte ich nur noch zweier Gaben Erwähnung thun, die mich zu Weihnachten ganz besonders freundlich berührten, nämlich das gerade zu diesem Fest so feinsinnig volkstümliche, für Alle gleiche Päckchen des Stuttgarter Sanitätsvereins, welches in etwa 25,000 Exemplaren ankam; sodann eine rührend landesmütterliche Sendung unserer Königin, welche außer vielem anderen uns Offizieren und Offiziersgenossen für die bittere Winterkälte und die oft so zweifelhafte Unterkunft scheinbar prosaisch, in Wahrheit höchst wertvoll je ein paar vortrefflicher, ungewöhnlich soliber wollener Strümpfe schickte, die hoch über das Knie heraufgingen und einen herrlichen Schutz des Fußes bei Tag und oft auch bei Nacht abgaben. Bei meinem schlimmen Sturz nach der Okkupation haben sie mir noch freundlich das Knie beschützt, das sonst übel mitgenommen worden wäre.

Und all diesen höchst regen Verkehr mit der Heimat, sei es in geistigerer Form, sei es als Uebermittlung leiblicher

Güter und Gaben hat uns allezeit, sobald sie durfte, die edle
Feldpost mit nie ermüdendem Eifer, mit anspruchslos bescheidener Treue am scheinbar kleinen und doch in Wahrheit hoch-
wichtigen Platze besorgt. Der ganz besondere Jubel war vollberechtigt, mit dem ihr wettergebunkelter grauer Wagen beim
endlichen Einzug in Stuttgart begrüßt wurde. Hatte er doch
in seinem geräumigen Innern so viel Freud und Leid, traurige
und frohe Kunde, Grüße und Gaben getragen und war für
die Heimatfernen immer eine der liebsten Erscheinungen gewesen,
ein Bote und ein Band mit daheim.

Wir Pfarrer insbesondere, denen ja zumal in der mitt-
leren Winterszeit eine so ganz ähnliche Aufgabe gestellt war,
können nur mit größter Achtung dieser getreuen Mitarbeiter
an unserem Beruf gedenken. Und ich that das in einer Art
von amtsgenössischem Gefühle immer schon im Feld, so oft ich
namentlich als Hausnachbar in Champs mit diesen mir stets
willfährigen und gefälligen Beamten zusammentraf. Sonst
wurden dieselben sehr mit Unrecht nicht selten etwas militärisch
von oben herab angesehen und behandelt, wie sie mir zuweilen
klagten.

Wenn so die Heimat in wohlthuendster Weise allem auf-
geboten hatte, auch uns vor Paris ein frohes Weihnachten zu
bereiten, war dasselbe trotzdem in unserer Lage weit davon
entfernt, sich zu einer wirklich frohen Feier zu gestalten. Einen
Lichtpunkt bildete es ja gewiß für den Menschen und Christen,
aber ein Licht mit tiefen schweren Schatten daneben.

Schon äußerlich war es uns vom Feinde selbst einigermaßen gestört, der seit einigen Tagen zur Abwechselung begonnen hatte, in seinem Gefängnis wieder etwas unruhiger
zu werden und von neuem ein wenig an der ihn umschließen-
den Kette zu rütteln. Deshalb hatten wir ähnlich wie früher
mehrfach gehäufte Alarme oder doch Alarmbereitschaft, wie
ein neu auftretender Name lautete, so am 16., 17., 18., 21.
und 24. Dezember, deren zum Teil recht eigentümliche Gestaltung ich schon früher berührt habe.

Am Abend des letzteren Tags waren wir zwei Geistliche
von den allezeit besonders liebenswürdigen Jägeroffizieren zu
ihrer Bescheerungsfeier ins Schloß eingeladen, hielten es aber

für richtiger, diese Stunden mit und unter den Verwundeten
im benachbarten Spital zu Noisiel zu verbringen. Da war
nun zwar in sieben bis acht Räumen alles gar schön herge=
richtet und prangte z. B. im Maschinensaal der Schokoladefabrik
eine riesige Tanne von gegen 30 Fuß Höhe in strahlendem
Lichtglanz. Aber unter ihr lag einer unserer Krankenwärter
vom Typhus angesteckt im Sterben und seine fieberglänzenden
Augen sahen die Lichter nicht mehr. In der Nähe saß auf
seinem Bett ein bitterlich weinender Sachse und gedachte im
schmerzlichsten Heimweh der fernen Lieben in der Lausitz, mit
denen er sonst diesen Abend gefeiert. War dies das Friedens=
fest der Christenheit, das Freudenfest der Familien und Häuser?
Wie schön hatte man es sich ausgedacht und wie lieblich wäre
es gewesen, wenn der Weihnachtsruf der himmlischen Heer=
scharen „Friede auf Erden" auch im äußerlichen vollen
Sinn zur Wahrheit geworden wäre, wenn endlich die Kanonen
geschwiegen hätten, um sich ablösen zu lassen vom gemütlicheren
Klange der Kirchenglocken, wenn wir irdischen Heerscharen nach
glücklich vollbrachtem Werk heimgekehrt wären, um mit den
unseren vereint demütig zu preisen: Ehre sei Gott in der
Höhe! und ohne Haß oder Bitterkeit gegen den Feind ver=
söhnten Sinnes auch zu gedenken, daß der Weihnachtsgruß als
große Freude allem Volk gilt und allen Menschen ein
Wohlgefallen dargeboten ist.

Tiefbewegt von solchen Eindrücken und dem Zwiespalt
der Gedanken wandelte ich spät abends vom Spital nach Haus,
um sie im wehmütigen Ernst der Weihnachtspredigt des fol=
genden Tags durch- und ausklingen zu lassen.

Aber ganz daran hängen zu bleiben war ja nicht die
Zeit; und unser Dienst in erster Linie bei den Lebenden und
Gesunden mit ihrer gleichfalls hinreichend schweren Lage forderte
nicht minder sein gutes Recht. Für sie mußte die gedrückte
Stimmung sich wieder um ein gut Teil heben und zu dem
männlich gehaltenen markigeren Ernste aufschwingen, wie er sich
acht Tage nachher bei der kirchlichen Begehung des Neujahrs=
festes an einer so unerhört bedeutsamen Jahreswende ziemte.

Zum Text hatte ich deshalb absichtlich die ganze Reihe
der hiefür zur Auswahl gegebenen Morgenlektionen unserer

württembergischen Perikopen gewählt, welche lauten: Jesus Christus gestern und heute und derselbe auch in Ewigkeit Hebr. 13, 8. — Denn wir haben hier keine bleibende Stadt, sondern die zukünftige suchen wir Hebr. 13, 14. — Werfet euer Vertrauen nicht weg, welches eine große Belohnung hat Hebr. 10, 35. — Sei getreu bis in den Tod, so will ich dir die Krone des Lebens geben Offenb. Joh. 2, 10. — Die Gnade unseres Herrn Jesu Christi und die Liebe Gottes und die Gemeinschaft des heiligen Geistes sei mit euch Allen! Amen. 2 Kor. 13, 13. — Gnade sei mit euch und Friede von dem, der da ist und der da war und der da kommt Offenb. Joh. 1, 4.

Hierüber führte ich folgendes aus: „Meine lieben Freunde! Für jedes Gemüt, das sich nicht selber gegen den Eindruck durch Leichtsinn oder Stumpfheit verschließt, ist es immer ein ganz eigenes Gefühl, wenn in der dunklen Mitternacht des 31. Dezember die dumpfen schweren Glockenschläge zwölf Uhr die Grenzscheide zweier Jahre bezeichnen. Sie schallen wie sonst durch die Nacht, und doch hört sie das sinnende Ohr ganz anders. Denn in diesem Augenblick mehr als in jedem andern ist uns ja, als spürten wir den Gang und Lauf der Zeit, den Fluß der ewig rastlosen, immerwechselnden, wir die sterblichen und doch unsterblichen, die zeitlichen und vergänglichen und doch für unvergängliche Ewigkeit bestimmten. Und nicht bloß den Verfluß der Zeit fühlen wir in diesem Augenblick, sondern mit dem scheidenden Jahre verabschieden wir gleichsam einen lieben, traut gewordenen Freund, verabschieden eine bunte Reihe Freud und Leid, einen langen Zug ernster und heiterer Erlebnisse, die im Scheiden nochmals am geistigen Auge der Erinnerung vorüberziehen und uns stille grüßen. — Und all dies, meine Freunde, wie vielmehr diesmal, als sonst! Gleichwie am Himmelszelt sich Stellen zeigen, die leer sind von Sternenglanz, andere, wo die funkelnden Lichter sich drängen, so auch die Jahre, welche der Mensch erlebt. Das Jahr, welches gestern uns verlassen, was ist es für ein Hall= und Jubeljahr des deutschen Volkes, ein Ehren= und Siegesjahr, ein Jahr der Größe und Erhebung, wie noch nie eines für unser Vaterland gewesen. O glücklich jeder, der es miterleben durfte, glücklich jeder, dem es vergönnt war, an irgend einem Posten in eigener

Beteiligung die großen Tage mitzumachen, glücklich auch die, denen es das letzte ihres Lebens gewesen; denn wer so auf dem Schlachtfeld für unser geliebtes deutsches Vaterland sterben durfte, der starb wohl: in sein brechend Auge fiel der Glanz von des künftigen Reiches Morgenröte. — Am heutigen Tag, wo so viele Gedanken und Stimmungen das Herz bewegen, ist es die schöne Sitte unserer heimischen Kirche, eine Reihe von Texten, wie wir sie eben vernommen, der ernsten Betrachtung zu bieten, damit jede Saite im Herzen angeschlagen werde, jede Stimmung ihren Nachklang finden möge und ihre Weihe aus dem reichen Schatz des göttlichen Worts. Greifen wir mitten hinein und fassen zuerst ins Auge das schöne Wort: Sei getreu bis in den Tod, so will ich dir die Krone des Lebens geben. Dieser Spruch, er sei dem Andenken derer gewidmet, welche am heutigen Tag zuerst das Anrecht an uns und unsere Er= innerung haben, dem Andenken unserer braven Toten, die nicht mehr mit uns die Schwelle des neuen Jahres überschreiten sollten, die nicht miteintreten durften in das Erntejahr, sondern als edle kostbare teure Saat sich selbst zum Opfer gegeben haben. Wozu der Apostel mahnt, das haben sie gethan. Sie waren treu, jeder an seinem Platz, treu dem Eid, den sie dem König geschworen, treu der Liebe und Begeisterung, welche so manche unter ihnen im fröhlichen Freundeskreis unter den Ar= beiten und Studien des Friedens dem deutschen Vaterland ge= lobt. Ihr Wort und Sang ist gelöst durch Treue bis zum Tod, durch Treue auch am unscheinbaren Posten, wo sie am schwersten ist. Die Brust der Toten kann ja keine Ehrenzeichen, kein Kreuz und Orden mehr schmücken; auch das Totenkreuz fehlt auf gar manchem Hügel, wo ungenannt, ungerühmt der und jener Brave eingesenkt wurde in die kalte fremde Erde. Aber statt aller menschlichen Ehre ist solchen Helden die Krone des Lebens verheißen. Denn Größeres kann ja keiner thun, als daß er das Leben freudig läßt in seinem Dienst, läßt für das Vaterland und die Brüder. Wer dazu fähig ist von ganzem Herzen, wer das thut mit voller klarer Freudigkeit, dem wiegt die eine That tausende auf vor den Augen des ge= rechtesten Richters, ob ihn auch in früher, noch nicht zur Frucht gereiften „Jugendkraft der Tod weggrafft". Uns aber, meine

Kameraden, seien die Namen dieser Braven unvergeßlich; legen
wir schon jetzt im Geist den Ehrenkranz auf ihr stilles Grab,
sorgen wir dereinst dafür, daß ihrer Jahr für Jahr auch öffentlich gedacht werde, ihrer, die treu waren bis zum Tod! —
Aber nun, meine Lieben, vom Vergangenen mit seinen Siegen
und Ehren, seinen Wunden und Verlusten weg und frisch den
Blick vorwärts gerichtet, wie sichs ziemt an der Jahre Grenzscheide. Und da mahnt der Apostel: Werfet euer Vertrauen nicht weg, welches eine große Belohnung hat!
Im Vertrauen auf den lebendigen Gott, den Schirm und Schutz
unserer gerechten Sache, haben wir seither Thaten gethan. Sollten
wir nicht dankerfüllt seinen allmächtigen Beistand auch fürs
neue Jahr anflehen, sollten wir undankbaren Sinnes wähnen,
jetzt können wir es vollends allein besorgen und bedürfen sein
nicht mehr? O das ganze vergangene Jahr ist eine zu ein-
bringliche Predigt über den Text: Gott widerstehet den Hoffärtigen, aber den Demütigen gibt er Gnade. Lasset uns doch
nie und nimmer das Wort, welches wir anfangs zur Losung
erwählt, vergessen und versäumen. Mit dem Wort, das einst
Samuel nach Ueberwindung der Feinde auf den Siegesstein
schrieb, wollen auch wir die Grenzscheide beider großen Jahre
zeichnen: Ebenezer, d. i. bis hieher hat der Herr geholfen.
Er sei auch ferner unser Schirm und Schild, den wir nicht in
leichtsinnigem Uebermut wegwerfen wollen. Aber auch in
anderem Sinne lasset uns die Mahnung des Apostels beherzigen.
In sicherer Ferne mag der und jener den Krieg ansehen gleichsam wie ein Schauspiel und die Geduld verlieren, wenn der
Vorhang lange nicht wieder aufgeht und eine neue Szene beginnt. Wir wissen, daß es sich da nicht um Schauspiel und
müssige Unterhaltung handelt, sondern um blutigsten Ernst und
harte Arbeit. Freilich, sie wird für euch, Kameraden, zuweilen
furchtbar schwer und herb. Da kann in einer trüben Stunde
wohl dem einen oder andern der Gedanke kommen: Warum
gehts nicht vorwärts? Sollte es am Ende noch schlimm ablaufen und wir zu früh gejubelt haben? Nein, meine Freunde!
Auch in diesem Sinne wäre es undankbares Unrecht, unser Vertrauen wegzuwerfen, das Vertrauen zunächst auf den Gott, der
uns seither so sichtbarlich gesegnet hat und der wohl wissen wird,

warum er unseren raschen Siegesschritt auch einmal verlang-
samt hat: damit wir nicht übermütig werden, damit wir nicht
fallen in die Sünde, die unseren Feind zu Fall gebracht, den
Kriegstaumel und Größenwahn, welcher nimmer auf Erden gut
thut und unserem deutschen Volke am schlechtesten anstünde,
dessen Schmuck und Zierde seither Friedensliebe und Bescheidenheit war. Und neben dem Vertrauen auf den allmächtigen
und allweisen Gott ziemt uns auch fürder das volle unbedingte
Vertrauen auf die menschlichen Werkzeuge, deren Gott sich be-
dient, das Vertrauen auf die Weisheit und Kraft unserer Führung, unter welcher wir bis heute die schönen Erfolge errungen,
unter welcher wir das Werk auch zum glücklichen Ziele führen
werden, so wir anders ausharren, wie es deutschen Männern
geziemt. Winkt uns doch dafür eine so große Belohnung: nicht
bloß innerlich die friedsame Frucht der Gerechtigkeit, welche
denen verheißen ist, die in der Geduld Erfahrung, in der Erfahrung Hoffnung lernen und sich üben lassen in der ernsten
schweren Schule. Nein, schon äußerlich winkt uns ein reicher,
würdiger Lohn: endlich ein großes gesichertes Vaterland, endlich die frohe Aussicht, nicht mehr wie bisher seit nahe zwei
Jahrzehnten bei jedem Neujahr ängstlich lauschen zu müssen
nach der Stadt da drüben an der Seine, ob der alte Vulkan
nicht wieder koche und gähre, und der alte Tyrann eine jener
Jahreslosungen ausgebe, die Krieg und Elend bedeuteten. Es
winkt uns die Hoffnung, fortan in gesichert starkem, ehrenvollem
Frieden den Werken des Friedens obliegen zu können von Geschlecht zu Geschlecht. Wie 1870 das große Kriegsjahr war,
so wird, wir hoffen es zuversichtlich, 1871 die Zeit eines langen
schönen Friedens einleiten, wo das alte vergangen und vieles,
vieles neu geworden ist. — Allein, meine Freunde, wir stehen
hier im Hause Gottes. Und wenn wir uns auch vollberechtigt
fühlen, die Sorgen und Angelegenheiten unseres irdischen Vaterlandes und des deutschen Reichs vor den Augen und Ohren
unseres Gottes darzulegen, so dürfen wir doch nie vergessen,
daß die Schrift mit tiefem Rechte sagt: Trachtet am ersten
nach dem Reich Gottes und nach seiner Gerechtigkeit, so wird
euch das übrige alles zufallen! Mit frohem freudigem Blick
schauen wir in die Zukunft unseres neuerstehenden deutschen

Reichs; aber wir wissen mit dem Apostel, daß wir hie nicht haben eine bleibende Stadt, sondern die zukünftige suchen. Dieser Ewigkeitsfinn, dieses Heimweh nach dem wahren bleibenden Vaterland, wie nahe liegt es uns beim Blick auf die Gräber unserer Kameraden, wie nahe beim heutigen Ueber= gang von einem Jahr ins andre, bei unserem dermaligen Leben unstet und flüchtig in fremdem feindlichem Land: all dies ein ernstes Sinnbild, wie unser ganzes Dasein ist unstet und flüchtig, bis es die bleibende Stadt gefunden und sich geflüchtet hat in des ewigen Vaters Schoß. Und sind wir nun dieser Zufluchtsstätte im verflossenen Jahr näher gekommen, wie uns dasselbe ob wir wollen oder nicht dem göttlichen Richterstuhl wieder einen Schritt näher gebracht hat? Ein kluger Haus= vater stellt am Schlusse des Jahrs Rechnung, ob er in seinem Vermögen gefördert oder gemindert worden sei. Weichen auch wir geistlich diesem Rechnungsabschluß nicht aus. Was ist aus den Vorsätzen geworden, mit denen wir beim letzten Jahres= anfang uns getragen? Sind sie zur Frucht gereift oder abge= fallen als taube Blüte? Hat uns zumal der furchtbare Ernst, mit welchem Gott selbst unser ganzes Volk und uns insbesondere in des Jahres zweiter Hälfte in die Kriegsschule nahm, hat er uns gefördert oder nicht? Beides kann er, gleichwie die Sonne den Thon härtet und das Wachs schmelzt; an uns ists, wie wir uns dazu stellen. O, meine Freunde, das ist eine Beichte, die Jeder am besten still mit sich selbst und seinem Gott ab= macht, indem er schaut in den untrüglichen Spiegel der ewigen Gottesgebote. Und so wir uns selbst richten, so werden wir nicht gerichtet. Freilich, wenn wir gefragt werden, so können wir alle, alle auf tausend nicht eins antworten. Wir können uns nur auch fürs neue Jahr flüchten zur Gnade unseres Herrn Jesu Christi, der uns den Zugang zur Liebe Gottes wieder eröffnet, wir können alle nur, damit die Besserungsvor= sätze endlich einmal Ernst und Wirklichkeit werden, uns werfen in die Gemeinschaft des heiligen Geistes; denn seine Kraft ist in den Schwachen mächtig und gibt zum Wollen auch das Gelingen und Vollbringen. Ja, meine lieben Freunde, der dreieinige Gott mit seinen Gütern und Gaben, er ist es, den wir zum Führer und Leitstern auch fürs neue Jahr er=

14*

wählen wollen, das jetzt noch verschleiert vor dem schwachen
Menschenauge liegt. Wir fühlen am heutigen Tag das ganze
Schwanken und Schweben der Zeit, wir fühlen unsere ganze
Nichtigkeit und Vergänglichkeit. So ist es ein Trost und Halt,
wie keiner sonst auf Erden, wenn gleichsam als fester Rahmen
unserer Neujahrslektionen am Anfang und Schluß Worte stehen,
die aller Zeit und allem Wechsel kühn Trotz bieten: **Jesus
Christus gestern und heute und derselbe auch in Ewigkeit.** Und: **Gnade sei mit euch und Friede von dem,
der da war, der da ist und der da kommt.** Diese herrlichen Worte wollen wir uns zum Schlusse noch kurz auslegen
lassen von einem Mann, dessen Name auch im Krieg, im
deutschen Heer und Volk den besten, gediegensten Klang hat,
einem Manne, der in ungewöhnlich langer Lebenszeit und unter
den buntesten Erlebnissen Gelegenheit hatte, selbst zu erfahren,
was Zeit und Ewigkeit ist. Ich meine Ernst Moritz Arndt,
der also spricht:

> Ich weiß, an wen ich glaube,
> Ich weiß, was fest besteht,
> Wenn alles hier im Staube
> Wie Rauch und Staub verweht." .... — —

Von Weihnachten und Neujahr an war es für uns nach
außen und gegen den Feind wieder ruhiger geworden, aber
nur, weil die deutschen Belagerungsbatterien endlich angefangen
hatten, ein sehr lautes Wort mit dreinzureden. Es war durch
den schrillen Gegensatz zur Christfeststimmung für ein feineres
Gefühl peinlich und doch auf der anderen Seite so begreiflich
und berechtigt, wenn unsere Leute eben am Weihnachtstag in
Champs fast andächtig hinauswallfahrteten zu den gerade auf
dem Parkplatz angekommenen, solange sehnlichst erwarteten riesigen
Festungsgeschützen, von denen man die endliche Erlösung aus
unserer Lage erwartete. Und wirklich ging es nun bald im
vollen Ernste an, den französischen Forts die Antwort zurück-
zugeben, welche man ihnen bisher hatte schuldig bleiben müssen
oder doch nur mit den völlig unebenbürtigen, weil nicht so
weit reichenden Feldbatterien hatte notdürftigst geben können.
Insbesondere erinnere ich mich der gegenseitigen furchtbaren
und förmlich gewitterhaft durch das nächtliche Schneegestöber

hallenden Kanonade am Abend vor dem Erscheinungsfest, durch
welche unser gefährlichster und mehrfach verderblicher Nachbar,
der Mont Avron zu endgültigem Schweigen und gänzlicher
Räumung gebracht wurde. Aber auch sonst wurde es von da
an die ganz regelmäßige Musik, daß in Pausen ein wohlge-
zielter Schuß auf unserer Seite fiel, den die Franzosen allmählich seltener und immer seltener erwiderten, bis sie ganz
verstummten. Namentlich wenn man bei Nacht durch das ungewohnte Flackern des forterhaltenen Kaminfeuers einmal auf-
wachte, machte so ein dumpfer metallener Schlag durch die
Dunkelheit herüber einen eigentümlichen Eindruck, halb erregend,
halb beruhigend in Hoffnung seiner früher oder später zu erwartenden Folgen.

Außer dem bittererernsten Schießen hatte das Neujahr nach
seiner Art noch eine andere Gabe gebracht, welche in unserer
Mitte vielfach kaum viel weniger Bewegung und gemütliche
Aufregung nach sich zog, als am Ende unsere Granaten unter
den Franzosen. Es waren die zur Jahreswende verliehenen
umfangreichen Ordensauszeichnungen und mannigfachen Beförderungen. Ja, wenn man nur mit diesen Dingen, welche so
begreiflich im Militär eine doppelte und dreifache Rolle spielen,
beim besten Willen von der Welt es einem jeden recht machen
könnte, wenn es selbst der unanfechtbarsten menschlichen Gerechtigkeit auch nur annähernd möglich wäre, alles nach wahrem
innerem, wie äußerem Verdienst und Würdigkeit auszuteilen,
ohne da einen zufällig glücklich Hingekommenen vielleicht über
Gebühr zu bedenken, dort einen anderen zu übergehen oder doch
zu verkürzen, der so viel geleistet, wie ein mehr Gesehener.
Oder hatte jener am Ende aus reinem Zufall und ohne jegliche
Schuld, ja für ihn schmerzlich genug keine entsprechende Gelegenheit gefunden, seine zweifellos vollbürtige Tüchtigkeit öffentlich
zu beweisen. Aber was half ihn vor der Welt das eigene
Bewußtsein und auch die volleinstimmende Ueberzeugung der
Freunde und Bekannten?

So waren es ziemlich peinliche Stunden um die Jahreswende und später bei ähnlichen Anlässen, wenn die betreffenden
amtlichen Verkündigungen erschienen und natürlich von Hand
zu Hand gingen: die Glücklichen wirklich oder scheinbar in

Verlegenheit vor den ebenso Würdigen, die leer ausgegangen; bei letzteren das schmerzende Gefühl unverdienter Zurücksetzung und vermeintlicher Kränkung, ja nach Art der allgemeinen Menschennatur wohl auch ein mühsam oder gar nicht verhehlter Neid und die Neigung, des anderen Verdienste herunterzusetzen und spöttelnd zu bemängeln, den eigenen dagegen jenen Aufputz zu Teil werden zu lassen, zu welchem die erregte Kriegsfantasie ohnedem so leicht geneigt ist. Bei minderer Bildung konnte dies sogar bis zur klassischen Multiplikationskunst eines Falstaff sich steigern, so daß ein paar Kugeln, die ja für den Einzelnen immerhin gefährlich genug gewesen sein können, sich zu einem förmlichen Kugelregen verdichteten. Wehe dem, der mit dabeigewesen, aber wegen größerer Nüchternheit und besseren Gedächtnisses bescheidene Abstriche wagte: leicht konnte er als böswilliger Ehrabschneider erscheinen, oder drehte der fantasievollere Genosse giftig den Spieß um und bezüchtigte den einst hart neben ihm gestandenen Nüchternen, daß er eben wohl wegen weislichen Hintenstehens die furchtbare Größe der Gefahr nicht habe ermessen können u. s. w.

Ja, es ist wirklich eine merkwürdige Krankheit gewesen, welche der Feldzug als etwas wenigstens in dieser Heftigkeit und epidemischen Ausdehnung ganz eigenartiges erzeugte, eine seelische Anfechtung und Trübung, welche man wohl in leichtmütigerer Weise das „eiserne Kreuzweh" benannte, die jedoch unter Umständen auch ernster genommen zu werden verdiente. In der leichtesten Form habe ich sie, wie vielleicht der und jener Gleichgestellte auch selbst durchgemacht, als wir gegen Ende des Feldzugs die allgemeine Kriegsmedaille nur in der Friedensform wie jeder irgendwie zu Haus ums Heer Verdiente erhielten. Und doch glaubten wir mehr als einmal das richtigste Pulver gerochen zu haben. Indessen wurden wir mit dieser Influenzierung durch die militärische Tageskrankheit rasch fertig. Bei anderen aber, wo es tiefer ging, habe ich sie in allen Stufen und Formen mit Teilnahme beobachtet und teilweise auch seelsorgerisch ernstlich zu behandeln gehabt. Ein anderes war natürlich der grundgebeugene Offizier, dem der launische Zufall übel mitgespielt und in dessen verwundete Gefühle man sich mit herzlichem Mitgefühl hineinverfetzen konnte; ein anderes derjenige, welcher etwa ohne höheren Sinn für die Sache und rücksichtslos gegen seine Mannschaft lediglich nur als militärischer Streber auf sein persönliches Emporkommen bedacht gewesen. Schlug es ihm dennoch fehl, sei es ganz oder wenigstens halb, so war er natürlich der zwiefach Betrogene, bei dem es unter Umständen zur hochgrabigsten und für seine Umgebung kaum mehr erträglichen Seelenverstimmung kommen konnte.

In den ersten Tagen der Okkupation, deren viele Muße das Uebel steigerte, kam einmal mein Unterarzt vom Verband= platz des 30. November geradewegs zu mir und bat mich dringend, sogleich zu seinem Oberfeldwebel zu kommen; denn der Mann wolle wegen eines nicht erhaltenen Ordens verrückt werden. Ich glaube, ich habe da die stolze Rüstkammer der alten Stoiker arg geplündert und hätte nicht gerade alles auf offener Straße sagen mögen, was ich in meiner seelsorgerischen Not dem tiefgebeugten Mann über die völlige Gleichgültigkeit eines solchen äußeren Anhangs an die innere Hauptsache, an das eigene gute Gewissen treuer Pflichterfüllung und das gleich= falls nicht fehlende Mitwissen der Kameraden zu Gemüt führte. Jedenfalls hatte ich in mehreren von da an wiederholten Be= suchen den gewünschten Erfolg, den wackeren Unteroffizier als Seelsorger und Seelenarzt in Einem zu beruhigen, wie ja diese beiden Berufe gerade im Feldzug manchmal bis zum Verkennen ineinander übergingen.

Schon vorher und bald nach Neujahr war mir übrigens diese Krankheit der Mühe wert erschienen, daß ich ihr unter Wahrung des nötigen Takts sogar auf der Kanzel entgegen= trat. Denn wenn auch selbstverständlich die Ehre des Soldaten dem Kerne nach schlechterdings keine andere und höhere ist, als diejenige eines jeden anständigen Menschen, so hat sie doch im Beruf des ersteren eine etwas andere Form. Sie trachtet wie schließlich alles militärische mehr zugleich nach Außen und ist insofern heikler und leichter verletzbar, also unter Umstän= den auch irreleitender, als die innerlicher geborgene des Bür= gers. Gegen diese eigenartig militärische Versuchung schien mir nun eben die früher erwähnte Versuchungsgeschichte Christi ein ganz vortrefflich verwendbarer Text. Sie erzählt uns, wie

gerade nach einem Höhepunkt, nämlich nach der Taufe Christi,
die Versuchung in der Wüste an ihn herantritt. Sie lehrt
in ihrem ersten Teil, wie ein ernster Beruf auch mancherlei
Entbehrungen und Aufopferungen zu ertragen weiß; denn der
Mensch lebt nicht vom Brot allein, sondern von einem jeglichen
Wort, das aus dem Munde Gottes geht. Und das ist in
unserem Fall der Befehl der Obrigkeit und der Auftrag der
Heimat, treu und unverdrossen ob auch in kümmerlicher Lage
auszuharren. Die zweite Versuchung aber sucht den Ehrgeiz
zu reizen, nachdem der Angriff auf den sinnlichen Menschen
abgeschlagen ist. Sie gilt der Wahl zwischen der unschein-
bareren und mühsameren Treue ob auch vielleicht im stillen,
und einem einmaligen glänzenden, der Eitelkeit schmeichelnden,
Ehre und Anerkennung zwingend erobernden Schaustück. Aber
ein anderes ist der Dienst, welcher sich redlich und ernstlich am
göttlich zugewiesenen Platz vollzieht, ein anderes derjenige, welcher zur eigenmächtig erwählten That greift und sich dabei mit
schön klingenden Gründen selbst täuscht, gleichwie der Versucher
im Text den Bibelspruch verdreht. — Die dritte Versuchung
endlich mochte noch zu einem kurzen Ausblick auf die sittlich-
religiöse Friedensaufgabe des deutschen Reichs statt kriegerischer
Welteroberungs- oder schachernder Weltausnützungspläne dienen.
Ob mich die verschiedenen Kreise und Stufen, welche ich im
Hauptteil meiner Rede der Reihe nach vornehmlich meinte, so
recht verstanden und das Gehörte beherzigt haben, weiß ich
freilich nicht; aber ich hatte so deutlich als zulässig wenigstens
das meine nach oben wie nach unten gethan.

Außer diesem besonderen, aber allerdings sehr beachtens-
werten Gegenstand der Seelsorge bei den leiblich Gesunden bot
in den langen Wochen vor und nach Neujahr besonders auch
das schon mehrfach erwähnte Sammelspital in dem nahen
Noisiel reiche Gelegenheit zur Arbeit. Uebrigens hatte ich schon
von La Queue aus im Vorwinter einen fast regelmäßigen
und sehr dankbaren Regimentsspitalbienst zu Pontault mit seinen
vielen Typhuskranken gehabt, so daß ich damals in die größeren
und entfernteren Spitäler zu Meaux, wo unser eigentlicher
Brigadegeneral monatelang krank lag, ebenso zu Lagny, Ran-
tilly und Noisiel nur vereinzelt gekommen war. Jetzt wurde

es wenigstens mit dem letzteren anders und ihm jede Woche mehreremal ein Besuch gewidmet, da es außer den Verwundeten aus allen Truppenteilen auch unsere eigenen laufenden Kranken beherbergte, denen der Besuch ihres vorher gewohnten Feldgeistlichen willkommen war.

Denn ich mochte zwar mit meinen sämtlichen Amtsgenossen der schroffen Berufsteilung durchaus nicht huldigen, in welcher wir einmal von einem nichtwürttembergischen Feldgeistlichen sagen hörten: „Ich bin nicht Diakon, das Spital geht mich nichts an." Vielmehr hielten wir es immer auf dem ganzen Feldzug für selbstverständlich, letztere Orte, mochten sie beherbergen, wen sie wollten, unfehlbar zu besuchen, so lange sie keinen Diakon hatten; und auch wenn ein solcher da war, statteten wir ihnen wenigstens je und je einen Besuch ab. Aber d i e Erfahrung machte ich allerdings ganz bestimmt, daß für größere Spitäler ein festansässiger Diakon von derselben theologischen Bildung wie wir unerläßlich war, sollten die Kranken und Verwundeten aus den verschiedensten Regimentern und Gegenden in wirklich fruchtbringender Weise geistlich versorgt sein. Das konnte der Feldgeistliche mit seiner Hauptarbeit an den gesunden und vielfach die Stelle wechselnden Truppen unmöglich mitleisten, oder wurde sein Besuch bei halbwegs größerer Zahl der Kranken höchstens ein rasches und beinahe geschäftsmäßiges Abmachen, welches den Namen einer Seelsorge oder Pastoration überhaupt nicht mehr so recht verdiente. Ganz besonders galt das für den protestantischen Dienst, während der katholische mit seinen festeren, vielfach geradezu sakramentellen Formen und der zum Voraus gegebenen Amtswürde des Priesters unter Bekannten wie unter Fremden eine unverhältnismäßig leichtere Arbeit hatte.

Nachdem mir daher manche frühere Besuche mit ihren paar Stunden an verfügbarer Zeit für 5—600 Kranke meist sehr unbefriedigend gewesen waren, beschränkte ich mich, namentlich seit Lagny und Noisiel ihren eigenen Diakon hatten, allmählich darauf, daß ich unter der Menge der Kranken nur meine eigenen Brigadeangehörigen aufsuchte, die mit der Zeit sämtlich zu einer Art von persönlichen Bekannten geworden waren. Sie ließen sich etwa an den Uniformstücken neben dem

Bett leicht erkennen und ich durfte z. B. nur nach dem schwefel= oder orangegelben Vorstoß am Kragen meiner zwei Infanterie= regimenter sehen, oder ließ ich mir von den Unterärzten die Liste geben, in welcher das nötige bequem zu finden war. Mit letzteren wertvollen Bediensteten stellte ich mich überhaupt immer sehr gut und hatte manches gefällige Entgegenkommen bei meinem Amte zu genießen als Lohn dafür, daß ich sie, übrigens vor allem um ihrer selber willen geflissentlich höflich und aner= kennend behandelte. Denn sonst gehörten sie ja gleichfalls unter die nicht geringe Zahl derer, welche eine mißliche Mittelstellung zwischen dem gemeinen Mann und dem Offizier oder höheren Militärbeamten einnahmen und deshalb nicht immer ihrem besseren Bildungsgrad entsprechend behandelt wurden.

Waren die eigenen Brigadeangehörigen glücklich erkundet, so gereichte denselben dann allerdings zur unverkennbaren Freude, ihren ursprünglichen Pfarrer wieder zu sehen, welcher gute und böse Tage von Anfang an mit ihnen geteilt. Und manches sehr vertrauliche Anliegen etwa wegen dieser und jener zu Haus entsponnenen Schwierigkeit, manche Bitte um guten Rat und Auskunft wurde an ihn wohl lieber gerichtet, als an den in alleweg doch noch fremderen Spitaldiakon. Auch als Ver= mittler der Grüße zwischen denen auf dem Krankenbett und den abwesenden gesunden Kameraden mochte ich gerne dienen und letzteren den Auftrag ausrichten, daß sie in Ermanglung der häuslichen Angehörigen am Sonntag oder sonst einem freien Tag auch einmal nach den gelangweilten Genossen im Spital sehen möchten.

Um die Weihnachtszeit befand sich unter den Verwun= deten in Noisiel auch der liebenswürdige Reitergeneral, welcher längere Zeit die Brigade stellvertretend kommandiert hatte. Er war am 21. Dezember „schieferig" geworden, wie er mit seinem unverwüstlichen Humor in Reitersprache auf mein Er= kunden bemerkte, indem ihm von einer einschlagenden Granate zu Noisy eine schwere Schieferplatte vom Dach auf den Kopf gefallen war. Bei diesem frischen alten Herrn im Schlößchen zu Noisiel war es ein wahrer Genuß, halb Kranken= halb Privatbesuch zu machen und z. B. am Vorabend von Weihnachten zu sehen, wie er mit seiner Familie rührend und gerührt das Bäumchen schmückte. Denn auch sein Sohn lag krank im selbigen Zimmer, die Tochter aber war als Diakonissin eben eingetroffen.

Auch sonst lernte ich in Noisiel einige vortreffliche freiwillige Diakonissinnen kennen, von welchen die Angehörigen vornehmer Adelsfamilien unseres Landes sich ebenso aufopfernd, als sicher und gewandt in der immerhin schwierigen Lage zu bewegen wußten. Weniger leicht schien letzteres bei ganz demselben Eifer und guten Willen manchen bürgerlichen zu werden, welche zudem nicht an Vätern oder Brüdern und sonstigen Verwandten im Offizierskorps einen Rückhalt besaßen. Einzelne wurden von den ungewohnten Anstrengungen selbst krank, und so war es um Weihnachten beinahe tragisch, wie ich außer den Soldaten den gleichfalls darniederliegenden Diakon und begleitet von der rührigsten, allezeit gesunden unter jenen abligen Damen sogar einige der Diakonissinnen in der Krankheit zu besuchen hatte. Denn ihre Brüder oder Verlobten zu Haus waren meine Freunde und hatten mich teilweise ängstlich besorgt um Nachrichtgebung ersucht.

Dabei fiel mir immer zugleich das böse Schicksal jener freiwilligen Studentendiakone gar schwer auf die Seele, zu deren begeistertem Auszug aus Tübingen ich selbst noch vor Ausbruch des Kriegs mit den Anstoß gegeben und die ich zweimal während des Feldzugs zu Vaucouleurs und dann im Biwak am Morgen vor Sedan zu unserer größten gegenseitigen Freude flüchtig hatte begrüßen können. Es ist ihnen gleich darauf ungebührlich schlecht ergangen. Mangelhaft ausgerüstet wie sie waren mit Ausnahme des reinsten und edelsten Willens, und noch mangelhafter versorgt von widerwilligen oder falschvornehmen Behörden, welche vor dem Bedarf nur Schlachtenbummler und Lustreisende in ihnen sehen zu sollen glaubten, waren sie den Ueberanstrengungen der Krankenpflege nach Sedan nicht gewachsen und wurden großenteils selbst vom Typhus ergriffen, dem einer meiner Bundesbrüder darunter bald nachher zum Opfer fiel. Denn gerade unseren engeren Kreis traf es in seltsamer Tücke des Schicksals mit Vorliebe überall, wir mochten stehen wo, und dienen wie wir wollten. Mit jener freiwilligen Diakonie nun hatten wir es insgesamt redlich gemeint; aber diese und manche eigenen Erfahrungen haben es mir unzweifelhaft gemacht, daß man allerdings sehr richtig daran thut, in Zukunft all derartiges einer festen, sichernden und gesicherten Eingliederung in den Heeresverband selbst zu unterwerfen, um nicht die schönsten und achtungswürdigsten Kräfte nutzlos zu vergeuden.

Neben diesem mannigfachen Dienst bei den Kranken war endlich die Privat- und Hausthätigkeit bei den Gesunden in denselben Wochen eine ganz besonders lebhafte und durch die Verhältnisse gebotene. Man traf sich ja nicht mehr auf dem Marsch oder im Biwak, ebenso immer seltener auf dem Alarm- platz. So mußten reichliche Besuche, die man machte oder empfing, als Ersatz dienen.

Dabei kam ich allerdings in Offizierskreise minder häufig und hielt es gleich meinem Kollegen für rätlich, ihre zahlreichen und freundlich entgegenkommenden Einladungen immer nur mit Maß anzunehmen. Denn wir blieben auf einige bescheidene Entfernung namentlich für die Dauer gewiß weit bessere Freunde zusammen, als wenn der Pfarrer in geselliger Hinsicht gar zu sehr ihren Kameraden hätte spielen und meinen wollen, er müsse mit seinem schwarzen Rock die buntfarbige Tafelrunde immer behelligen.

Offen gestanden war ich zugleich persönlich viel zu stolz, um auch nur entfernt den Schein des Schmarotzers und vol- lends des geistlichen in der Weise mittelalterlicher Burgpfaffen auf mich kommen lassen zu wollen. Dies um so weniger, je bekannter und berüchtigter allmählich in der ganzen Brigade die Verpflegung und das völlig sinnlose Spartanertum in unserem Sanitätskreis war, Uebelstände, denen ich durch die Ungunst der Verhältnisse nicht abzuhelfen vermochte. Gegen manches kämpfen selbst Götter vergeblich, wie viel mehr ein Pfarrer, den überdem die Rücksicht auf sein Amt beim Auftreten um gemeine Speise und Trank beengen mußte. Aber unter solchen Umständen mochte ich doppelt nicht von einer Gastfreundschaft zu reichlichen Gebrauch machen, die mir vielleicht unter anderem eben aus freundlichem Mitleid angeboten wurde. Daher ver- mied ich auch, wenn es mit Takt thunlich war, der üblichen Einladung nach einer auswärtigen Dienstleistung zu folgen oder doch länger als nötig zu verweilen. Und am wenigsten war

mir bies nach dem Sinn in den Spitälern, wo es am bequemsten zu haben gewesen wäre. Aber ich weiß nicht, ob ich
mich hier durch den Gegensatz irrte oder richtig fühlte: Im allgemeinen erschien mir der Ton unter dem Personal derselben
für die ernste Lage etwas zu leicht, als daß ich mich hätte an-
gezogen fühlen können. Daher beeilte ich mich meistens, daß
ich nach dem Besuch bei den Kranken und dem amtsgenössischen
Diakon fortkam und mich dem Anbringen der anderen zu einem
heiteren Zusammensitzen entzog.

Diesem Maßhalten in der Annahme von Offizierseinla-
dungen dankte ich es wohl auch, daß ich mir wenn auch mit
einem persönlichen Opfer das rückhaltslose Vertrauen der übrigen
Mannschaft allezeit ungetrübt bewahrte. Denn durch gar zu
vielen Offiziersumgang wäre man den Soldaten schließlich doch
mit Recht oder auch Unrecht als Partei erschienen, wovor das
geistliche Amt sich schlechterdings zu hüten hatte.

Im Gegenteil war mir sehr bald vollkommen klar, daß
gerade der gemeine Mann und etwa auch die niedrigeren Rangstufen unter dem Offizier den Geistlichen weitaus am meisten
brauchten. Diese Leute hatten es ja am schwersten, sie besaßen
vielfach außer ihren gesunden Gliedmaßen nicht viel weiter,
für sie gab es auch kaum die Aussicht auf große Ehren und
Beförderungen, wenn sie sich tüchtig hielten, was für die andern ohne Zweifel einen vieles erleichternden Hintergedanken
bildete. Und so mußte ich mir sagen, daß bei jenen eigentlich
die Pflichterfüllung die schwierigste und, wo sie mit Bewußtsein
geübt wurde, die sittlich reinste war. Darum drängte es mich,
ihrer vor allem in jeder Weise mich anzunehmen, zumal ja
in meiner 3ten Brigade ganz überwiegend ländliche Bevölkerung
stand und sehr wenige Städter oder Einjährige und Studenten
dienten. Daß mein vortrefflicher Amtsgenosse in der 1ten Brigade sich ohne sonstige Versäumnis eben auch diesen letzteren
in hervorragender und rühmend anerkannter Weise widmete,
also daß ich ihn ein paar mal wie einen Patriarchen unter
meinen persönlichen Freunden sitzend traf, war ohne allen Zweifel
nach Lage der Umstände völlig richtig. Mir war ein etwas
anderer Weg gewiesen, und nichts hat mich so gefreut, als
daß der kerngesunde Volksinstinkt das warme Herz ganz richtig

herausfühlte, welches ich meinen Weingärtnern und Bauern allerdings voll entgegenbrachte. Denn im Urlaub erzählte mir der Feldprobst selber mit Lachen, wie ein Verwundeter im Stuttgarter Spital auf seine gelegentliche Nachfrage nach uns Feldgeistlichen u. a. gesagt habe: „Der von der 3ten Brigade steckt immer bei den gemeinen Soldaten." Letzteres war nun vielfach nicht einmal ein Opfer. Wer nur von Haus aus Sinn und Ohr dafür hatte, konnte sich des körnigen Mutterwitzes oftmals freuen, der aus dem harmlosen Geplauder dieser Leute hervorblitzte, wenn ich z. B. mit einem näheren Bekannten mich noch auf ein Stündchen bei seiner Korporalschaft nach dem Nachtessen in ihrem rauchigen, aber badwarmen Quartierzimmer einfand. Ungehörige Rohheiten habe ich da nie zu bemerken gehabt; dazu war diesen biederen Schwarzwäldern ihr freundlichst begrüßter und hie und da sogar kunstlos bewirteter Pfarrer zu lieb. Im Unterschied von diesen grundschwäbischen Landsleuten erinnere ich mich als einer gewissen Merkwürdigkeit auch zweier richtigen Italiener, die wir im 1ten Jägerbataillon hatten. Dieselben, von denen der eine ein offenbar wohlhabender Kaufmann aus Arona war, hatten aus Franzosenhaß wegen Mentana freiwillig Dienste bei uns genommen; und so unterhielt ich mich manchmal mit ihnen, den ächten Südländern voll mimischen Talents, die zwar nur gebrochen deutsch, dagegen sehr gut französisch sprachen und mir dadurch zugleich willkommene Gelegenheit zur Fortbildung im sonst ringsum verstummten Französischen gaben.

Auch die im Feld leicht zu kurz kommenden Mittelstufen zwischen dem ganz gewöhnlichen Soldaten und dem Offizier erschienen mir immer als einer besonderen Berücksichtigung bedürftig und wert. Hieher gehörten nicht nur die ausmarschierten Lehrgehilfen, die Unterärzte und Postunterbeamten, sondern auch die Musiker, deren edle Kunst vielfach mehr geschätzt wurde, als ihre nichtstreitbaren Vertreter selbst. Zu Champs besonders litten dieselben jämmerlich an Langeweile, da sie vernünftiger Weise den ordnungsmäßigen viertägigen Abmarsch auf Vorposten nicht mitzumachen hatten. So lagen sie wochenlang ruhig und unbeschäftigt, wenn sie nicht, was in jener Zeit selten genug geschah, einen Gesellschaftsabend der Offiziere zu verschönern und z. B. in die Verstimmung der Ordensabende einige versöhnende Harmonie zu bringen hatten. Deshalb waren die sehr ordentlichen Leute recht froh, wenn man sich ihnen stärker als sonst widmete und sie öfters in ihrem Musenquartier gegen Gournay zu besuchte. Dafür übten mir aber auch die Kapellmeister, obwohl sie alle drei katholisch waren, insbesondre der treffliche Stabshornist der Jäger alles ein, was ich von unseren protestantischen Chorälen nur wünschte; sogar das Uhland'sche „das ist der Tag des Herrn" nahmen sie für eine mehr weltlich feierliche Gelegenheit gerne in ihren Vorrat auf und fragten gleich den besten Organisten des Friedens vor den Gottesdiensten an, was gespielt und gesungen werden solle.

Als Erwiderung für die vielen und mannigfachen Besuche, die ich selbst machte, empfing ich aber auch welche in steigender Zahl und konnte sie in meinem recht ordentlichen Quartier gut aufnehmen, da ein Glas Wein im Ort stets zu haben war und dazu die heimischen Zigarren nie ausgingen. Besonders am Sonntag Nachmittag war es sehr nett, wie mich verschiedene unserer heimischen „Stundenleute" in ihrer von zu Haus gewohnten Weise mit ihrem Kommen auf ein paar Stündchen erfreuten. Ich hätte manchmal nur wünschen mögen, daß einzelne theologische Heißsporne zu Haus bei uns herein gesehen hätten, wie gemütlich und herzlich in gegenseitiger unbefangenen Offenheit wir zusammen saßen und allerlei Geistliches oder Weltliches mit einander besprachen. Dabei haben wir wohl beiderseits manches von einander gelernt. Ohne jene thörichtstößige Taktlosigkeit, welche mit dem Unkraut den guten Weizen ausjätet, konnte z. B. ich die im Feld so überaus naheliegende Ueberspannung der religiösen Stimmung zu gesünderer Nüchternheit und lebenswahrer Natürlichkeit abdämpfen. Denn die erregte Fantasie war ja in dem grellen Wechsel dieser Lagen bei dem uns Menschenkindern unbegreiflichen Fallen des blutigen Würfelspiels auch für den einzelnen gar zu leicht geneigt, mehr als nötig wunderbares zu sehen. Und gar leicht artete der gediegene Gedanke einer weisen göttlichen Vorsehung zu anspruchsvollem Aberglauben aus, welcher in dem angeborenen Hochmut des menschlichen Herzens sich für den Zielpunkt alles

Geschehens und so auch jeder heransausenden Granate hielt. Dem gegenüber war es gewiß nur rein und unanfechtbar religiös, wenn ich, wie in mancher öffentlichen Rede, so nun auch im Einzelgespräche meinen lieben Gästen besonders die dritte Bitte des Vaterunsers mit Luthers herrlicher Auslegung öfters ans Herz legte. Hier konnte man die gläubig vertrauende Ergebung auch in den unburchschauten Willen Gottes für den Fall des Getroffenwerdens lernen, für das glückliche Bewahrtbleiben aber als das ächt Christliche und wahrhaft Fromme eine Dankbarkeit sich merken, welche des eiteleingebildeten Deutens sich bescheidet.

Von ihnen, welche dafür selber zu gediegen waren, hörte ich bei solchen Gelegenheiten manches anderweitige aus dem dunklen Kapitel des Aberglaubens, der ja im Felde ähnlich wie auf der Jagd oder bei der Fahrt auf des Meeres trügerischer Woge am liebsten seine sonderbaren Blüten treibt. Ich erfuhr, wie vor den Gefechten der und jener die guten Freunde müßiger Stunden, die Spielkarten, erbarmungslos zum Tornister hinauswarf, als stünden sie an und für sich schon mit dem Teufel und also auch mit den Kugeln in verderbendrohendem Bunde. Umgekehrt sagte ich mir dabei im stillen, daß von dem sehr lebhaften Begehr nach Neuen Testamenten oder Soldatengebetbüchlein die unbestechlich nüchterne Wahrheitsliebe auch des Geistlichen keinen zu kleinen Prozentsatz auf dieselbe Rechnung eines mehr oder weniger miteinfließenden Aberglaubens werde setzen müssen, statt alles in eitler Selbsttäuschung lediglich nur dem eigenen Amte und seiner aus völlig reinen Gründen stammenden Geschätztheit zuzuschreiben. Aber wer kann und will da strenge sondern? Wer sieht den Menschen sicher ins Herz und weiß, warum sie eigentlich nach dem und jenem, z. B. auch nach einer Abendmahlsfeier verlangen? Nur zu einem gesunden Maßhalten in diesen Beziehungen schienen mir allerdings, von anderem ganz abgesehen, auch derlei berechtigte Hintergedanken aufzufordern; denn es handelte sich ja doch wohl in erster Linie um die Sache und weit weniger um die nach außen eindrucksvolle Geltendmachung des persönlichen Amts.

Einmal bekam ich auch einen weltlichen Kugelschuß zu

Gesicht in Form eines sogenannten „Briefs" mit allerlei Unsinn und Wahnwitz, bemalt mit Kreuzen und mystischen Zeichen.
Vor dem Geistlichen suchte man derartiges natürlich thunlichst
geheim zu halten, aber gehört habe ich öfters davon und glaube
wirklich, daß keineswegs bloß bei Katholiken manche solche Un-
dinge in den Tornistern oder Brusttaschen steckten. Bei einem
der tapfersten Offiziere der Brigade, welcher sein Bataillon
mit Vorliebe und größter Kaltblütigkeit ins Feuer führte,
ließen es sich die Leute durchaus nicht ausreden, daß er eben
einen „Brief" habe; denn da stehe er vor der Linie, weithin
sichtbar mit seinem Offiziersabzeichen, rechts und links fallen
die Mannschaften, aber ihn treffe nichts. Es war derselbe,
der mit mir nach der Beschießung von Chennevières in jener
nüchternen Wahrhaftigkeit des wirklich Tapferen so vernünftig
sprach. Dafür erzählte ich ihm später einmal lachend wie zu
seiner eigenen nicht geringeren Erheiterung von dem schwarzen
Verdacht, der auf ihm ruhe.

Nach einer etwas anderen Richtung hinaus habe ich aber
auch meinerseits von dem Umgang mit meinen grundbraven
pietistischen Besuchern gelernt. Ihre ernste Welt- und Lebensanschauung, welche bekanntlich zu einer gewissen quäkerischen
Weltflüchtigkeit neigt, half mir vollends die eigenen Erfahrungen endgültig klären. Denn wie ich öfters, z. B. bei Wörth
und Sedan durchblicken ließ, war es ja für einen jungen, heiß
und voll mit seinem Volk und Heer fühlenden Mann von gut
protestantischem Lebensgefühl als Feldgeistlichen nicht immer
leicht, die richtige Mitte zu finden. Ihm drohte als Kriegs-
genossen nur zu sehr die Gefahr, daß er unversehens im Eifer
des Augenblicks dennoch zu tief in den weltlichen Ton hinein-
geriet. Aber da regte sich auf der anderen Seite der Geistliche und zumal der vernünftig freidenkende Protestant und
sagt: Halt! Was hat denn irgend ein Chauvinismus mit dem
Christentum zu thun, oder wo gibt es in letzterem etwa einen
deutschen Privatgott, wie das der alttestamentliche Jehova
eben doch ab und zu in den Augen vieler unter seinem Volk
gewesen war?

Als ich mit meinem Kaplan nach Neujahr dem Divisionsgeneral in Malnoue die Glückwünsche abstattete, meinte er in

seiner uns stets wohlgewogenen Weise, wir Geistlichen sollen
jetzt eben nur recht beten um den Fall von Paris. Natürlich
machte ich darauf meine höfliche Verbeugung, konnte aber
wirklich nicht umhin, im Herzen mir zu sagen, daß es jedenfalls in dieser Form gewiß nicht zulässig sei, um das Unglück eines andern Volks zu beten. Dafür schweiften meine
stillen Gedanken etwas ketzerisch zu dem Artilleriepark in unserem
Champs ab; denn unmittelbar schien mir der gewiß erwünschte Fall von Paris entschieden mehr Sache der endlich
angekommenen schweren deutschen Kanonen zu sein; ins unanfechtbar Geistliche gewendet aber war es unsere Aufgabe, um
die richtige Gesinnung des treuen Ausharrens unserer Belagerungstruppen und damit mittelbar um die Ueberwindung
des Feindes uns zu bemühen.

Kurzum, es galt zwischen Weltlichem und Geistlichem
den thunlichst besten Kompromiß zu schließen und weder zu
weit in jenes abzuirren, noch auch sich in eine geistliche Fremde
und überirdische Höhe zu verlieren, bei welcher die Religion
eben einfach aufhören würde, eine Lebensmacht zu sein. Wie
bei den verwandten sittlichen Skrupeln in Sachen der Eigen-
tums- oder sonstigen Schonung des feindlichen Volks und bei
dem verzwickten Begriff eines „humanen Kriegs" oder einer
schonungsvollen Schädigung überhaupt war es eben wieder
mein Schlußtrost, wenn trotz allem die schon im Ansatz un-
reine Rechnung nie ganz ohne Bruch aufgehen wollte, daß ich
mir als vernünftiger Theolog in Gottesnamen sagte: aus krum-
mem Holz, wie es der Krieg ist, läßt sich nun einmal nichts
völlig gerades schneiden. Oder wie ich meine Predigt zum
allgemeinchristlichen Weihnachtsfest begann: Religion und
Christentum im Feld gleichen einigermaßen jener Friedenstaube
Noahs, die, über den wilden Gewässern schwebend, suchen und
tasten mußte, wo sie ihren Fuß hinsetzen und das hoffnungs-
grüne Blatt ihrem wartenden Herrn holen konnte. —

Es war nun zwar noch nicht das Oelblatt des Friedens
mit Frankreich, wohl aber sein friedlich-kriegerischer und freudig-
stolzer Vorläufer, der Lorbeer des 18. Januar 1871, was
unseren öden Wochen vor dem blockierten Paris endlich gegen

ben Schluß so weltgeschichtlich reichen Erfaß für ihre bisherige
trübe Gehaltlosigkeit gab. Auch in unserem bescheidenen Champs
wurde dieser große Mittwoch der Kaiserkrönung im Prunkschloß
zu Versailles so festlich als es eben möglich war mitbegangen.
Diesmal ohne sonstige Gnade und Pardon hatten die Franzosen-
parke ihre schönsten Tännchen in Masse hergeben müssen, um
das winterliche Dorf in einen grünen Wald zu verwandeln,
daß man den greulichen Schmutz und die allmählich starke
Heruntergekommenheit des Orts kaum mehr bemerkte. Und
Fahnen hatte man sich in Eile verschafft, die der neuen Reichs-
farbe wenigstens annähernd nach besten Kräften zu gleichen
suchten. Auch die sonst so geschmacklosen Taschentücher mit
den aufgedruckten unglücklichen Bildnissen unserer großen Männer
wußte die Findigkeit der Soldaten in einer Weise zu verwenden, welche mindestens auf einige Entfernung ganz befriedigend war. O mon Dieu, Paris capot? meinten dabei wehklagend die wenigen noch anwesenden Franzosen. Ueber dem
Thorweg zu unserem Quartier wehte übrigens zu meiner großen
Befriedigung eine ungewöhnlich farbenrichtige kleine Fahne,
die ich mir schon in den letzten Tagen von Chennevières aus
glücklich aufgefundenem französischem Tuch zum voraus hatte
machen lassen, sobald die amtliche Feststellung der neuen Reichs-
flagge einigermaßen sicher stand. Dazu hatte unser Sanitäts-
unteroffizier, ein kleiner fixer Ulmer, ein wohlgemeintes Trans-
parent verfertigt, auf dem geschrieben stand: Deutschlands Ehre,
Deutschlands Macht! „Deutschlands Freiheit", welche er auch
noch hatte beisetzen wollen, ging auf den beschränkten Raum nicht
mehr gut hin, worüber ich ihn mit diesem ästhetischen Grund
tröstete. Aber zugleich dachte ich so im stillen bei mir, daß
es eigentlich ein Wunder wäre und mehr als man verlangen
könne, wenn nach einem so unerhört glänzenden siegreichen
Krieg des Heers zur glücklich erkämpften Einheit nun gerade
auch noch sogleich die Blütezeit der Freiheit, d. h. eines feuda-
lismusfreien und obenan stehenden guten Bürgertums käme.
Die Geschichte hat ja mehr noch als das Militär ihre Etappen;
und wer auf einen Schlag alles will und restlos von ihr
verlangt, ist ein Thor, welcher eben Geschichte und Welt nicht
kennt und daher seine Forderungen in kindischer Ungeduld stellt.

15*

oder aber mit ungeberbigem Ansturm das Gegenteil des Gewünschten erreicht.

Da man uns Geistlichen amtlich von der Kaiserfeier am
eigentlichen Tag nichts zu wissen gethan und eine kirchliche
Begehung offenbar gar nicht beabsichtigt hatte, so veranstalteten
wir die letztere von uns aus für den darauf folgenden Sonntag, den 22. Januar. Nun hatte ich schon in der Ruhezeit
zu La Queue Ende Oktober 1870 bei einer umfassenden Zusammenstellung brauchbarer Feldtexte den 21. Psalm mit dem
Anfang „Herr, der König freuet sich in deiner Kraft“ u. s. w.
als wunderbar passendes Wort durch die Klammerbemerkung
„Kaiserkrönung“ ausgezeichnet, welche in der That jeder frisch
Denkende als sicher bevorstehend erkennen durfte, auch ohne
irgend Prophet sein zu wollen. Jetzt, da die Erwartung sich
erfüllt, nahm ich den Text natürlich mit Freuden auf und
hörte bald nachher mit Befriedigung, daß der Geistliche des
Großen Hauptquartiers in Versailles selbst über das gleiche Wort
gesprochen habe.

Ich meinerseits redete folgendermaßen, nachdem das Lied
„Lobe den Herren, den mächtigen König der Ehren“ gesungen
war: „Wie oft schon, meine lieben Freunde, durften wir
unsere Feldgottesdienste mit einem solchen Lob- und Danklied
beginnen, durften nach abermaligen glänzenden Erfolgen mit
dem Psalmisten sprechen: Singet dem Herrn ein neues Lied,
preiset wieder seinen großen Namen! Kein einziger erheblicher
Mißerfolg hat sich in die strahlende Siegesreihe eingeschlichen;
wenn wir mit Trauer versammelt waren, so war es nur, das
Gedächtnis unserer siegreich gefallenen Helden zu ehren. Und
ob auch nun durch solche ununterbrochene Siegeskette das Gefühl ein wenig abgestumpft wird, die freudige Bewegung ruhiger
sich äußert, so bliebe es dennoch schweres Unrecht und schnöder
Undank, wollten wir je nach einer neuen freudigen Erfahrung
gegen Den des Dankes vergessen, der ja auch nicht müde wird,
uns wohlzuthun, sein Antlitz gnädig über uns und unserem
Beginnen leuchten zu lassen. — So sei denn auch unser heu-
tiger sonnigschöner Sonntag ein frohes Siegesfest! Ich
meine nicht zuerst die beruhigenden, ja glänzenden Botschaften,
die aus der Ferne bei uns eintreffen und uns melden, daß der

verzweifelnde Feind sich vergeblich nach links, nach rechts wendet,
um unseren eisernen Wall von hinten zu durchbrechen. Ich
meine vor allem den viel größeren Sieg, den Deutschland in
diesen Tagen über sich selbst errungen. Mit seinem Heere
vordringend hat es die seither mächtigste Nation Europas
niedergeworfen und sich damit eine neue schöne Zukunft er=
rungen; mit seiner Stämme fast lückenloser Zahl und seinen
Fürsten hat es nach rückwärts seine eigene Vergangenheit
überwunden, hat sie für immer zertreten, die Schlange der
Zwietracht, welche verderblich zwischen den einzelnen Stämmen
und Staaten zischelte. Es hat in diesen Tagen die bleibende
feste Form gefunden, in welcher die freudige Begeisterung un=
seres Kriegs für späte Zeiten aufbewahrt werden und fernen
Geschlechtern noch zu gut kommen mag. Was seither nur noch
wie eine alte halbverklungene Sage unter uns lebte und uns
mehr schmerzlich als freudig bewegte, es ist wiedererstanden
und ins frische Leben eingeführt: das Deutsche Reich mit seinem
Kaiser. — Den Gedanken und Empfindungen, welche uns
dabei bewegen, haben wir Ausdruck gegeben durch die Worte
des Psalmisten, Worte, die da klingen, als stammten sie aus
unseren Tagen und sängen von unserer Zeit. Oft schon,
zumal in der Erregung der ersten Kriegswochen, waren es die
bewegten Töne der alttestamentlichen Psalmen, in denen wir
unsere eigene Stimmung wieder erkannten. . . . . . Damals,
noch ehe wir des Feindes Grenze überschritten, hörtet eben ihr,
meine hier versammelten Brüder (8. Regiment, 1. Jägerbataillon),
im untrüglichen Gefühl unserer guten Sache als Denkspruch
für den Feldzug die Worte des 37. Psalms von dem Recht,
das hervorbricht wie der Mittag, von dem Gottlosen, der
trotzig war und breitete sich aus und grünte wie ein Lorbeer;
da man vorüberging, da war er dahin; ich fragte nach ihm,
da ward er nirgend gefunden. — Heute ist es einer der freu=
digsten Königspsalmen, an dessen Hand wir hier im Gottes=
hause unsere Kaiserfeier halten. Welch eine Wendung durch
Gottes Hand! so mögen wir heute, da unser Kaiser seinen
Thron eingenommen, mit ebenso gutem Grunde sprechen als
damals nach Sedan, wo des Feindes Kaiser zu Boden ge=
worfen war. Ja, es sind himmlische Mächte und wunderbare

Gewalten, die das Rad der großen Zeit gelenkt und geleitet. Als einst der römische Herrscher Konstantin im Begriff stand, den letzten Schlag gegen seinen Gegner zu thun und damit als Alleinherr den römischen Kaiserthron zu besteigen, da soll ihm, erzählt die bekannte Sage, ein glänzendes Kreuz in den Wolken erschienen sein mit der Umschrift: In diesem Zeichen wirst du siegen! Ein Kreuzeszeichen, meine lieben Freunde, ist es, unter dem auch das deutsche Heer, wie vor einem halben Jahrhundert unsere Väter, seinen glänzenden Lauf bis hieher gemacht hat: das eiserne Kreuz mit seinen ernsten Farben, dem sinnenden Auge ein tiefbedeutsames Bild, das uns vorhält, welche Kräfte, welcher Sinn allein auf Erden so großes zu erreichen vermag und auch das neue deutsche Kaiserreich sieghaft gegründet hat. Das harte Eisen, einfach, ohne Glanz und Schimmer erinnert uns daran, wie unser geliebtes Vaterland gleichfalls seinem größeren Teile nach ein hartes Land ist, lange nicht so wie viele andere Länder begünstigt von den Gütern und Gaben der Natur, deren Schätze dem Halbmüßigen in den Schoß fallen. Ernste Arbeit im Schweiß des Angesichts gilt es bei uns meist, gilt es vor allem in den Gegenden des Stammes, dem nach dem göttlich geordneten Wechsel der Geschichte nun die Führerrolle in Deutschland zugefallen. Aber gerade auf solchem Boden, im Kampf mit einer widerstrebenden Natur entfaltet sich der Geist um so rüstiger und entwickelt seine ganze Thatkraft, da wachsen die echt deutschen Tugenden des Fleißes, der unermüdlichen Ausdauer und strengen Gewissenhaftigkeit, da erwachsen Männer, die wie Stahl und Eisen wider den Feind stehen, weil sie von Jugend auf den erhebenden Ernst der harten Pflicht kennen. — Meine Freunde! Ein glänzendes Beispiel dafür ist unser Kaiser selbst, der Heldengreis mit Jugendfrische, fest und stark in hohem Alter. Trefflich paßt auf ihn der 5. Vers unseres Psalms, wo es heißt: Er bittet dich um Leben, so gibst du ihm langes Leben immer und ewiglich. Das sei auch unsere Bitte und unser gemeinsamer Wunsch für ihn, daß er noch lange in solcher Kraft seine neue Würde tragen möge, nachdem ihn Gott der Herr wie selten einen Fürsten mit gutem Segen überschüttet und eine güldne Krone ihm aufs Haupt

gefetzt, große Ehre ihm durch feine Hilfe gegeben,
Lob und Schmuck auf ihn gelegt und ihn, famt feinen
uns von Gott zur rechten Zeit gefchenkten großen Ratgebern
und Helfern, zu einem Segen für das Ganze gemacht
hat. Ob fie auch einft von der Erde fcheiden, ihr Name wird
unauslöfchlich bleiben, fo lange es ein deutfches Gedächtnis,
eine deutfche Gefchichte gibt. Denn Schwert und Schild von
Eifen waren fie für das deutfche Volk, als ihm der Feind
Uebles zu thun gedachte und Anfchläge dawider machte,
die er nicht konnte ausführen. — Aber noch Eins, noch
ein Höheres mahnt uns das ernfte eiferne Kreuzeszeichen.
Es fpricht mit dem Pfalmiften: Herr, der König freuet fich
in deiner Kraft und ift fehr fröhlich über deiner Hilfe.
Er hofft auf dich und wird durch die Güte des Herrn feft-
bleiben. Denn die auf den Herrn trauen, kriegen neue Kraft,
daß fie auffahren wie die Adler und nicht matt werden. Erhebend war es ja immer, wenn die glänzenden Siegesbot-
fchaften mit demütiger Beugung unter die Hand des Herrn
der Heerfchaaren verkündet und vermeldet wurden, wenn auf den
Höhepunkten feines Siegeszugs der menfchliche König dem ewigen,
göttlichen die Ehre gab, vor dem ja auch Fürften nur find
Menfchen vom Weibe geboren und finken wieder in den Staub.
Diefer chriftlichdemütige fromme Sinn, wie er der Stimmung
des größten Teils von unferem Volke Ausdruck gab, hat auch
wieder aufs heilfamfte darauf zurückgewirkt, hat die Begeifte-
rung vertieft und fefter begründet. Bloß menfchliche Begeifte-
rung, bloß weltliche Aufregung verfliegt und hält bei langer
Kriegsdauer nicht Stand, ift zu anhaltenden, fortgehend großen
Opfern nicht fähig. Aber nach dem Vorgang unferes Kaifers
hat man's nicht bloß hier außen bei dem braven deutfchen
Heer, fondern auch zu Haus erkannt und tief gefühlt: diesmal
ift es, wenn je, Gottes Finger und ein erfchütternd göttlich
Walten, das durch die Lande geht, eine große Zeit der Heim-
fuchung, wo vieler Herzen Gedanken offenbar werden. — So
haben fich auch, das foll heute fürwahr nicht vergeffen werden,
unfere einheimifchen Fürften der gewaltigen Zeit würdig gezeigt gleich dem Heer und Kern des Volks, haben hochherzig
Verzicht gethan auf eine Stellung, wie fie aus den trübften

Zeiten unseres Vaterlandes, aus der berechnenden Hinterlist unseres größten Feindes entsprungen war. Danken wir auch ihnen das Opfer, das sie dem Ganzen gebracht, durch verdoppelte Treue und Anhänglichkeit. Es kann ja hier nicht heißen, wie die Heuchelei schon sprach: niemand kann zweien Herren dienen! Sondern wenn das neue Oberhaupt mit gewohnter starker Hand fortan die Grenzen schirmt gegen jeden äußeren Feind, wenn die angestammten einzelnen Fürsten in wahrhaft landesväterlicher Fürsorge, wie wir sie ja schon lange kennen und fühlen dürfen, dem innern Wohl ihrer Lande vorstehen und durch weise Sorgfalt die bösen Geister der Unzufriedenheit, der Auflehnung gegen Gesetz, Brauch und Ordnung schon im Entstehen ferne zu halten wissen, so ist uns wahrlich eine schöne Zukunft beschieden und wir müssen besonders im vergleichenden Blick auf andere, zucht- und meisterlose, unglückliche Länder von ganzem aufrichtigen Herzen dem Gotte danken, von welchem a l l e Obrigkeit verordnet ist. — Meine lieben Freunde! Unser schwäbischer Stamm hat sich nach seiner eigentümlichen Art und Natur der beginnenden Neuordnung Deutschlands zuerst auffallend kühl und mißtrauisch gegenübergestellt. Nun aber, da die Gluthitze dieses Kriegs die Schlacken unseres echtdeutschen Sinnes geschmolzen und wir einmal freudig dem neuen deutschen Reiche beigetreten sind, so ist auch bei der furchtlosen Treue der Schwaben zu erwarten und gewiß zu hoffen, daß sie fortan, wie vorbildlich unser Heer hier vor Paris im ehernen Umschließungsgürtel, ein ehrenvolles Glied im schönen Ring der vereinigten deutschen Stämme sein werden. Haben doch gerade wir noch einen besonderen Grund zu freudigem Stolz: Das Heldengeschlecht, welches den neuen deutschen Kaiserthron besteigt, es ist, ob auch in die Ferne gezogen, u n s e r e r Heimat entstammt, das zweite ruhmreiche Kaisergeschlecht aus schwäbischem Blut. Die Hohenstaufen sind zu Grab gegangen; stolz aber, in schlanker Jugendfrische als ihr Erbe erhebt sich unter unseren Heimatbergen der Hohenzollern. So rufen wir denn heute mit freudiger Bewegung: **Gott segne, schirme, schütze unseren ersten Hohenzollernkaiser Wilhelm!**"

Als ich nach dieser freudig gehaltenen Rede mich in der

kleinen Seitenkapelle, welche als Sakriftei diente, eben umkleidete und den grauen Reitermantel umwarf, um nach Haus zurück-zukehren, ging es mir faft komisch seltsam. Der Oberst der Achter und zugleich dermalige Brigadekommandant trat nämlich mit raschem Schritt und in sichtlicher Erregung auf mich zu, also daß ich, bei meinen hierin so wortkargen Landsleuten der ausgesprochenen Anerkennung gar ungewohnt, einen Augenblick schon meinte, er wolle mir ob der faft ganz weltlichen und rückhaltslos deutscheinheitlichen Töne meiner nicht angekündigten Feftrede am Ende einen formellen Verweis zu Teil werden laffen. Jedoch zu meiner Freude war das gerade Gegenteil der Fall und drückte er mir vielmehr mit herzlichen Worten die lebhafte Befriedigung insbesondere des Offizierkorps aus. Demselben war unsere kirchliche Feier des großen Ereigniffes eben durch ihre einfache und anspruchslose Haltung ohne Voraus-ankündigung und weitere Zurüftung überraschend gekommen, hatte ihm aber dadurch einen um so wärmeren Widerhall abge-wonnen.

Deshalb erfuchte mich der Oberft in entgegenkommendfter Weise, obige Rede zum Andenken für die Brigade drucken zu laffen, wobei der gleichfalls herzutretende Kommandant des Jägerbataillons den Wunsch aussprach, daß ich die ihn be-sonders ansprechende Predigt zum Neujahrsfeft mitbeifügen möchte. Mir wollte es nach dem Druck jener zwei anderen Feldpredigten vor Paris und in Pontault doch etwas zu anspruchsvoll er-scheinen, jetzt schon wieder mitten im Feldzug mit einer solchen Veröffentlichung zu kommen. Doch mochte weiteres Sträuben gegen eine so freundliche und wohlgemeinte Aufforderung als gleichfalls verkehrte Ziererei erscheinen, so daß ich nachgab und die Sache beforgte. Wie dann die betreffenden zwei Feftpredigten als „auf Wunsch der Brigade veröffentlicht und ihr als Er-innerung an gemeinsam durchlebte große Tage gewidmet" im Februar 1871 erschienen, konnte ihre reichliche Verteilung an die Mannschaft mir allerdings zum tröftenden Erfage dafür dienen, daß ich um jene Zeit vorerft nicht mehr selbft und mündlich zu ihr zu reden vermochte. (Gelegentlich bemerke ich, daß jene meine Neujahrspredigt, sowie diejenige zu Weih-nachten 1870 auch aufgenommen sind in die „Predigt des deutschen Kriegs" Leipzig bei Teubner 1870/71, Heft 3. S. 73 und 83.)

Der jetzige Leser aber wird mir die Erwähnung dieses scheinbar gar zu eigenpersönlichen Erlebnisses vielleicht verzeihen, wenn ich mit einem kurzen Strich noch die Lage und Stimmung andeute, in welcher es mich als ein bischen Sonnenschein zur rechten Zeit traf. Am Tage zuvor hatte ich nämlich die allerdings kaum anders zu erwartende endgültige Nachricht erhalten, daß es mit meiner früher berichteten Aussicht auf die Dorpater philosophische Professur infolge meines zögernden und hinausschiebenden Zusagens vorbei sei. Ich hatte den Brief, dessen Inhalt ja in ein kurzes leichtbehältliches „Nein!" für mich zusammenging, dem Kaminfeuer übergeben, damit er wenigstens einen kriegswürdigen Tod finde, und der Asche stille zugesehen, bis sie verglommen war. Denn wann würde wieder, wenn vielleicht überhaupt noch einmal, sich mir eine so willkommene Aussicht eröffnen? Alsdann hatte ich mich weggewandt und das Studium der Kaiserfestrede für den folgenden Tag beendet, da ja durch Eintauchen in die hohe Freude des großen Ganzen Persönliches sich am leichtesten überwindet. Ich sollte freilich erst nach der Rückkehr in die engere Heimat so allmählich merken, wie wenig man mein treu gemeintes und ehrlich dargelegtes Ausharren auf meinem Feldposten zu würdigen verstehe. Vielmehr sah man, nachdem die erste Kriegsbegeisterung vorbei war, darin offenbar vielfach nur entweder naive Unklugheit oder gar ein unbescheidenes Zuhochstreben, dem eben ein Platz wie in Dorpat nicht gut genug gewesen sei. Hätte ich solche Erfahrungen schon im Herbst 1870 vorausgewußt, so will ich allerdings nicht verschwören, ob alsdann mein Idealismus, so tief er sonst wurzelte, Stand gehalten hätte. Allein „der bessere Mensch tritt in die Welt mit fröhlichem Vertrauen; er glaubt, was ihm die Seele schwellt, auch außer sich zu schauen." Mit diesen Worten meines großen Landsmanns Schiller will ich die peinliche Erinnerung an minder schöne Nachklänge des Feldzugs endgültig verabschieden, welche aber ohne Zweifel bei manchem Kriegsfreiwilligen in seinen Gesamterlebnissen ein verständnisvolles Echo finden!

Zum guten Glück war mir damals keine Zeit für derlei

trübe und doch nichts helfende Privatgedanken gelassen. Denn
die mit unserer Kaiserfeier angefangene Woche ging noch nicht
zu Ende, so drangen mehr und mehr Gerüchte herüber, daß es
in Paris endlich doch am Nachgeben sei und die Kapitulation
bevorstehe. Wohl waren wir durch das lange Warten zweifel-
süchtig geworden; aber als der 29. Januar anbrach, wurden
wir zum Sonntag Morgen mit der frohen Nachricht geweckt:
„Paris hat kapituliert; um 7 Uhr geht es ab auf die Forts."
Wie atmete da alles auf und schritt freudigen Muts zur Ab-
schlagung des siebenwöchigen Haushalts, bei dem es niemanden
recht wohl und heimisch geworden war, wie doch in manchen
früheren Quartieren. Sogar mein Pferd wieherte und machte
Sprünge vor Wonne, als es wieder einmal wie im Hermarsch
bei klingendem Spiel mit den Kolonnen marschieren durfte.
Hinter uns aber rückten alsbald die geflohenen und ausge-
wiesenen Franzosen ein und werden hoffentlich nicht beim Zu-
sammensuchen und Auseinanderlesen ihrer Möbel einander alsbald
unsonntäglich in die Haare geraten sein. — Durch Zufall oder
sinnige Anordnung vereinigte in Bälde unser Abmarsch die
ganze Division noch einmal auf dem Schlachtfeld des 30. November und 2. Dezember, bei Chennevières die 1te Brigade,
zu Villiers die 2te, in der Mitte die 3te Brigade gerade auf
dem erschrecklich schußfreien Blachfeld dieseits der Allee von
Coeuilly, wo damals der heftigste und verlustreichste Kampf
gewütet. Zahlreiche Gräber, geplatzte und ungeplatzte Granaten
in Menge auf dem durchfurchten Ackerboden, zerbrochene französische und deutsche Waffenreste versetzten aufs lebhafteste in
jene schweren Stunden unserer Kameraden hinein und ließen
den ganzen Ernst ihrer Lage nochmals nachfühlen. So war
es ein sinnend zurückblickender Sonntag Vormittag, wie wir
auf der blutgetränkten Stätte in leichtem Schneegestöber standen;
und wenn für eine förmliche Predigt trotz des Tags weder
Zeit noch Gelegenheit sich bot, so war sie auch an diesem Platz
entbehrlich. Denn derselbe predigte selbst viel eindringlicher,
als wir es gekonnt hätten, während die verschiedenen Militär-
musiken ernste und jubelnde Weisen erschallen ließen — ähnlich
wie einst am Morgen nach Wörth, und doch wieder ganz
anders!

Langsam und mit endlosen Halten wegen des Zusammen-
strömens der Abteilungen ging es dann vorwärts, vorbei an
den gefährlichsten Plätzen jener Tage, welche auch wir wenigstens aus der Erzählung der Kameraden nur zu gut kannten,
vorbei an den Bildern der Zerstörung, wo sich Häuser befanden,
vorüber an Barrikaden, Verhauen und ehemaligen französischen
Lagerfeuern, wo in die rauchgeschwärzte Wand dahinter wahr-
heitsgetreu gekritzelt stand: „Grande Bataille du 30. Nov., große
Schlacht vom 30. November." Ein stundenlanger Aufenthalt
noch hart vor unserem Bestimmungsort, auf dessen Wällen und
Schanzen wir inzwischen mit Genuß die weiße Fahne flattern
sahen, verschaffte uns gegen Abend das erste warme Essen des
Tags, eine echt kriegsmäßige Suppe von Erbswurst, welche
wir von den ihrer überdrüssig gewordenen Pommern eingetauscht
hatten und die uns wirklich gar nicht schlecht schmeckte. Endlich
ging es über die schlimm knarrende Brücke, welche unsere Pioniere
kurz zuvor notbürftig geflickt hatten, hinüber nach dem aus der
Entfernung uns schon so lange vorgestellten Joinville le Pont
und St. Maur, in welch' letzterem meine Abteilung nach langem
Irren spät am Abend sich häuslich niederließ. Für diese Nacht
war es noch so ziemlich Biwak, zwar im geschlossenen, aber
leeren Raum, und wirklich nichts weniger als pariserisches
Kapua. Aber was schadete das? Lagen wir doch endlich, endlich wenigstens auf Pariser Boden und diesseits der unhöflichen
Sperrkette seiner Forts. Da ruhte sich's auch auf hartem
Strohlager gut nach so langem Warten und Wachen!

VII.

Okkupationszeit im Frühling, Rückmarsch und Heimkehr im Sommer 1871.

Für uns wie für den größten Teil des deutschen Heers
war hiemit bekanntlich der eigentliche Feldzug zu
Ende. Daher könnte ich jetzt die Feder niederlegen
und mich vom freundlichen Leser verabschieden, welcher mir bis hieher gefolgt. Aber vielleicht lohnt es sich trotz-

dem, in kürzeren Zügen auch noch das Nachspiel zu schildern, das sich ja mit unerwartet langer Zeitdauer bis in den Sommer des Jahres 1871 fortgesponnen hat.

Und ohne Interesse ist es gewiß nicht, die Sache von dem ganz neuen, gewissermaßen umgedrehten Standort aus, den wir nunmehr einnahmen, zu betrachten und die Hauptzeit im jetzigen Widerschein mehr einem Schattenspiele gleich noch einmal am Auge vorüberziehen zu lassen.

So gingen wir in unserem Quartier St. Maur-Joinville, zwei zusammenhängenden hübschen Vorstädten von Paris hart an der Marne, natürlich alsbald gar eifrig den zahlreichen Kriegsspuren in friedlich unbehelligter Neugierde nach, welche teils von den Franzosen, teils von unseren eigenen schweren Batterien herrührten. Der schöne Parkgarten unseres Quartierschlößchens war als ehemaliges Hauptquartier der Mobilgarden mit deutschen Granatsplittern besät, welche der Soldatenwitz unserer Leute oder der Franzosen auch in das Füllhorn einer unversehrten Pomona im Garten gestopft hatte — eine bitter humoristische Ausstattung der gabenspendenden freundlichen Göttin! Schmerzlicher war es, im abseitsliegenden und übel zugerichteten Gärtnerhaus noch die Blutspuren eines Zivilisten auf der Treppe zu sehen, der beim friedlichen Holzspalten von einer Granate zerrissen worden war. Dies und vieles andere Interessante erzählte mir der Gärtner, wie ich mich oft und gerne mit ihm unterhielt. Der Mann war ein richtiger Imperialist und schneidiger Gegner des republikanischen Mobilgardenunfugs, welcher hier gespielt hatte.

Im benachbarten Joinville entdeckte ein müßig herumstreifender Jäger eine ganz bedeutende Vorratsstätte eben fertig gestellter französischer Granaten und prächtiger Kanonenrohre, welche der zähe und entschlossene Widerstand von Paris in einer Privatwerkstätte hatte herstellen lassen. Darüber aber, daß man sie deutscherseits dennoch sogleich mit Beschlag belegte, waren die Franzosen naiv genug, wieder einmal ihr altes Lied von der Schonung des Privateigentums anzustimmen!

Hier besonders, aber auch in St. Maur waren die Straßen zunächst mit vielen schön gearbeiteten Barrikaden gesperrt, da man sich scheint's auf einen Sturm gefaßt gemacht.

Wegen des Verdachts listig versteckter Granaten oder sonstiger
Zündmassen mußten die Franzosen selbst sie abräumen, uns
jedoch dienten sie und die allmählich aufgebrauchte Palli-
sabierung der Feldschanzen als willkommenes Heizungs- und
Feuerungsmaterial, welches fortan die wünschenswerte Schonung
der sauberen Städtchen und ihres Schreinwerks im Unterschied
von den Winterquartieren ermöglichte.

Mit größtem Interesse wallfahrtete aber alles vornehmlich nach den gefährlichen Nachbarn der vergangenen Monate,
nach der Feldschanze St. Maur, nach den Redouten Faisanderie
und Gravelle und den Forts Nogent oder Charenton. In
Erinnerung an die bekannte Unthat von Laon wurden eben
die Wälle nach etwaigen Minenfäden durchgegraben und die
Sandsäcke an den Schießscharten sowie das Geschütz für alle
Fälle auf die andere Seite gegen Paris umgedreht. In Charenton vertrieben sich die Bayern gemütlich die Zeit damit,
das entbehrliche Pulver in stattlichen „Feuerteufeln" aufzu-
brennen und die unverwendbaren Geschützrohre mit Dynamit
abzusprengen. Freilich erzählten mir beim Vorbeireiten diese
„schwäbischen" Bayern aus der Nördlinger Gegend drollig, wie
sie dabei letzthin „grand malheur" oder „Saupech" gehabt, weil
sie Sandsäckchen aufs Pulver gelegt, daß es besser „pflumpfe",
und nun beim Nachschütten nicht gewartet hatten, bis dieselben
ganz ausgeglostet. — In Nogent, das für unsere Division
einen besonders beliebten und vielbesuchten, daher nur gegen
Passierschein zugänglichen Wallfahrtsort bildete, war es höchst
merkwürdig, wie die preußischen Kanoniere von Noisy le Grand
die Kasernen und alles sichtbar aus dem Boden Ragende fast
wie eine zarte Straminarbeit behandelt und ihr Ziel förmlich
regelmäßig mit Granatschüssen punktiert hatten. Sie hatten
sich aber auch Zeit dazu genommen, wie ich bei einem Besuch
in ihrer Batterie während des Winters selbst mitangesehen,
und hatten damals z. B. die letzte Abendgranate mit einem
freundschaftlich trockenen „Jute Nacht, Nogent!" entsandt.

Auf der Redoute Faisanderie stand dagegen neben der
Schildwache und unter einer hoch im Wind flatternden
deutschen Fahne so eine riesige französische Schiffskanone
noch geladen, und wenn man hinüber visierte, so war sie

haarscharf auf unser altes Coeuilly gerichtet. Denn dies, wie überhaupt die altbekannten Orte des Herbsts und Winters über dem Marnebogen lagen wie auf einem Präsentierteller und als leicht erreichbares Ziel gegenüber — ein höchst eigentümliches Gefühl, wenn wir jetzt gar oft hinüberblickten. Und alles schien in der sonnenhellen Frühlingsluft so viel näher zu sein, als damals, wo wir in umgekehrter Richtung durch die herbstlichen und winterlichen Nebeldünste nach den drohenden, vom Feind besetzten Stellungen ausgeschaut hatten!

Sehr merkwürdig war auch die Wiederberührung mit der französischen Bevölkerung. Diejenige in unseren zwei besetzten Vorstädten sah sich freilich in eine eigentümlich mißliche Lage hinsichtlich der Verproviantierung versetzt. Vorher hatten sie mit Paris gelebt, soviel dort eben noch zu haben war. Jetzt dampfte zwar, wie ich einmal lang von der Höhe bei Gravelle aus mitansah, alle 5 Minuten ein schwer beladener Eisenbahnzug um den andern in die Riesenstadt, welche bekanntlich ohne deutsche Vorsorge in wenig bedachtem Trotz es bis nahe ans Verhungern getrieben hatte. Aber von diesen Vorräten waren die Vorstadtpariser in unserem abgesperrten Bezirk der Hauptsache nach ausgeschlossen und saßen so gewissermaßen zwischen zwei Stühlen. Daher sie nicht geringe Mühe hatten, sich ihren jetzigen Lebensunterhalt und zwar wesentlich auch bei und durch uns zu erstehen. So schrieb u. a. der würdige Curé von St. Maur einen wirklich schönen lateinischen Brief an meinen Kaplan mit der Bitte, ihm doch zu einigem weißen Brot zu verhelfen, da er in seinem Alter unser schwarzes nicht ertragen könne. Wir suchten ihm gerne behilflich zu sein, und ich bin dessen nachträglich doppelt froh, seit ich neuestens gelesen, wie eben dieser alte Herr gegen einen gefangenen Landsmann von uns in St. Maur sich durchaus dankenswert benommen habe. Sonst sah man nicht selten äußerst wohlgekleidete Herrn und Damen mit Brotlaiben oder sonstigem höchst prosaischem Stoff auf der Straße gehen. Insbesondere waren sie mit Gier z. B. vor der Mairie in Joinville darauf aus, bei unseren Regimentsschlachtern die für uns minder brauchbaren Abfälle teilweise zu schönen Preisen zu erstehen und mit notgeübter gallischer Kochkunst sicherlich noch recht ersprießliche Mahlzeiten daraus

zu bereiten. Auch mein wohlgenährter sechsjähriger Apfel=
schimmel stach ihnen an der Demarkationslinie gewaltig in die
Augen, so daß sie halb im Scherz, halb im Ernst mir vom
Ablaufen sprachen. Denn für „messieurs qui aiment à manger
cheval, für Herrn, die sich ans Pferdeessen gewöhnt haben,"
sei er gerne 1000 Fr. wert. Leider befand er sich wenige Tage
nachher sogar umsonst in hungrigen Franzosenmägen.

Besagte Demarkationslinie, bis zu welcher die Pariser
selbst heraus= und wir hineindurften, war übrigens eine hoch=
interessante, jahrmarktähnliche Geschichte, wo sich die bisherigen
Gegner auch einmal aus der nächsten Nähe beschauten und hin
und her ihre Bemerkungen über einander machten. Da drängte
sich auf der französischen Seite an den sonnigen frühlingswar=
men Mittagen eine gar buntgemischte Gesellschaft, Männer und
Weiber von jeglichem Schlag, bald ziemlich verlumpt, bald
zierlich geputzt, dazwischen halbwüchsige Bürschchen und richtige
gamins — im allgemeinen kein militärisch sehr eindruckmachender
Menschenschlag, wenn man sich diese flaumlosen Gesellen etwa
als Mobilgarden im Nahekampf mit einem unserer bärtigen
Landwehrleute oder einem stämmigen Bayern dachte. Von
letzteren hatte z. B. ein riesiger Feldwebel den Aufsichtsposten
beim Obelisken von Gravelle, und wie da die jugendlichen
Großstädter nach Brot oder namentlich Zigarren immer wieder
gar zu weit vordrängten, schlug er einem ein klein wenig hinter
die Ohren, daß derselbe nur so über die Grenzlinie hinüberflog.
„Jo wissens, Herr Pater," meinte der Sohn der Berge auf
meinen etwas erstaunt mißbilligenden Blick, „des Volk thuat's
halt nit anders."

Leider, wiewohl ja schließlich nicht unbegreiflich, erhielt
allerdings nicht jegliches Pariser Menschenkind einen so heil=
samen Wink, hübsch drüben zu bleiben; daher die Linie bald
den bedenklichen Namen der „Demoralisationslinie" führte.
Hievon auch abgesehen war sie schnell der Ort eines schwung=
haften Handels, den das überall zu Haus seiende Israel von
Paris aus mit ziemlich geläufig deutscher Zunge in Szene
setzte. Manchem Offizier ist da in wertvollen oder wertlosen,
jedenfalls aber sündteuren Andenken an Paris die reiche Tages=

zulage des Waffenstillstands rasch wieder durch die Finger und an ihren Herkunftsort zurückgeronnen.

Aber auch manche unerwartete Begegnungen gab es hier, wie wenn u. a. einer unserer Fouriere seine seit 12 Jahren nicht mehr gesehene Schwester aus Paris herauskommen ließ, oder mich selbst eine Schulkamerädin meiner Schwestern aus unserem fernen Heimatorte begrüßte. Dieselbe hatte mit ihrem französischen Mann die Erlaubnis zum Besuch ihrer Landsleute erhalten, und beide führte nun mit Stolz einer unserer Jäger, ebenfalls ein Schulkamerad, im deutschen Lager herum. Die erfreulichste Begegnung jedoch waren an der Grenzlinie unsere entlassenen Gefangenen vom 30. November und 2. Dezember. Mit hellem Jubel und manchem tröstend stärkenden Trunk sind sie von den Kameraden bei Boulangis, wie zuerst von den braven gutherzigen Bayern in Charenton begrüßt worden.

So bildete unser St. Maur-Joinville für alle und namentlich für diejenigen, bei welchen der Ernst des Feldzugs noch genügend nachklang, ein in freundlicher Erinnerung stehendes Quartier, welches in seiner Art wieder an die Herbsttage von Chennevières anknüpfte. Wir z. B. hatten hier das beste Quartier des Feldzugs in einem nicht verwüsteten Schlößchen, wo höchstens in vielen Zimmern von den nahen deutschen Granaten die Fenster gesprungen waren. Aber man hatte Platz zum Ausweichen bei unserem „Seifensieder", wie wir den übrigens abwesenden Besitzer, einen offenbar sehr reichen Parfümeriehändler von Paris, im Felde etwas rüb geworden benannten. Im Garten blühten bereits wieder die Veilchen und Krokus, ein liebliches und doch ernstbewegendes Zeitmaß, wie lange wir nun doch schon im blumenreichen Frankreich lagen. Auch das Wetter war prachtvoll. Daher wurden nach der langen öden Entbehrungszeit allgemein außer in die Nähe auch hochinteressante größere Ausflüge, wie ein Besuch von Versailles oder eine Rundfahrt um Paris von den Offizieren und Aerzten teils ausgeführt, teils geplant. Mir wurde es nicht so gut.

Der noch zu Champs bereits bestellte Gottesdienst am 29. Januar war durch den Abmarsch ersetzt worden; in den allerersten Tagen der Neueinrichtung ließ sich gleichfalls nichts machen; für den darauf folgenden Sonntag den 5. Februar fand wieder vergebliche Bestellung statt, weil an diesem Tag Parade vor dem Kronprinzen von Sachsen, unserem damaligen Oberkommandanten, gehalten wurde. Erst am 6. Februar war es mir möglich, das länger als lieb Versäumte in den beiden schönen Kirchen zu St. Maur und Joinville nachzuholen, und vortrefflich paßte dabei die heimische Perikope des ausgefallenen 29. Januar vom Sturm auf dem Meer Matth. 8, 23—27 mit ihrem zur Kapitulationsfeier so zeitgemäßen Wort: „Da ward es ganz stille".

Aber leider war dies zugleich meine letzte Predigt vor Paris. Ich hatte auch in dieser Zeit die frühere Bemühung um Lesestoff eifrig fortgesetzt, welcher trotz der viel anregenderen Lage dennoch für gar manche als Mittel gegen völligen Müssiggang in der gefahrlos gefährlichen Zeit nicht ohne Wert schien. So war ich am Spätnachmittag des 9. Februar mit schwerbepackten Satteltaschen in das Baracenlager von Vincennes zu dem dort liegenden 3. Regiment hinausgeritten, um selbst nachzusehen. weil sich für dasselbe bisher schlechterdings kein Platz zu einem Gottesdienst hatte finden lassen. Als ich abends bereits wieder die gepflasterten Ortsstraßen von St. Maur, zur Schonung des Pferds wie hier immer nur im Schritt durchritt, wurde dasselbe durch irgend etwas scheu oder verfiel nach der zu großen Ruhe in Champs auf seine alte Unart des „Stalldurchgehens"; kurz, es brach aus, kriegte die Stange zu fassen und raste den Kopf zwischen den Füßen in unaufhaltsamer Carrière den gleichfalls gepflasterten Bergweg zu unserem Quartier an der Marne hinab. Aber zehn Schritt vom Stall stand hier unabgegrenzt durch einen Graben und gerade in der Achse des Vorgartenwegs ein dicker Akazienbaum. An ihm schnellte sich das blind zustürmende Tier das Genick ab und war auf der Stelle tot, ich selbst wenigstens halb, da ich, den Sattel bis hieher fest behauptend, das Pferd im letzten Augenblick wenigstens noch von dem Baum linksherum reißen wollte und dementsprechend jetzt zur Seite statt auch an den Baum geschleudert wurde.

Am andern Morgen kamen die hungrigen Franzosen und baten meine Umgebung um das schöne Fleisch des Pferds, das ihnen ja auch gegönnt sein mochte. Die Ueberreste aber begrub der trauernde Bediente in einem ehrlichen deutschen Granatloch des Gartens. Und als einige Feldjäger vom Stab die wohl- meinende Aeußerung thaten: „O, hätten wir nur dem Luder damals gleich die Füße abgeschlagen, als es schon im ersten Biwak von Knielingen dreimal in einer Nacht mit dem Pflock durchging!", so mochte ich so etwas nicht hören und meinte in der altgermanischen Liebe zu diesen Tieren, daß man schließ- lich auch von einem toten Pferd nichts übles sagen sollte. Mir jedenfalls war das schöne Roß trotz seiner jugendlichen Unarten einer meiner liebsten Genossen im Feldzug und so treu anhänglich gewesen, wie nur ein wackerer Hund.

Ich für meine Person wurde zunächst in unserem guten und stillen Quartier von meinem Kaplan, der mir jetzt die Typhuspflege vom Dezember heimgab, sowie von unserem treff- lichen Sanitätszugsarzt und den Bedienten ganz wohl ver- pflegt. Am 23. Februar aber siedelte ich in das 6. Feldspital an der Grenze von St. Maur und Joinville über, weil eine bald zu erwartende Heimkehr ordnungsmäßig nur von einem solchen Ort aus möglich war. Auch hier hatte ich es ruhig und ordentlich in der Gesellschaft eines Artillerieleutnants meiner Brigade, den zuerst am 21. Dezember ein Granatstück auf die Brust getroffen und nachher der Typhus ergriffen hatte, so daß er kaum viel besser daran war, als ich. Eigen berührt hat es mich, wiederum neuestens in den Feldzugserinnerungen von Geyer zu lesen, daß ich im genannten Spital, einem sonstigen Mädchenpensionat, wohl im gleichen Zimmer unter deutscher Versorgung lag, wie dieser Landsmann als verwundet und gefangen während der Monate Dezember und Januar unter französischer Pflege.

Nach ein paar Tagen konnte ich das Bett schon wieder verlassen und die herrliche Frühlingsluft im Freien genießen, meist auf der nahen Feldschanze St. Maur, welche den schönsten Hinüberblick nach den früheren Herbst- und Winterquartieren von Noisy bis zum Mesly gewährte. Ich that es freilich jetzt mit düstern Gedanken und war im Rückblick nur froh an allem, was ich meinerseits bisher an den Verwundeten oder Kranken gethan, so daß ich mir keine Versäumnis vorzuwerfen hatte. Denn das sind ernste Stunden namentlich auch für den Geist-

16*

lichen, wenn sich so die Medaille dreht und er selbst zu erfahren hat, was er zuvor nur an anderen gesehen und getröstet.
Mahnung und Zuspruch geben ist ja viel leichter, als sie zu
empfangen, beziehungsweise sich selbst geben zu müssen.

Soweit ich konnte, suchte ich die alte Thätigkeit namentlich durch Schriftenverteilung fortzusetzen. Amtlich freilich war
ich alsbald durch einen entbehrlichen Diakon ersetzt worden.
Schmerzlich empfand ich es dabei besonders, daß mir der feierlich festliche Feldgottesdienst am Sonntag den 5. März auf
der Redoute Faisanderie zum Geburtsfest Sr. Majestät unseres
Königs nicht mehr möglich war. Ich hatte mich schon lange
darauf als auf den passendsten Abschluß unseres Dienstes vor
Paris gefreut, mußte aber jetzt aus der Ferne die Regimenter
mit klingendem Spiel dazu ausrücken hören. Ebenso sah ich
statt der glänzenden Kaiserparade bei Villiers am 7. März
nur mit anderen Wiedergenesenden bei der Mairie von Joinville den geliebten alten Herrn, wie er dort zum Frühstück
einen kurzen Halt machte.

Dagegen durfte ich mich in dieser Zeit vieler freundlich
teilnehmenden Nachfrage erfreuen, so vor allem auch des Besuchs unseres Königs, wie er um diese Zeit nach den Seinen
vor Paris landesväterlich schaute und dabei auch unser Spital
mit der hohen Generalität betrat. Von letzterer meinte mein
wiederhergestellter alter Reitergeneral wieder echt in seiner
biedern Weise: „Ich muß doch auch nach Ihnen sehen; Sie
waren immer so ordentlich bei mir in Roisiel." Der Divisionskommandant aber verwies mich mit freundlicher Beruhigung
und gutem Rat auf die schwere Kopfwunde, welche er selbst
vor Jahren bei Königgrätz erhalten und glücklich überstanden
habe. Nicht minder gedenke ich mit Dank als treuer Besuchenden
vieler andern Offiziere und besonders meines in der Nähe liegenden
jüngsten Amtsgenossen von der 2. Brigade, mit dem mich vor
allem seit diesen Tagen warme Freundschaft verbindet. Denn
in solchen Zeiten hat man ein sehr feines Gefühl und gutes
Gedächtnis für die Art, wie der Herzen Gedanken bei anderen
offenbar werden. Gegen einen wenigstens in den ersten Tagen
so gut wie Aufgegebenen fallen ja die Masken; und ich entsinne
mich auf der andern Seite auch mancher Rücksichtslosigkeiten,

um nicht zu sagen voreiliger Leichenreden und Nachrufe, die sich einige vor mir erlaubten, bis ich solchen durch eine Bemerkung von ungebrochen alter Schneide bewies, daß sie doch noch ein bischen warten könnten.

So ziemlich am getreuesten nach unverdorbener Art des Volks und am wohlthuendsten erwiesen sich aber meine einfachen Soldaten gegen ihren kranken Pfarrer, sei's im Quartier oder wenn sie mich auf der Straße gehen sahen. Ich erkannte daran, daß wir einander voll und ganz verstanden und angenommen hatten. Von ihnen erfuhr ich auch immer am meisten, was alles vorgehe und wie die Stimmung oder Verhältnisse sich gestalten. Da hieß es wohl mehr als eigentlich militärischpolitisch ganz richtig und wahrscheinlich unter den Preußen zu hören war: Heim, nur endlich heim! Die Frage des Einzugs nach Paris ließ unsere Leute verhältnismäßig recht kalt, während dieselbe in Offizierskreisen eine sehr begreifliche und gewiß berechtigte Rolle spielte. Daher war bei diesen die Verstimmung nicht klein, als auch unter uns schon die Truppenteile zum Einmarsch ausgewählt waren; aber plötzlich kam die Nachricht, es werde nichts und man habe sich wie schon lange mit dem Ansehen der Stadt von außen zufrieden zu geben, allerdings getröstet durch eine dafür gewährte sehr reichliche Tageszulage.

Seltsamerweise wäre gerade ich um ein Haar doch nach Paris hineingekommen, so wenig mich unter solchen Umständen nach ihm gelüstete. Ich war nämlich mit dem Bedienten des Kaplans und dem meinigen ausgefahren, um die besonders gerühmte Aussicht auf dem Fort Ivry mir anzusehen. Durch einen wie es scheint etwas angeheiterten preußischen Leutnant auf den falschen Weg gewiesen, sahen wir uns in dem Gewirre der Landhäuser und Vorstädte plötzlich auf 100 Schritt Entfernung vor der Pariser Stadtmauer und der rothosigen Schildwache daselbst. Kaum hatten wir langsam und unauffällig gekehrt, so trat ein höherer Nationalgardenoffizier, der uns ruhig hatte vorbeifahren lassen, an den Schlag des Gefährts heran und fragte mich in ernstem Ton, ob ich nicht wisse, daß er mich gefangenzunehmen das Recht habe; denn ich sei auf französischer Seite der Abgrenzung u. s. w. Da er glücklicher-

weise in der Entrüstung etwas von „Einschleichen nach Paris"
hatte fallen lassen, so konnte ich leicht parieren, indem ich
lachend bemerkte: „Mais monsieur, que voulez-vous, en voiture
comme ça, en plein jour; was wollen Sie doch, mein Herr,
im offenen Wagen, wie der da, und am hellen Tag!" So
viel gesunden Humor hatte der Franzmann nun selbst, daß er
über diese Art von „Einschleichen" mit zwei Bedienten in
Montur auf dem Bock und ich selbst im grauen Militärmantel
auch seinerseits lächeln mußte. So konnte ich ihm vollends
ohne Mühe den Sachverhalt meines Verirrens auseinandersetzen
und mit Mischung von Scherz und Ernst überzeugend darlegen,
daß ich als ein auf kräftige Kost angewiesener Wiedergenesender
gewiß kein Verlangen nach der etwas mangelhaft gewordenen
Pariser Verpflegung trage, daß er mich ja doch gleich wieder
ausliefern müßte und mir also statt alles weiteren lieber gütigst
den richtigen Weg zurück zu den unsrigen zeigen möge. Das
that er nun auch völlig ausgesöhnt; denn als schleichender
Attentäter gegen die heilige Stadt sah ich wahrhaftig nicht
gerade aus. Und ich muß es auch der alsbald um den Wagen
gescharten Pariser Volksmenge lassen, daß sie hierin hell und
anständig war und statt ein paar Steinen an den Kopf, die
ich nicht noch brauchen konnte, mit einigen gar nicht unfreund-
lichen Bemerkungen, wie „qu'il est malade, was ist er krank"
u. dgl., sich an der Verhandlung beteiligte. Ja, in einer guten
Elsässerin unter der Masse regte sich sogar das verwandte Blut,
daß sie in biederem Alemannisch mit Dolmetschen nachzuhelfen
versuchte, weil sie meinte, ich verstehe den Franzosen nicht.
Mit höflichem französischem Gruß, aber zur sichtlichen Befriedigung des sehr gemischten Publikums dankte ich ihr für die
freundliche Bemühung. Und so kann ich sogar hier den Franzosen kein unfreundliches Andenken bewahren, wiewohl ich mitsamt den schwäbisch dreinwelschenden Bedienten recht froh war,
als wir den mißlichen Platz mit dem nachträglich erfahrenen
schönen Namen Bon-Air oder Guteluft hinter uns und wieder
die preußische Schildwache erreicht hatten. Schlimmer wäre
es beinahe dem katholischen Geistlichen und einem Regimentsarzt aus einer andern Brigade ergangen, welche im Vertrauen
auf ihre weltbürgerlichen Berufe meinten, in Zivilkleidung trotz

des Verbots ruhig nach Paris einen kleinen Ausflug machen
zu können. Sie wurden aber sogleich erkannt und wären
nächstens in die Seine geworfen worden, wenn französisches
Militär sie nicht noch gerettet und man sie unter Kürassier-
begleitung nach Versailles abgeliefert hätte. Dort soll der
richtige Schwabenstreich einige versöhnende Heiterkeit erregt haben,
während unser Kommandant die Sache etwas strenger nahm
und den Vergnügungszüglern das nötige bemerkte. —

Als am 9. März mein 8. Regiment als erste Abteilung
der Division den Heimweg zunächst nach Straßburg in Garnison antrat, während man für die nächste Zeit auch das
Nachkommen der anderen erwartete, schloß ich mich zur Heim-
reise an. Indessen machte ich dieselbe auf den wohlmeinenden
Rat des Oberst denn doch lieber in einem gewöhnlichen Zug,
der mich und meinen Leutnant aus dem Spital von Joinville mit Aufenthalten in Lagny, Nancy und Straßburg am
13. März nach Stuttgart brachte. Hier verlebte ich bei Verwandten die Zeit vom 14. März bis 24. Mai halb im
Krankenurlaub, halb in steter Erwartung, daß demnächst die
ganze Division gleichfalls endgültig einmarschieren werde.

Bekanntlich hat der Ausbruch des Kommuneaufstands
diese Hoffnung aller vereitelt und ihnen noch eine unerwartet
lange Geduldsprobe zum Abschluß auferlegt. Auch mir war
dieselbe höchst peinlich, indem meine Gedanken und Interessen
noch ganz und gar im Feld bei den fernen Truppen weilten.
Immerhin jedoch konnte ich von Stuttgart aus wieder etwas
für sie thun, da ich hörte, wie bedenklich und jetzt zweifach
mißlich die Langeweile bei den Soldaten und besonders auch
den Offizieren umgehe. Hier in unserer Hauptstadt war ich
für die Beschaffung gediegenen Lesestoffs an der besten Quelle
und darf es mit dankbarster Anerkennung aussprechen, wie
ausnehmend willig und opferbereit mir nicht nur der dortige
Sanitätsverein mit seiner großartigen Thätigkeit, sondern auch
viele sonstigen Vereine und Private entgegenkamen. Ein willkommener Fürsprecher war mir dabei allerdings das eiserne
Kreuz, welches ich zu des Kaisers Geburtstag erhalten. So
überließ man meiner im Feldzug gesammelten Erfahrung ohne
weiteres die Auswahl des Geeignetsten unter den Lesevorräten;

ja einer der Vorstände des Sanitätsvereins wies mir sogar von selbst eine beträchtliche Summe zum Ankauf neuer passender Volksbücher ganz nach meiner Wahl an. Damit konnte ich nach und nach mehrere stattliche Kisten voll wirklich gediegenen und anregenden Inhalts teils an meine Brigade, teils an die anderen abgehen lassen und erfuhr sowohl brieflich als nachher mündlich, wie sehr willkommen und angelegt die Sendungen gewesen seien.

Aber immer wollte es mit der Rückkehr der Division noch nichts werden! Meine Gesundheit dagegen hatte sich inzwischen hinreichend gekräftigt; auch mein Kaplan war im Urlaub geschwind dagewesen und hatte mich besucht, um sogleich wieder zurückzukehren. So faßte ich rasch den Entschluß, mich an ihn anzuschließen und wie jeder Krankheitsurlauber noch einmal am alten Platz einzutreten, zumal ich in unserem Kriegsministerium auf mein vorheriges Befragen gehört, man wisse gar nichts, ob die Okkupation in Kürze ausgehe oder auch vielleicht noch lange dauere.

Unsere Brigade war inzwischen in langsamen Märschen und mit manchem dauerhaften Aufenthalt, so besonders in Vitry le Français, an die Haute-Marne vorgerückt und hatte zu Vignory und Umgebung zwischen St. Dizier und Chaumont an der südlichen Abzweigung der Ostbahn Quartiere bezogen. Also war die Hinfahrt in angenehmer Gesellschaft und mit einem Halt in Straßburg zur Begrüßung unserer Achter ganz bequem. Nur hatte ich bei der Abzweigungsstation Blesmes (nahe bei unserem alten, im Vorbeifahren still begrüßten Sermaize vom August 1870) einen ordentlichen Schrecken. Trotz meines wiederholten Aussteigens und persönlichen Nachsehens, weil der freundliche badische Etappenkommandant in Straßburg ausdrücklich zur Vorsicht ermahnt hatte, war nämlich mein Koffer dennoch falsch verladen und wie es schien in alle Weiten, nur nicht mit uns befördert worden. Aber ich hatte zum Trost alsbald einen Genossen im Unglück; denn dem Jägerfähnrich unter uns dampfte der seinige gar vollends am Ankunftsort Vignory vor der Nase weg und lustig ins Französische hinein nach Chaumont oder wohin sonst. Und dieser hatte unvorsichtigerweise auch noch all sein Geld darin, so daß er uns alsbald um ein Darlehen angehen mußte, um nicht, vollends als Baron, völlig entblößt einzurücken.

Uebrigens hörte ich sogleich, noch genauer als schon in Straßburg, daß diese Kofferverschleppung auf Nimmerwieder=sehen in der letzten Zeit bei deutschen Offizieren auf der Rück=reise aus dem Urlaub zu häufig vorgekommen sei, als daß man bloßen, überall möglichen Zufall darin sehen könnte. Vielmehr sei es offenbar von der französischen Bahngesellschaft, welche den Betrieb, aber ohne Ausgabe von Gepäckscheinen, wieder übernommen hatte, entweder böser Wille oder am Ende gar die ärmlichste Art von der Welt, wie man wieder zu seinen Milliarden kommen wolle. Die 24 roten Würste z. B., welche ein derart geschädigter Regimentsarzt für sich und die Genossen als heimatlichen Gruß im Koffer gehabt, werden den Franzosen, zumal in dieser Jahreszeit, nicht sehr wesentlich aufgeholfen haben.

So hatte die Sache ein halbwegs politisches Gesicht, und weil mir allmählich im Feldzug das lahme Anrufen der untergeordneten Stellen entleidet war, wandte ich mich in Bälde unter Darlegung jenes Sachverhalts an das Divisions-kommando selbst um Hilfe. Und wirklich war ich hier vor die richtige preußische „Schmiede" gekommen, weshalb ich die scheinbare Kleinigkeit auch allein erwähne. Wie sie es da angefangen, um meinen irrenden Koffer in seinem vollkommen unbegründeten Versteck zu Nancy endlich wieder aufzutreiben, weiß ich nicht; item, eines Tags, allerdings schon auf dem Abmarsch, bringt ihn mir die Feldpost unversehrt zurück. Respekt vor diesen Preußen! mußte ich unwillkürlich denken; die würden am Ende sogar den Mond vom Himmel herunter=holen, wenn sie es einmal dienstlich für angezeigt hielten, und man kann sich auf sie verlassen, daß sie im gegebenen Fall, schneidig wie sie sind, auch für ihre Leute einstehen.

Zunächst hatte ich freilich lediglich nichts bei mir, als was ich auf dem Leibe trug. Aber nach so ganz anderen Erlebnissen und Abenteuern konnte ich schließlich nur lachen über diesen doch mehr dramatischen als wirklich tragischen Wiedereintritt in die absonderlichen Feldverhältnisse oder mit den Franzosen gesprochen in das alte „C'est la guerre", und wußte mir das Nötigste rasch von zu Haus zu beschaffen. Was wollte auch ein bischen mehr oder weniger Luxus und Bequemlichkeit heißen gegen die tiefe Befriedigung darüber, daß ich nun doch wieder an meinem so liebgewordenen Platze war? Darum richtete ich mich in allewege frisch und wohlgemut wieder ein, mochte die Sache vollends rasch zu Ende gehen oder sich abermals ungeahnt hinausziehen, worüber man auch im Felde an bester amtlicher Stelle noch nichts zu sagen vermochte. Schwer war es ja nicht, auch in den jetzigen Verhältnissen mit ihrer Andersartigkeit sich dennoch rasch auszukennen. Die Färbung einer gefahrlosen Okkupationszeit hatte ich schon vor Paris zuerst noch thätig, dann wenigstens als klarer und nüchterner Beobachter hinreichend kennen gelernt. Um was sie innerlich betrachtet weniger dankbar und empfänglich war, um das bot sie geringere äußere Störungen und Mißlichkeiten. Allein auch in jener ersteren Hinsicht hatte es für mich weniger Not. Denn Offiziere und Mannschaft drückten ganz unverblümt ihre Freude darüber aus, daß ich, den sie im eigentlichen Krieg mit dessen ganz anderer Bindekraft kennen gelernt hatten, wieder zur Stelle und gleich jedem anderen im Heer wieder eingerückt war, sobald es sich that. Diese mittelbare geistliche Einwirkung durch das Beispiel hatte unverkennbar ihren vollen Wert neben den eigentlichen Gottesdiensten oder sonstigen unmittelbaren Amtsverrichtungen.

Aber auch zu solchen bot sich gerade über das Pfingstfest noch willkommene und schöne Gelegenheit. Ein neuer Hauch wehte ja durch die frühsommerlich grünende Natur, ein neuer Zug ging durch die Geschichte, ein neuer Geist, ein Geist des im Krieg geläuterten Ernstes wohnte hoffentlich auch in vielen Herzen und Gemütern oder sollte es wenigstens thun nach solchen Erfahrungen und Erlebnissen. Da war nicht schwer predigen, zumal im Freien, wo es diesmal ohne Zweifel am besten hinpaßte. Die Franzosen halfen uns selbst zu letzterem, oder wenigstens that es eine gar weitgehende Rücksichtnahme auf sie. Denn in meiner Brigade (oder in der ganzen Division?) wagte man es, verschieden von den Preußen, in jetziger Okkupations- oder Friedenszeit nicht mehr, die katholischen Kirchen für den protestantischen Gottesdienst in Anspruch zu nehmen, während sie den Katholiken ohne weiteres freistanden. Aber was thut dafür der Kommandant meines Jägerbataillons in dem nahen Soncourt am Pfingstfest Mittag? Er läßt jetzt von sich aus seine katholischen Jäger nicht in die Kirche, sondern gleichfalls nur ins Freie, „da er keine solche Ungleich= heit in seinem Bataillon brauche". So war es hier und folgenden Tags das eine Mal unter schattigen Linden, das andere Mal in einer hochragenden Pappelallee ein frischer und froher Ort für unsere Pfingstfeier, wenn auch wegen der schwatz= haft neugierigen Franzosen im Umkreis unserer Versammlung eine Ordnung haltende Schildwache während der Predigt auf= und abgehen mußte, oder die schmucken Jäger in ihrer Herzens= freude über das maiengewohnte Pfingsten und die baldige Heim= kehr sich grüne Zweige an die verblaßten Mützen gesteckt hatten. Mir schien das letztere eigentlich sehr harmlos und gar nicht störend oder stilwidrig, während der dienst= und kirchenstrenge Kommandant es seinen Leuten als schnöde „Kirbe" (Kirchweih) scharf verwies.

Sonst war ich in dieser Zeit, z. B. zu Vignory selbst, auf die Mairien angewiesen, wo es etwas dumpf und heiß, so= wie nicht geräumig genug war. Dagegen mochte gerade ihr Hauptraum, die Salle de justice oder der Gerichtssaal auch kein unpassender Ort sein, um namentlich am Ende eines sieg= reichen Kriegs die unparteiische Gerechtigkeit Gottes auch gegen den Sieger und den Ernst seiner Gebote eindringlich für die versuchungsvollere Lage nahezulegen, in welcher wir uns jetzt befanden. Von sonstigen äußeren Eigentümlichkeiten unseres Diensts in diesen Tagen erwähne ich noch, daß wir die der Bahnlinie entlang sehr zerstreut liegenden Truppen jetzt viel= fach auf der Eisenbahn mit Requisitionsschein besuchen konnten — eine merkwürdige Mischung von Friedens= und Kriegs= gestaltung der Pastoration! In ähnlicher Weise thaten aber sogar die militärischen Ordonnanzen nicht selten ihr Geschäft.

Auch etliche Beerdigungen gab es noch zu halten, da in unserem Ort ein hessisches Spital sich befand. Bei dieser Ge= legenheit wurde den darin verstorbenen Preußen auch einmal über das Grab geschossen, was mir im sonstigen Feldzug nie vorgekommen war; gab es doch in ihm ohnedem mehr als genug des ernstlichen Schießens, so daß ein solches zur bloßen Feier früher besser unterblieben war. Mußten diese Toten noch als begreiflich nachträgliche Opfer des Kriegs gelten, so war es dagegen sehr traurig, hart an der Schwelle der frohen Heimkehr auch einen, fast möchte ich sagen friedensmäßig verunglückten unter meinen Reitern beerdigen zu müssen. Derselbe war in dem benachbarten Donjeux-Roubrais in der dort noch gar nicht großen, aber stellenweise sehr tiefen Marne beim einfachen Baden ertrunken. Und so gestaltete sich die Bestattung des so jäh und ungeahnt Verstorbenen, zu der die überall zerstreute Schwadron mit etlichen Offizieren, u. a. dem liebenswürdigen Herzog Eugen von Württemberg erschienen war, vor dieser Abteilung zugleich zum ernst mahnenden Abschluß der leichtmütigeren, weil von Kriegsgefahr freien Okkupationszeit. Denn am Abend zuvor war der so lang vergeblich ersehnte, Tag für Tag besprochene, bald bestimmt vorausgesagte, bald wieder bezweifelte Abmarsch unserer Division nach Haus endgültig angekündigt worden.

Wie rüstete man sich da in frohem Aufatmen nach der übermäßigen Geduldsprobe, um frank und frei den Heimweg anzutreten! Viele Abteilungen hatten allerlei längst einmal requirierte Sachen, wie Wagen und dergleichen bei sich, die man jetzt nicht mehr brauchte. Aber ihren wahren Besitzern konnte man sie doch nicht zurückgeben; so wurden sie entweder stehen gelassen oder teilweise allerdings auch als gute Beute verkauft und der Erlös unter die Soldaten verteilt, die eine solche Zulage bei jetziger Verteuerung des Lebens immerhin ganz gut brauchen konnten. Nicht minder ließ mancher einzelne dies und jenes Stück, das er aus der Pariser Belagerungszeit mit gutem Kriegsrecht noch mit sich geführt hatte, nunmehr als entbehrlich im letzten Okkupationsquartier zurück, um es auf diese Weise wenigstens der französischen Nation als solcher wieder zu übermachen und seine Hände von fremdem Gut zu reinigen.

Ich selbst hatte sehr leicht zu ziehen, da mir die Auffindung meines Hab und Guts zwar bereits vermeldet, dasselbe aber noch nicht in Wirklichkeit überliefert war. Dagegen hatte ich für den Heimweg ein neues Pferd erhalten, das zwar dem

alten an Schönheit lange nicht gleich kam; aber dafür war
es ein sehr ruhiges Tier, das sogar den Reiterkampf am Mesly
mitgemacht und vom Dienste her ans Schießen gewöhnt war.
Dies konnte ich gerade auf dem Heimweg mit Befriedigung
wahrnehmen, wenn wir vom Badischen an oft in etwas allzu-
herzlicher Nähe mit Böllern und ähnlichem Freudenfeuer angeschossen wurden. Da mir auch Sattel und Zaumzeug in
einem Sack mit dem Koffer abhanden gekommen waren, ohne
daß erstere Stücke je mehr beigebracht werden konnten, erhielt
ich einen mitgeführten Beutesattel der berühmten Kürassiere
von Reichshofen, also daß ich für den friedlichen Heimmarsch
sogar ungewöhnlich kriegsmäßig equipiert war und mich als
Idealist über die mindere Güte der betreffenden Sachen mit
den stolzen daran geknüpften Erinnerungen trösten mochte.

Es war ein richtiger froher Freitag, der 2. Juni, an
welchem wir endlich loskamen und den Heimweg ohne mehr
dazwischentretende Störung antreten durften. Aber derselbe zerfiel
in zwei grundverschiedene Hälften; denn es war ein gar ander
Ding, solange wir noch durch französisches oder wenigstens bloß
neudeutsches Gebiet zurückmarschierten, verglichen mit dem Freuden-
und Festzug, wie er sich alsbald vom Vater Rhein an in Alt-
deutschland gestaltete.

Die Tagmärsche waren durchweg sehr kurz, so daß man
meist schon bis Mittag an Ort und Stelle ankam. Dies geschah u. a. schon den vielen neueingestellten Rekruten zu lieb,
welche die Uebung der älteren Mannschaft noch nicht besaßen.
Aber weder von den jüngeren noch den älteren blieb jetzt mehr
Einer liegen, wie beim Hermarsch; ging es doch der Heimat
zu. Und der Sanitätszug, welcher dennoch vorsorglich hinten
drein fuhr, um etwaige Nachzügler aufzulesen, hatte mehr als
leichte Arbeit und leere Wagen. Nebenbei bemerkt kam dieser
Wegfall der Strapazen auch den niedlichen Fohlen zu gut,
welche in dieser und jener Abteilung während des Feldzugs
geboren worden waren und als Lieblinge derselben rührend ver-
pflegt wurden. Bei der Artillerie durfte eines sogar zuweilen
fahren, wenn es ihm doch noch zu schwer wurde mitzukommen;
besonders aber der würdige Sprößling des Falchen unseres
Brigadegenerals hat gar manches Kinderherz beim Durchzug

durch die Dörfer hocherfreut und mehr interessiert, als eine ernsthafte Batterie. Außerdem marschierten die Abteilungen jetzt sehr zerstreut und aufgelöst in kleinere Verbände, so daß unsere Brigade mehrfach in 20 bis 25 verschiedene Ortschaften und Höfe zu liegen kam. Der Mannschaft war diese Maßregel sehr zu gönnen, weil sie dadurch endlich auch wieder gute Quartiere und mehr Platz erhielt. Damit konnte und durfte sich unsereins trösten, wenn unter solchen Umständen, von allem anderen ab= gesehen, die Arbeit des Geistlichen im engeren und weiteren Sinne weniger mehr eine Stelle und ausgiebigere Gelegenheit fand, als früher bei der viel größeren Zusammendrängung der Brigaden.

Die weſtöſtliche Linie unseres Rückwegs lief nun zwar der umgekehrten des Hermarſchs bis zur damaligen Abſchwenkung nach Sedan ziemlich genau entlang und durch keine zu weite Entfernung von ihr getrennt, weshalb wir wenigſtens auf der Karte uns immer gerne der alten bekannten Quartiere oder Biwake einige Stunden weiter nördlich erinnerten. Und doch war es unleugbar eine wesentlich andere Luft, die uns umwehte, nicht mehr ganz die nervenerregende und damit auch nerven= ſtärkende des einſtigen flotten Vorrückens in geschlossenen Kolonnen und mit dem schmetternden Lützower Marsch durch die auf= horchenden franzöſiſchen Dörfer. Es war mit einem Wort eine ziemliche Abspannung der Nerven und Lebensgeiſter, wie der ganzen Stimmung und Tonart eingetreten.

Manches trug dazu schon das viele Wirtshausleben bei, auf welches man jetzt angewiesen war. Denn nur noch auf Dach und Fach einquartiert pflegten die Offiziere, wie bereits in der Okkupationszeit, thunlichſt zusammen im Wirtshaus das Mittag=, teilweise auch Abendessen einzunehmen, das der vorausgehende Quartiermacher bestellt hatte. Dasselbe war meines Erachtens durchweg gut, wobei man sich über den Preis mit der noch fortgehenden täglichen Zulage gerne beruhigen konnte. Nachmittags und abends saß dann eine größere oder kleinere Gesellschaft häufig in den Biergärten, besonders seit man mit dem Elsaß auch dieses lange vermißte germanische Labſal wieder erreicht hatte. Jetzt bekamen auch die früher so unbeschäftigten Musikkapellen mit Aufspielen wieder mehr zu thun, als ihnen oft lieb war.

Wer könnte sich darüber wundern, daß in solcher Lage ein leichterer Ton besonders in jüngeren Kreisen aufgekommen war, als er während der blutigernsten und entbehrungsreichen Tage des Feldzugs geherrscht hatte? Man mochte sich ja allerdings vielfach mehr wieder an die Atmosphäre der Garnison oder des Kasinos erinnert fühlen, als an die gewitterschweren Tage des Pulverdampfs. Und daß ein Stand, der so Großes geleistet und so außerordentliche Erfolge gehabt, sich nicht nur mächtig fühlte, sondern bereits auch wieder begann, gegen das nicht eigentlich Militärische sich schärfer abzuschließen, das konnte wenigstens ich nicht umhin, ruhig als seelische Naturnotwendigkeit mir zurechtzulegen. Von anderer, z. B. besonders von ärztlicher Seite hörte ich allerdings zuweilen bittere Klagen, daß es mit der alten Kamerabschaftlichkeit nicht mehr weit her sei und daß man jene schmerzende Erfahrung vom „Mohren, der seinen Dienst gethan und gehen kann", bald mehr bald weniger durchfühle. In dasselbe Kapitel gehört es, daß man in der 1ten Brigade wenigstens für den festlichen Einmarsch die hochverdienten dortigen Geistlichen noch zu guter Letzt zum Sanitätszug abschieben wollte, bei dem wir von der 3ten freilich schon längst waren. Jene hatten es zwar leicht, ohne Wagnis am Schluß sich dieser unschönen Absicht besser als wir einst zu widersetzen; aber bezeichnend bleibt sie immerhin.

Ich selbst kann dagegen aus der ganzen späteren Zeit in größter Unbefangenheit reden, eben weil ich persönlich so gut wie nichts von jenem Nachlaß zu spüren bekam, sondern das sehr freundliche und nette Benehmen der allermeisten Offiziere ungeschmälert fortgenießen durfte. Jene maßvolle Entfernung, in welcher ich mich allezeit gehalten, trug jetzt ihre Früchte; in ihr konnten wir auch ferner unverändert weiterleben. Natürlich beobachtete ich in den nunmehrigen schwierigeren Verhältnissen zweimal das alte Verfahren, mich gesellschaftlich nicht aufzudrängen. Und wenn mich die ganze Gestaltung der Lebensweise jetzt dennoch viel mit Offizierskreisen zusammenführte, so übte ich eben z. B. bei den gemeinsamen Mahlzeiten wo es sein mußte die Kunst zu hören und nicht zu hören, was für mich gar nicht bestimmt war. Dafür ließ man mich aber wirklich auch ganz unbehelligt und versuchte nie, durch Witzeleien mich ins unwillkommene Gespräch zu ziehen oder zu Gegenreden zu nötigen. Bei einer besonderen Gelegenheit hatte einmal mein absichtlich unauffälliges Weggehen einige Bekannte zu einer nachträglichen Interpellation veranlaßt. Sie waren aber vollkommen befriedigt durch die ruhige Erklärung, welche ich ihnen über meine Grundsätze in dieser Beziehung und über die Art gab, wie ich zwischen falschgeistlicher Aufdringlichkeit oder täppischer Anmassung am unrechten Fleck und ungeistlich charakterlosem Mitthun bei persönlich wie amtlich mir Widrigem die taktgemäße Mitte zu finden suchte.

Mehr als dies völlige Inruhelassen konnte ich in der That als halb freiwilliger, halb unfreiwilliger Tafelgenosse im gemeinsamen Wirtshaus nicht verlangen. Denn daß wir alle weder in religiöser noch in sittlicher Beziehung als Heilige ins Feld gezogen, das hatte ich mir mit voller Nüchternheit allezeit schon im eigentlichen Feldzug gesagt, daher ich mich vielleicht weniger, als mancher andere namentlich zu Haus durch die jetzigen gemischteren Erfahrungen als durch einen vermeintlich unbegreiflichen Rück- und Niedergang so bitterlich enttäuscht fand. Schon in der früher kurz erwähnten Predigt über die Versuchung Christi war es mir Bedürfnis gewesen, ganz offen davon zu reden und meinen Zuhörern, einem Reiterregiment, unter anderem folgendes ans Herz zu legen:

„Ganz besondere Gefahren für die Seele des Menschen sind es, welche die irdische Begeisterung und weltliche Aufregung, welche zumal der Krieg, ein so glänzender, an Siegen und Ehren reicher Krieg wie dieser gegenwärtige mit sich bringt. Es ist eine Höhe, von welcher der Fall doppelt leicht und schnell geschehen kann, eine Zeit, wo wie in keiner sonst der Mensch sich selber und andere kennen zu lernen vermag und manches in sich entdeckt, das er gar nicht vorhanden oder aber beseitigt wähnte. Die gewaltige Erregung aller Kräfte Leibes und der Seele ist gleichsam, wie wenn man ein stilles friedliches Wasser aufrührt. Da können wohl auch manche edlen Perlen zu Tage kommen, aber ebensogut und hart daneben viel Schmutz und Unrat, der in der Tiefe ruhte. Als wollten sie's dem äußeren

Kampfe nachthun, regen sich auch die Leidenschaften im Innern
des Menschen und beginnen ihren Angriff. Darum sind solche
Zeiten die eigentlichen Versuchungszeiten, wo es doppelt gilt,
auf dem Posten zu stehen und zu wachen. Denn der Geist
ist willig, aber das Fleisch ist schwach." — Auf Grund derartiger
Ueberzeugungen war es mir auch in anderer Hinsicht kaum
auffallend, daß das schon früher aufgegangene Unkraut vollends
während der müßigeren Okkupationszeit nicht verschwunden,
sondern vielmehr erheblich gewachsen war. Ich hatte die letztere
ja größeren Teils nicht selbst mit durchgemacht, konnte mir
aber das ausgefallene Stück aus den jetzigen, jedem sich auf-
drängenden Wahrnehmungen ohne Mühe und stärkere Irrung
ergänzen, soweit es sich verlohnte. Sicherlich waren die mancherlei nunmehrigen Häckeleien und Reibungen nur eine Fortsetzung von schon länger Entsponnenem. Und man vermochte
auch unschwer nachzufühlen, wie jetzt am Rechnungsabschluß
hie und da z. B. in Sachen der Quartiere oder sonstigen
Fragen des Vorrangs das Verdienst sich wenigstens innerlich
steifte gegen die bloße Rangstufe des vielleicht minder Verdienten,
wie Wert oder Unwert sei es gerecht sei es nur halbgerecht
abgewogen wurden und die Urteile herüber und hinüber schwirr-
ten, nicht immer als harmlose Scherze oder bloße Neckereien!

Es konnte nicht ausbleiben, daß solche Verstimmungen
in Offizierskreisen sich teilweise auch gegen die Soldaten Luft
machten und an den Untergebenen ungehörig ausließen. Zwar
daß man sie nach Beendigung des eigentlichen Feldzugs wieder
tüchtig exerzieren und üben ließ, worüber sie, auch wieder in
begreiflicher Weise, viel klagten, mag sowohl militärisch als
allgemein menschlich nur heilsam gewesen sein, damit sie nicht
in Müssiggang und seine bekannten Folgen verfielen. Ob
aber auch immer der richtige Ton gegen die ohne Zweifel
gleichfalls so verdienten Leute eingehalten wurde, an deren Spitze
man die Siege errungen? Ob sie nicht ähnlich wie manche
Militärbeamten je und je den Eindruck erhielten, daß man sie
jetzt auf einmal anders behandle, weil man sie nicht mehr
brauche? Das verletzt tief und schwer und zwar besonders in
einem Volksheer statt einer gemieteten Söldnertruppe. Ich habe
begreiflicherweise damals wie während des ganzen Feldzugs

ungesucht und ungewünscht manche Urteile des gemeinen Manns über seinen Offizier, den lebenden oder gefallenen mitanzuhören Gelegenheit gehabt und sie natürlich entweder ohne weiteres zurückgewiesen oder doch thunlichst beschwichtigt, wenn sie mir gegenüber ungünstig lauteten, während ich mich der günstigen und für beide Teile ehrenvollen herzlichst freute. Aber im Stillen mußte ich mir doch oft sagen, daß der einfache Volksinstinkt mit meinen eigenen Eindrücken durchschnittlich zusammentreffe. Strenge im Dienst, wenn sie nur maßvoll und gerecht war, schadete dem Ansehen durchaus nicht, wohl aber Lieblosigkeit oder ungleichmäßig launische Willkür und ein hochmütiges Behandeln von oben herab. Im allgemeinen fand ich stets, daß gediegene wahre Bildung der Offiziere auch den richtigsten Ton gegen die Mannschaft zu treffen wußte, während bekanntlich der Bauer, „wenn er auf den Gaul kommt, den Edelmann niederreitet". Und darum freue ich mich nicht nur der sehr gesteigerten Bildungsanforderungen, welche nunmehr an das zum Befehlen bestimmte, so verantwortungsvolle Offizierskorps allgemein gestellt werden, sondern ebensosehr des bildungskräftigen Einflusses, den als volkstümlich bestes Mittelglied ein sehr ausgedehntes System der Einjährigfreiwilligen nach unten wie nach oben mehr und mehr ausüben wird.

Alles in allem galt es eben unter den damaligen Verhältnissen und Stimmungen des Rückmarsches, daß man sich, und wo es durch vernünftiges Zureden möglich war auch anderen wenigstens nicht durch mancherlei Kleinigkeiten und vermeidbare Menschlichkeiten die Freude und Lust des Heimwegs vergällen ließ. Dies besonders, so lange wir noch durch das Französische zogen und damit ausschließlich auf einander angewiesen waren.

Denn für die Quartiere hatte man wie gesagt nunmehr bloß noch den Anspruch auf Dach und Fach, wodurch sich die Berührung mit der fremden Bevölkerung auf ein vielfach sehr geringes Maß beschränkte. Nach der früheren Einquartierung mit voller Verpflegung in den noch bewohnten Feindesgegenden und nach der merkwürdigen Selbsteinquartierung und abenteuerlichen Eigenverpflegung in den verlassenen Dörfern vor Paris war dies jetzt die dritte eigenartige Form der Unterkunft, bei welcher sich manche Beobachtungen machen ließen.

Die Soldaten hatten allerdings zuweilen Mühe, von der rasch
wieder erwachten Widerborstigkeit oder trotzigen Anmaßlichkeit
der Franzosen und Elsässer ihr gutes Recht z. B. auf Küche-
benützung herauszuschlagen, worin ich selbst für meinen Bedienten mich wiederholt ins Mittel legen mußte. Das galt
besonders von solchen Landstrichen, welche vom Krieg und seinen
Nöten vor nicht zu langer Zeit gestreift worden waren, wie
die Umgegend von La Salle bei St. Dié, wo wir an den
Häusern wie in den noch wild erregten Gemütern die deutlichen
Spuren der benachbarten badischen Kämpfe bemerken konnten.
Anderwärts gelang es indessen der Mannschaft doch auch, sich
in der früheren Weise durch Lieferung des Stoffs und Gegen-
empfang seiner guten Zubereitung mit der Bevölkerung wenigstens auf ordentlichen Fuß zu stellen.

Für die Offiziere und uns Militärbeamte dagegen war
der Quartierverkehr in seiner stärksten Beschränkung meistens
ein äußerlich zufriedenstellender, aber kaltförmlicher. Häufig
sah ich von meinen Wirten nichts, als irgend eine ältere Schaff-
nerin, bei der ich den Quartierschein abgab, und konnte oder
brauchte dann am andern Morgen keinen Abschied zu nehmen,
weil niemand dazu da und auch kein eigentlicher Grund zur
Erkenntlichkeit vorhanden war. Zu meinem Leidwesen war
ich in dieser Zeit des reichlich verfügbaren Platzes nur noch
selten mit meinem katholischen Amtsgenossen zusammen ein=
quartiert. Denn derselbe war jetzt meist allein den Curé's
zugewiesen, um was ich ihn, aufrichtig gestanden, nicht gerade
beneidete. Nicht nur mußte er dort ab und zu mit ziemlich
magerer Kost vorlieb nehmen, während wir im Wirtshaus
uns endlich einer besseren erfreuten, sondern er wurde namentlich auch sozusagen amtlich von den katholischen Kollegen eigentümlich mit Beschlag belegt. Wenn er dabei u. a. verschiedene
französische Prozessionen an Pfingsten oder Fronleichnam mit-
machen mußte, während unser ganzes deutsches Militär keinen
Anteil daran nahm, so steht mir ja über die kirchenrechtliche
Notwendigkeit von derartigem kein Urteil zu, aber jedenfalls
hätte ich nicht an seiner Stelle sein mögen. So hatte der
sonstige Vorzug, den er namentlich früher bekenntnishalber
unter den Franzosen genossen, eben doch auch seine Kehrseite.

17*

Ich selbst wurde durch die Weisheit der Mairien einigemal bei Juden einquartiert, die man wohl für annähernde
Glaubensgenossen des protestantischen Geistlichen hielt. Es
bekam mir aber nicht schlecht. Noch besser freilich stellte ich
mich bei zuweilen sich findenden Protestanten, denen der Maire
den Ketzer zugeschoben und die in ihrer völligen oder verhältnis=
mäßigen Vereinzelung mir nicht nur weit unbefangener und
ruhiger, sondern mehrfach geradezu herzlich entgegenkamen. Nur
ließen wir beiderseits die Politik thunlichst aus dem Spiele,
um unseren gemeinsamen religiösen Standpunkt nicht mit welt=
lichem ungehörig zu verquicken. So steht mir z. B. die würdi=
dige Institutsvorsteherin in St. Dié, Schwester des verstorbenen
protestantischen Geistlichen daselbst, in dankbarer Erinnerung
als freundliche und förmlich mütterlich besorgte Wirtin in
ihrem verlassenen Mädchenpensionat. Und eine wohlthuende
Spur, wie wir nun doch der Heimat immer näher kamen, war
es dabei, daß den Tag über immer Offiziere erschienen und
sich die Anstalt ansahen, welche vom einen eine Schwester, vom
anderen seine jetzige Frau einst beherbergt hatte.

Auch die Landschaft begann uns von hier an immer
heimischer anzumuten. Waren es doch die reinsten Schwarz=
waldansichten, diese Bergzüge der beginnenden Vogesen, wie sie
sich koulissenartig aufbauten mit ihren bläulich umdufteten
Tannenwäldern und ihren moosumwachsenen Granitblöcken
drinnen im lauschigen Wald an einer krystallklar rieselnden
Quelle. Das gab andere Halte ab, als früher auf den Acker-
feldern und an den Straßengräben, wenn wir uns jetzt geruh=
lich Zeit lassen und an einem sonnig friedlichen Morgen eine
Weile im Schatten lagern konnten! Auch die Dörfer begannen
wieder jenen eigensinnig individuelleren Anstrich anzunehmen
und jene Einzelwirtschaft mit Haus und Hof, das eine Anwesen
so, das andere Gehöfte anders gestellt, wie es dem Besitzer
wegen Luft und Licht paßte, während eben noch die fran=
zösisch=lothringischen Dörfer richtig nach der Schnur dage-
standen hatten gleich ihren Pappelalleen im Unterschied von
den sperrigen elsässischen Obstbäumen an der Straße.

Und nun war ja schon als nächstes Quartier nach St.
Dié mit dem Dörfchen Saales auf dem Vogesenkamm die neu-

deutsche Grenze wirklich erreicht. Ein einfacher Grenzpfahl mit
einer riesigen deutschen Flagge daneben bezeichnete sie; aber die
vorausgeeilte kleine Abteilung Preußen hatte es sich nicht nehmen
lassen, denselben dennoch auf kunstlos wirkungskräftige Weise zu
unserem Empfang mit Bändern und Kränzen zu schmücken.
Auf der Tafel stand mit klassisch-epigrammatischer Kürze bloß
zu lesen: Deutschland!! Wie sprachen diese zwei stummen Aus-
rufungszeichen so beredt von Freud und Leib, von Kämpfen,
Siegen und Opfern, die hinter uns lagen. Ich saß am Nachmittag sinnend, des Vergangenen gedenkend und mein Tagebuch
nachführend ein paar Stunden draußen und plauderte dazwischen
hinein mit der biederen schlesischen Schildwache, die den
Ehrendienst an dem Platze hatte. Denn vormittags konnte
ich nicht dabei sein, wie die Abteilungen unter donnerndem
Hurra und Säbelschwenken die erkämpfte Grenze überschritten
hatten.

Dafür möge die höchst eigentümliche Quartiererfahrung,
welche ich in diesem ersten reichsdeutschen Dorfe machte, ein
gutes Vorzeichen davon sein, daß auch das Elsaß früher oder
später aus seiner fast feindlich ablehnenden Aufnahme von uns
zur Versöhnung und Freundschaft übergehen werde. Ich hatte
nämlich beim Einmarsch in jenes Dorf meinen auf einen deutschen Curé lautenden Quartierzettel wie üblich von dem voraus-
geschickten Unteroffizier in Empfang genommen und drehte ihn
beim Aufsuchen meiner Wohnung, einer kleinen Restauration,
zufällig um. Da entdeckte ich auf der Rückseite den französischen Notenwechsel zwischen meinem künftigen Wirt und dem
Maire. Jener verwahrte sich kräftiglich gegen einen Curé als
Quartiermann, und dieser erwiderte geradeso energisch, daß er
eben einen solchen haben müsse und keinen Offizier bekomme.
Das fängt ja nett an in den neuen Reichslanden! dachte ich,
war aber an dem schönen Morgen und auf diesem geschichtlichen Boden durchaus nicht aufgelegt, mir den Humor verderben zu lassen. So übergab ich denn am Ziel meines Suchens
angekommen das freundliche Empfehlungsschreiben mit leichtem
Lächeln, aber um den Handel stilgemäß fortzusetzen mit der
verhängnisvollen Rückseite nach oben an die mich bereits erwartende Hausfrau. Diese errötet gehörig und dreht den Zettel

verlegen in der Hand; da greift die hinter der Mama stehende
und ihr natürlich über die Achsel herüberlugende Tochter rettend
ein und ruft, nachdem sie mich von Kopf bis zu Fuß mit
einem Blick gemustert: „O maman, ce n'est pas un curé, voyez
donc la barbe et les éperons; o Mutter, das ist kein Curé,
sieh nur den Bart und die Sporen!" Ich muß wohl wieder
einmal wie öfters, trotz des schwarzen Rocks und sonstigen gesetzten Benehmens, in den langen bestaubten Reitstiefeln mit
der Peitsche im Schaft nicht so ganz normal hochpriesterlich
ausgesehen haben. So ging mir denn auch ein Licht auf und
ich erwiderte: „Oui, mademoiselle, je ne suis pas curé, je suis
ministre protestant; ja, Fräulein, ich bin kein Curé, sondern
ein protestantischer Geistlicher." „Ah, c'est autre chose, vous
êtes le bien venu; ach, das ist etwas anderes, Sie sind uns
bestens willkommen!" war darauf alsbald die Antwort, und mit
der Ueberzeugung, daß ich hier wohl zu beinahe fanatischen
Hugenotten geraten sei, betrat ich mein Quartier, um darin
allerdings die freundlichste Behandlung zu finden. Mittags
löste mir die Mutter mit ihren drei sehr hübschen Töchtern
beim gemütlichen Zusammensitzen um den Kaffeetisch auf meine
Bitte, was an dem Rätsel noch rückständig war. Der Haus-
vater sei ein Südfranzose und der einzige Protestant im Dorf,
der sich deshalb mit dem französischen Curé schlecht stelle; und
aus diesem Grund habe er nicht auch noch als Quartiermann
einen deutschen Curé bekommen wollen. Aus Aerger über die
Vergeblichkeit seiner Einsprache sei er aber über Feld gegangen,
so daß ich also den waldensischen Hitzkopf nicht einmal zu sehen
bekam. Dagegen wurde ich von verschiedenen Offizieren bitterlich beneidet und einer bot mir sogar Quartiertausch an, was ich
jedoch aus triftig humanen Gründen ablehnte, nicht ohne etwas
rachsüchtig die einstigen voreiligen Witze über unser früheres
Abenteuer mit der Majorsfrau zu La Queue zu vergelten und die
Wohnungsverteilung des Maire's als eine weislich bedachte dar-
zustellen. Meinen Quartierleuten aber gab ich beim Abschied
zum Dank für ihre herzliche Aufnahme den unbefangenen Rat,
mit ihren Sympathien für Deutschland, dessen Grenzpfahl sie
z. B. mit Kränzen hatten versehen helfen, etwas vorsichtiger
zu sein. Denn das könne ja niemand unter uns erwarten,

während sie sich in ihrer ausgesetzten Stellung persönlich und geschäftlich nur unnötig schädigen.

Zu solchen Ratschlägen war nun freilich in den folgenden Tagen wirklich kein Anlaß mehr, als wir vollends die Städte Rothau, Schirmeck-Bruck, Mutzig und Molsheim gegen Straßburg hin durchzogen. Denn sie sahen meist zwar ächt altdeutsch aus mit ihren Thoren, Giebelhäusern und Burgruinen, waren aber nichts weniger als deutsch gesinnt, bis ich dies wieder plötzlich in dem Dörfchen Hurtigheim hart vor Straßburg zu meiner angenehmen Ueberraschung antraf. Am 19. Juni ging es hinein in die altehrwürdige und neu gewonnene deutsche Reichsstadt. Ich hatte mich an mein Jägerbataillon angeschlossen, um nicht über jede Grenze mit meinem Sanitätszug und dessen, aller Poesie mehr als baren bitteren Verdrossenheit schlendern zu müssen. Am Saverner Thor empfing uns gleich die schmetternde Musik unseres hier schon länger garnisonierenden 8ten Regiments, und jubelnd von den Kameraden aus demselben umdrängt durften wir unter Führung eines bereits ortskundigen Unteroffiziers absichtlich im Zickzack durch die in alleweg „wunderschöne" Stadt und über die zerschossene Citadelle ziehen. Jenseits derselben übergoß uns dann noch ein tüchtiger Platzregen, den wir aber lachend als Andenken ans Ausgestandene hinnahmen; und ehe wir zum grünen Rhein kamen, brach auch schon wieder die Sonne durch, um sich unseren Freudenjubel über die Kehler Schiffbrücke hinüber auch mitanzusehen.

So standen wir denn wieder auf ehrlichem altdeutschen Boden, von der Kehler Einwohnerschaft alsbald aufs herzlichste und glänzendste bewillkommt. Und von hier an war es vollends ein Fest- und Jubelzug bis zum letzten Einmarsch, eine Zeit, in deren hellem Sonnenschein auch die mannigfachen Erkältungen des letzten Vierteljahrs sich wieder erwärmen konnten und wo es sich wahrlich verlohnte, allen Staub vollends von den Füßen zu schütteln, der sich im Kriegsjahr mit dessen mehrfach wechselnder Flut und Ebbe nach Menschenart angesetzt hatte.

Meine Brigade bog, damit es für die Marschrichtungen Platz gab, gleich nach Kehl südlich ab gegen Offenburg und

später ins schöne Kinzigthal mit seinen freundlichen und wohl=
habenden Städtchen und Dörfern. Da war es eine Lust, wie
uns die lebhaften und zu so was sehr anstelligen Badener
mit Liebenswürdigkeit förmlich überhäuften. In diesem schönen
Ländchen wußten sie es ja auch doppelt zu schätzen, was man
gewonnen, indem dasselbe von der bösen unmittelbaren Nachbar=
schaft Frankreichs und von Straßburgs nach Osten herüber=
drohenden Kanonen befreit worden war, um dafür die Befestigung
nach Westen umgedreht zu sehen.

Bei den üblichen offiziellen Empfängen, welche unser
Brigadegeneral mit Anmut und Würde entgegen zu nehmen
verstand, war ich mit meinem Sanitätszug vielfach nicht an=
wesend. Aber dafür erlebte und erfuhr ich manche kleineren
Züge, welche vielleicht noch bezeichnender waren, als der Flor
der Festjungfrauen, der Schmuck der hohen Triumphpforten
und der Schwung der längeren oder kürzeren Begrüßungsreden.
So eilten öfters einfache Landleute, die auf dem Acker arbeiteten,
herbei an die Straße, welche wir häufig in ganz kleinen Ab=
teilungen zogen, und boten uns zum Gruß einen Strauß Feld=
blumen, die sie geschwind gepflückt. Oder wie ich bald nach
Kehl allein durch das Dorf Kork ritt, kommt so ein kleiner
Knirps von drei Jahren an mein Pferd heran und bietet mir,
mit dem ganzen Gesichtchen strahlend, eine Zigarre herauf.
Ich habe ja im Feldzug deren viele Hunderte in den Händen
gehabt; aber so herzlich gefreut hat mich keine, wie diese hier
von dem jungen Deutschland. An sie erinnerte mich wieder
die köstliche Inschrift, welche beim Stuttgarter Empfang (oder
dem ersten Sebanfest?) das Fähnlein der zugschließenden jüngsten
Gymnasialklasse trug; „Lieb Vaterland, magst ruhig sein; Wir
kommen auch noch hinten drein.“ — Vielleicht ist es nicht gegen
den guten Ton, wenn ich auch eine Stufe tiefer greife und von
der Ordonnanz berichte, welche in dem weinberühmten Orten=
berg hinter Offenburg Quartier für den Sanitätszug gemacht.
Nachdem sie vor dem Orte ihre Meldung dem Oberleutnant
dienstlich ausgerichtet, reitet sie an ihren Kameraden heran
und raunt ihm zu: „Du! narr da drinnen kriegen wirs
aber gut; da hat heut Abend jeder von uns einen Rausch.“
Es wird wohl bei der Mannschaft wirklich so gewesen sein —

jedoch „honni soit, qui mal y pense"! Ich mußte offengestanden herzlich über jene entzückte Privatmeldung der bisher viel
gehudelten Reiterordonnanz lachen.

Im Kinzigthal war es rührend, wie sich die Bewohner
auch einmal darum stritten, wer möglichst viele Truppen ins
Quartier bekomme, also daß sie sogar einander die Leute stahlen.
Außerdem holten sie, die dort vielfach in Hofgütern zerstreut
wohnen, auf Wagen ihre Mannschaft ab und brachten sie ebenso
wieder zum Sammelplatz. Und als zum großen Schmerz des
biederen Bißberach a'K. kein Halt in diesem Dorfe möglich war,
so führten sie uns zum nächsten Halt einen Wagen voll Bier,
Zigarren und Eßwaren nach. In dem Grenzort Schiltach aber
kredenzte der stattlich runde Bürgermeister dem Kommandanten
des Jägerbataillons einen schäumenden Pokal voll Bier mit
dem kühngereimten Spruch: „Trinkt diesen Schoppen recht
energisch, der nächste ist schon württembergisch!"

Ich für meine Person tilgte in diesen Tagen vollends
den kleinen Span, den auch ich mit schwäbischer Hartnäckig-
keit wegen Tauberbischofsheim von 1866 her noch im stillen
Herzen gegen die badischen Nachbarn hatte. Ebenso hoffe ich
und bin überzeugt, daß die andern Schwaben an dem heilsamen Gegensatz der letzten kalten Elsäßerwochen zu dem un-
übertrefflich herzlichen und warmen Empfang in Baden das
nötige lernten und fühlten, wie wir sogleich diesseits des
Rheins bereits voll und ganz in der deutschen Heimat waren.
Daher erschien es manchem unter uns etwas gesucht theatra-
lisch, daß Einer, allerdings nicht gerade von den Hellsten, beim
Erreichen der württembergischen Landesgrenze vom Pferd sprang
und den harmlosen Grenzpfahl küßte. Bei aller herzlichen
Liebe zur engeren Heimat waren unsere Herzen doch etwas
weiter geworden, als daß wir nach Ueberschreitung und Pas-
sierung von so ganz anderen Grenzen eine solche Ueberschwäng-
lichkeit noch entsprechend hätten würdigen können.

Ohne Zweifel gerade so gut gemeint, aber der kleineren
und dürftigeren Ortschaften wegen stiller und einfacher war
unser Empfang beim weiteren Zug über die Hochebene des
württembergischen Schwarzwalds; und das hat uns zur Erholung Leibes und der Seele nur sehr gut gethan, bis wir bei

Oberndorfs berühmter Gewehrfabrik von Mauser das Neckar-
thal mit seinen freundlichen Städtchen wieder erreichten und
der Jubel und Trubel des Triumphzugs von neuem in vollster
Kraft anging.

Ueberaus festlich für alle, für mich aber persönlich und
im Gedanken an die vielen tot zurückgebliebenen Freunde tief-
bewegend war besonders der Einmarsch in die altehrwürdige
Universitätsstadt Tübingen. Ihre krummen Gassen waren an
diesem Tag im flatternden Fahnen- und Festschmuck auch einmal zur Abwechselung wirklich schön und jedenfalls malerisch.
Von hier ging es durch den hochragenden Schönbuch vollends
unserer Hauptstadt zu. Aber je näher wir kamen, um so häufiger waren auch in den festlich beflaggten und bekränzten Dörfern
wie Waldenbuch oder Echterdingen die schwarzen Fahnen
mit den Namen der gefallenen Söhne oder Brüder aus Stutt-
garts 1ter Brigade und mahnten noch zum Schlusse, über der
Freude auch der Opfer nicht zu vergessen, ohne deren Blut
das große Ziel nicht erreicht worden wäre.)

Am Donnerstag den 29. Juni 1871, vier Wochen weniger
als ein Jahr nach dem Ausmarsch, rückte die Division wieder
in Stuttgart ein. Es war ein glänzendes Schauspiel, wie die
drei Brigaden je auf verschiedenen Wegen von den Berghöhen
in den rebenumkränzten Thalkessel hinabzogen, um dann gesammelt und stramm durch den betäubenden Jubel der Menge,
über dem man die Glocken der Stadt kaum in nächster Nähe
mehr hörte, und durch den flatternden Wald der Fahnen und
Standarten an ihrem Königspaar stolzernst vorbei zu marschieren.
Ein solcher dankbare Empfang durch die aus allen Landes-
teilen zusammengeströmten Volksgenossen war mit seinem unvergeßlich tiefen Eindruck das Ausgestandene und Geleistete wert.

Der darauf folgende Sonntag 2. Juli ermöglichte mir
endlich noch, zu Ludwigsburg als dem Friedensmittelpunkt der
3ten Brigade mich von meiner Militärgemeinde und ihren in
Masse mitanwesenden Angehörigen in der Garnisonskirche festlich zu verabschieden und in bewegtem Rückblick auf den hinter
uns liegenden Krieg mit seinen wechselvollen Tagen, in mahnend
frohem Ausblick auf die beginnende Friedenszeit des Einzelnen

und Ganzen meine Thätigkeit bei den Truppen abzuschließen. So hatte ich dieselben auch von mir aus wieder der Heimat und ihrer Kirche zurückgegeben und das Versprechen eingelöst, welches ich vor dem Ausmarsch in der Stuttgarter Garnisonskirche vor allem mir selbst geleistet, das Gelöbnis, allezeit in der Art, wie es für unseren feldgeistlichen Posten sich schickte, mitauszuharren nach dem schwäbischen Wahlspruch:

Furchtlos und treu.